Sprenger-Menzel/Hartmann

Grundlagen und Grundbegriffe der Volkswirtschaftslehre

Grundlagen und Grundbegriffe der Volkswirtschaftslehre

mit umfangreichem Übungs- und Vertiefungsmaterial zur Prüfungsvorbereitung

von

Michael Thomas P. Sprenger-Menzel

und

Peter Hartmann

KSV Medien

MIX
Papier | Fördert gute Waldnutzung
FSC® C083411
www.fsc.org

Bibliografische Information der Deutschen Nationalbibliothek
Die Deutsche Nationalbibliothek verzeichnet diese Publikation in der Deutschen Nationalbibliografie; detaillierte bibliografische Daten sind im Internet über http://dnb.dnb.de abrufbar.

8., vollständig überarbeitete Auflage

Satz: SEUME Publishing Services GmbH, Erfurt
Druck: CPI books

ISBN 978-3-8293-1830-3

Inhalt

Vorwort zur 8. Auflage

Die Einführung des *Bologna*-Systems und die damit verbundene Modularisierung des Prüfungsstoffes an den Universitäten und Hochschulen erfordern eine konzentriertere und oft zeitlich begrenztere Aufnahme des Lern- und Prüfungspensums.

Hierzu soll mit dieser verdichteten Darstellung der Grundbegriffe und aller theoretischen und praxisrelevanten Grundlagen mit Hilfe sehr übersichtlicher, graphisch gefälliger Schaubilder, aber auch vieler Anwendungs- und Wiederholungsfragen sowie wirtschaftspraktischer Anwendungsaufgaben in systematischer Reihenfolge eine – besonders für Studienanfänger – brauchbare Hilfe gegeben werden.

Neben den Präsenzveranstaltungen und zusätzlich zur begleitenden Lektüre eines guten einführenden Lehrbuches soll der Lehr- und Prüfungsstoff in einer der Wirtschaftspraxis zugewandten Weise erste Teilgebiete der Wirtschaftspolitik aus einer deutschen wie europäischen Sichtweise dargestellt werden. Ziel ist es, das intensive Lernen und die Prüfungsvorbereitungen erheblich zu erleichtern.

Zur besseren Vorbereitung auf Klausuren und/oder mündliche Examina, z. B. „Fachgespräche“ als Modulabschlussprüfung in Bachelor- oder Masterstudiengängen, soll dieses Werk als Begleit-, Nachbereitungs- und besonders als Prüfungsvorbereitungsbuch wichtiges Grundlagenwissen der Volkswirtschaftslehre sowie der Wirtschafts- und Sozialpolitik in verdichteter, teils stichwortartiger Form auf aktuellem Stand bieten.

Hierzu empfehlen die Autoren das ausgereifte, zum Wintersemester 2023/24 in 10., vollständig überarbeiteter Auflage ebenfalls im Kommunal- und Schul-Verlag (KSV Medien, Wiesbaden) erscheinende Lehrbuch **„Volkswirtschaftslehre und Wirtschaftspolitik“** ***(Sprenger-Menzel/Henßler)***. Bei Fragen zu Abkürzungen, Hintergründen und auch zur weiterführenden wissenschaftlichen Literatur für Hausarbeiten in Seminaren und für Abschlussarbeiten ist zu empfehlen, sich bei dieser „großen Schwester“ unseres kompakteren Überblicks- und Prüfungsvorbereitungswerkes zu erkundigen. Die „große Schwester“ wird meist Rat erteilen können, bis hin zu feinsten Details zu Quellen und zum korrekten Zitieren in wissenschaftlichen Arbeiten.

Unser Werk soll dazu dienen, sich in kurzer Zeit einen Mindeststoff anzueignen, um im Wirtschaftsleben bzw. zu Fragen der Wirtschafts- und Sozialpolitik Deutschlands und Europas wenigstens „mitdenken“ und sogar – wirklich faktenbasiert – mitdiskutieren zu können. Eine konzentrierte Lektüre und gutes Durcharbeiten wird dazu führen, in begrifflicher und methodischer Hinsicht „prüfungsfest“ für schriftliche wie mündliche Prüfungen (Klausuren, Fachgespräche, Bachelorkolloquien) zur Makro- und Mikroökonomie zu werden und erste Grundlagen der Wirtschafts- und Sozialpolitik und der Finanzwissenschaft in Deutschland und der Europäischen Union zu erwerben.

Bonn, Köln am Rhein und Mülheim an der Ruhr, im Frühling 2023

Die Verfasser

1. Einführung in die VWL in Übersichten

1.1 Erste Grundlagen der Volkswirtschaftslehre

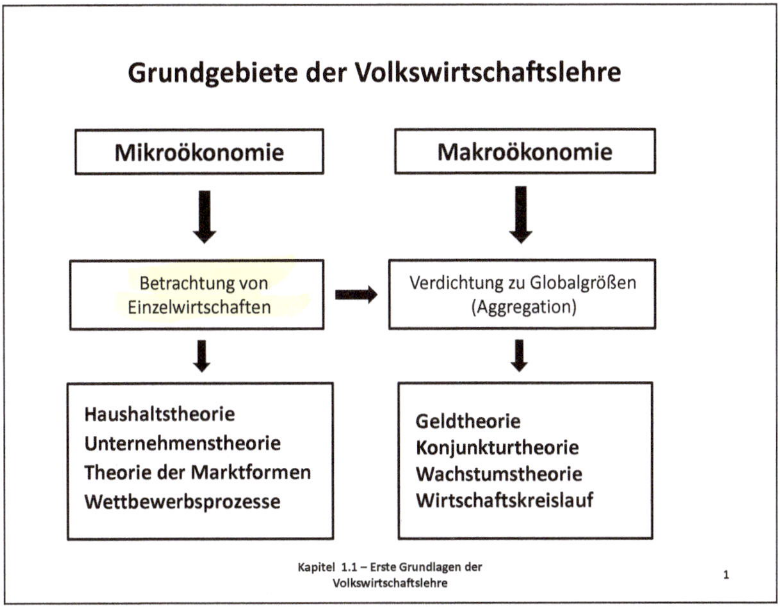

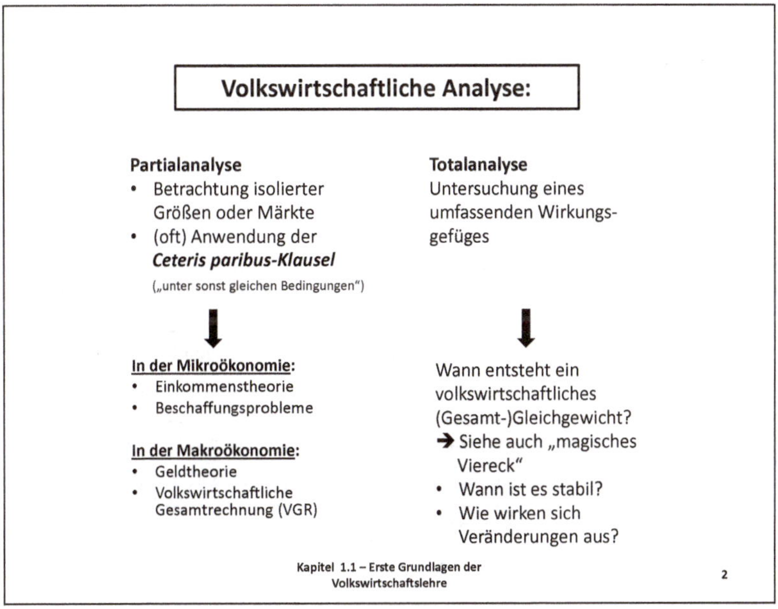

Betrachtung volkswirtschaftlicher Zusammenhänge

Ex post-Analyse
Untersuchung wirtschaftlicher Zusammenhänge im **Nachhinein**

Ex ante-Analyse
Untersuchung wirtschaftlicher Zusammenhänge im **Vorhinein**

Begriffserläuterungen:

Bedürfnis – Bedarf – Nachfrage

Bedürfnis: Das Wirtschaftssubjekt empfindet einen **Mangel**, mit dem Wunsch, diesen zu beseitigen
Es besteht also ein Missverhältnis zwischen den Bedürfnissen und der Menge der zur Verfügung stehenden Güter ➔ **Knappheit**
Hier liegt der Grund für das **„Wirtschaften" resp. das „Haushalten"**

Je größer die **Knappheit** ist, um so mehr werden Nutzen und Wert von Gütern wachsen.
Also: Der Grad der Bedürfnisbefriedigung gibt den Nutzen an:

- **1. Gossen'sches Gesetz** (Gesetz vom abnehmenden Grenznutzen)
- **2. Gossen'sches Gesetz** (Gesetz vom Grenznutzenausgleich)

Gliederung der Bedürfnisse nach der <u>Dringlichkeit</u>:

- **Existenzbedürfnisse**
- **Kulturbedürfnisse**
- **Luxusbedürfnisse**

Gliederung nach der <u>Anzahl der Personen</u>:

- **Individualbedürfnisse**
- **Kollektivbedürfnisse**

Gliederung der Bedürfnisse nach *Maslow*:

1. **Physische und psychische Grundbedürfnisse**
2. **Sicherheits- und Schutzbedürfnisse**
3. **Soziale Bedürfnisse**
4. **Bedürfnis nach Selbstachtung und Anerkennung**
5. **Bedürfnis nach Selbstverwirklichung**

Bedürfnis + finanzielle Mittel (Kaufkraft) ➡ Bedarf

Aus der Summe der Bedarfe entsteht die Nachfrage, die am Markt durch eine Kaufentscheidung wirksam wird.

Güter als Instrumente der Bedürfnisbefriedigung

freie Güter (ohne Marktpreis)	**knappe** Güter (Wirtschaftsgüter)
Konsumgüter (Bedürfnisbefriedigung)	**Produktions**güter (Investitionsgüter)

⬇

Verbrauchsgüter gehen nach einmaligem Nutzen unter	**Gebrauchs**güter stiften mehrfachen Nutzen
homogene Güter gleichartig	**heterogene** Güter unterschiedlich
substitutive Güter **ersetzen** einander in der Nutzenstiftung	**komplementäre** Güter **ergänzen** einander in der Nutzenstiftung
inferiore Güter Nachfrage geht mit steigendem Einkommen zurück	**superiore** Güter Nachfrage steigt mit steigendem Einkommen
Individualgüter es gelten das Ausschluss- und das Rivalitätsprinzip	**Kollektiv**güter keine Rivalität im Konsum

Kapitel 1.1 – Erste Grundlagen der Volkswirtschaftslehre 5

Wirtschaften: planvolles menschliches Handeln (Umgang mit knappen Gütern) mit dem Ziel einer bestmöglichen Bedürfnisbefriedigung

Markt: Ort des Zusammentreffens von Angebot und Nachfrage

Wirtschaftliches Handeln richtet sich nach dem:

- **Maximalprinzip**
  → mit gegebenen Mitteln einen möglichst großen Erfolg anstreben
- **Minimalprinzip**
  → ein gegebenes Ziel mit möglichst geringem Mitteleinsatz erreichen

Wirtschaftssubjekte (selbständige Entscheidungsträger)

- private Haushalte (und Privatorganisationen ohne Erwerbscharakter)
- private Unternehmen
- Staat (Bund, Länder, Gemeinden, Sozialversicherungshaushalte)

Kapitel 1.1 – Erste Grundlagen der Volkswirtschaftslehre 6

Die Unternehmen einer Volkswirtschaft kann man untergliedern in den

- Primären Sektor (Urproduktion, z. B. Bergbau und Fischerei; 0,9 %)
- Sekundären Sektor (Weiterverarbeitung, z. B. Gewerbe und Industrie; 29,4 %)
- Tertiären Sektor (Handel und Dienstleistungen; 69,8 %)

(Quelle: Statista 2022; Anteil der Sektoren an der Bruttowertschöpfung in Deutschland)

⬇

Mit der Entwicklung einer Volkswirtschaft steigt der Anteil des Tertiären Sektors

Einteilung der Volkswirtschaftslehre in:

- **Volkswirtschaftliche Theorie** (Mikroökonomie, Makroökonomie; BWL; Markt und Unternehmen)
- **Wirtschafts- bzw. Volkswirtschaftspolitik** (die Maßnahmen, mit denen die Wirtschaftsordnung eines Landes sowie die wirtschaftlichen Abläufe und Strukturen beeinflusst und gestaltet werden sollen)
- **Institutionenlehre** (z. B. Gesellschafts-; Wettbewerbs-; Haftungs-; Bilanzrecht; Ladenschluss- oder Jugendschutzgesetze)

Kapitel 1.1 – Erste Grundlagen der Volkswirtschaftslehre 7

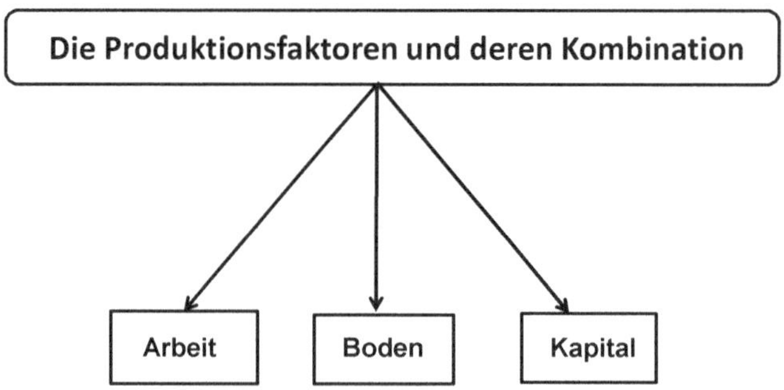

Kapitel 1.1 – Erste Grundlagen der Volkswirtschaftslehre 8

Der <u>originäre</u> Produktionsfaktor Arbeit

Der Produktionsfaktor Arbeit ist definiert als

menschliche Tätigkeit mit dem Zweck der Bedürfnisbefriedigung.

Die ***Entlohnung*** erfolgt z. B. in Form von

Lohn, Gehalt, Gage, Heuer, Honorar, Besoldung.

Die Qualität der Arbeit hängt ab von:

- Bevölkerungs- und Altersstruktur
- Bildungsstand ➔ Qualifikation
- Leistungsbereitschaft, Leistungsvermögen
- Arbeitsbedingungen
- Arbeitszeit/-ort ➔ zunehmend auch: „*home office*"

Kapitel 1.1 – Erste Grundlagen der Volkswirtschaftslehre 9

Entwickelte Volkswirtschaften sind gekennzeichnet durch eine hohe Arbeitsteilung.

$$\textbf{Arbeitsproduktivität} = \frac{\text{Produktionsergebnis}}{\text{geleistete Arbeitsstunden}}$$

➡ **Aufteilung einer Arbeitsleistung in einzelne Teilverrichtungen**

Vorteile der Arbeitsteilung:

- Aufteilung des Arbeitsvorganges ➡ Zunahme an Geschicklichkeit und Arbeitsgeschwindigkeit
- sich wiederholende Arbeitsvorgänge ➡ keine Umstellzeiten
- Steigerung der Produktivität in Produktion und Verwaltung
- einfache Arbeitsvorgänge ➡ verkürzte Ausbildungs- und Anlernzeiten
- effektive Motivations- und Kontrollsysteme ➡ Leistungslohn
- Möglichkeit der Substitution von Arbeit durch Maschinen (Kapital)

Kapitel 1.1 – Erste Grundlagen der Volkswirtschaftslehre 10

Nachteile der Arbeitsteilung:

- monotone Tätigkeiten führen zu Motivationsverlust
  → Entfremdung des Beschäftigten von seiner Produktion; es fehlt die Beziehung zum Endprodukt
- wiederkehrende Arbeiten können zu gesundheitlichen Schäden führen
- gesteigerte Abhängigkeiten → Schwierigkeiten bei einem Arbeitsplatzwechsel
- Prozesse werden komplexer; oft für den einzelnen Arbeiter nicht mehr durchschaubar
  → Es besteht die Gefahr, dass die Gesellschaft von einigen wenigen Menschen bestimmt wird, die z. B. Finanz- und Sachvermögen angehäuft haben und daraus Machtansprüche herleiten.

Kapitel 1.1 – Erste Grundlagen der Volkswirtschaftslehre 11

Arten und Ursachen der Arbeitslosigkeit

- **saisonelle:** jahreszeitliche Abhängigkeit, z. B. Landwirtschaft, Fremdenverkehr
- **technologische:** hervorgerufen durch Rationalisierungen, z. B. Montanindustrie, Kfz-Industrie
- **friktionelle:** „Sucharbeitslosigkeit“ bedingt durch (gewöhnlichen) Wechsel des Arbeitsplatzes und Übergangsarbeitslosigkeit nach Schul-, Lehr- oder Studiumsabschluss
  → kurzfristig
- **strukturelle:** Schwächen in der Wirtschaftsstruktur, z. B. „Strukturwandel“ im Ruhrgebiet
- **konjunkturelle:** Einfluss durch Konjunkturschwankungen
  → Auslastungsgrad einer Volkswirtschaft

Kapitel 1.1 – Erste Grundlagen der Volkswirtschaftslehre 12

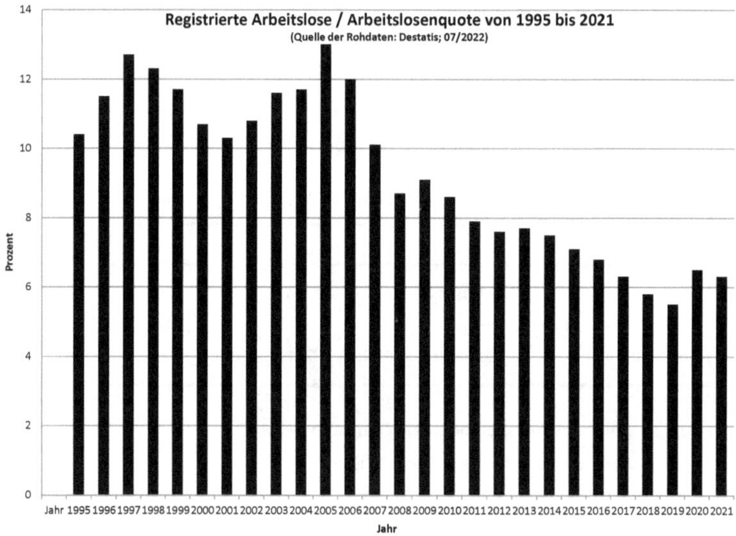

Kapitel 1.1 – Erste Grundlagen der Volkswirtschaftslehre 13

Sämtliche – oben aufgelisteten – Ursachen führen zu **objektiver Arbeitslosigkeit.**

Vollbeschäftigung: Die Zahl der offenen Stellen in der Volkswirtschaft stimmt mit der Zahl der Arbeitssuchenden überein, d. h. alle arbeitswilligen Arbeitnehmer können einen zumutbaren Arbeitsplatz finden (AL-Quote von 0,5 % bis 1,99 %).

Unterbeschäftigung: der Beschäftigungsgrad ist niedrig. Es herrscht Arbeitslosigkeit. Das Produktionspotential der Volkswirtschaft wird nicht vollständig ausgeschöpft (AL-Quote größer als 2 %).

Überbeschäftigung: Der Beschäftigungsgrad ist sehr hoch. Es gibt mehr offene Stellen als Arbeitslose registriert sind (AL-Quote unter 0,5 %).

Die Abgrenzungen von **Unter-, Voll- oder Überbeschäftigung** werden in der Literatur (bisweilen) mit unterschiedlichen Prozentzahlen vorgenommen.

Subjektive Arbeitslosigkeit liegt vor, wenn die Arbeitswilligkeit fehlt.

Kapitel 1.1 – Erste Grundlagen der Volkswirtschaftslehre 14

Es ergeben sich zwei wesentliche Kennziffern:

$$\textbf{Erwerbsquote} = \frac{\text{Anzahl der Erwerbspersonen}}{\text{Zahl der Wohnbevölkerung}} * 100$$

$$\textbf{Arbeitslosenquote} = \frac{\text{Anzahl der Arbeitslosen}}{\text{Zahl der zivilen Erwerbspersonen}} * 100$$

Zu den zivilen Erwerbspersonen gehören zum Beispiel:

- sozialversicherungspflichtige Beschäftigte
- Beamte
- Selbstständige
- gemeldete Arbeitslose

Kapitel 1.1 – Erste Grundlagen der Volkswirtschaftslehre 15

Der originäre Produktionsfaktor Boden

„Boden" umfasst alle **natürlichen Ressourcen** (Erdoberfläche, Bodenschätze, Wasserkräfte, Sonnenenergie, klimatische Bedingungen)

⬇

Boden kann sein

- **Anbauboden** z. B. Landwirtschaft
- **Abbauboden** z. B. Erdöl, Erdgas, Kohle, Erze
- **Standortfaktor** z. B. landwirtschaftl. Nutzung; Industrie

Kapitel 1.1 – Erste Grundlagen der Volkswirtschaftslehre 16

Der **derivative** Produktionsfaktor Kapital

Kombination von Arbeit und Boden

⬇

Produzierte Produktionsmittel

⬇

Kapitalzuwachs = Nettoinvestition

Kapital

Realkapital = Sachkapital
- Maschinen
- Produktionsmittel
- Immobilien

Geldkapital = Finanzkapital
➔ finanzielle Mittel

Kapitel 1.1 – Erste Grundlagen der Volkswirtschaftslehre 17

Standortfaktoren: Ein erster Einblick in die Wirtschaftspolitik

Standortfaktoren

(Abgrenzung wirtschaftlicher Vor- oder Nachteile, auch lageabhängige Ersparnis an Kosten oder Zuwachs an Gewinn)

generelle Standortfaktoren (betreffen *alle* Branchen)

spezielle Standortfaktoren (betreffen *spezielle* Branchen)

natürlich-technische (z. B. Klima, Bodenschätze)

gesellschaftlich-kulturelle (z. B. Bildungsniveau einer Region, etwa einer Universitätsstadt)

Kapitel 1.1 – Erste Grundlagen der Volkswirtschaftslehre 18

Nach den Prozessgliederungsprinzipien der BWL wird unterteilt in:

1) ***beschaffungsorientierte* Standortfaktoren**
2) ***fertigungsorientierte* Standortfaktoren**
3) ***absatzorientierte* Standortfaktoren**
4) ***staatlich festgelegte* Standortfaktoren**

1) Beschaffungsorientierte Standortfaktoren

- Grund und Boden
- Betriebseinrichtungen/Anlagen
- Roh-, Hilfs- und Betriebsstoffe
- Arbeitsmarktbedingungen
- Kreditversorgung; Wirtschaftsförderungsprogramme
- Subventionen

Kapitel 1.1 – Erste Grundlagen der Volkswirtschaftslehre 19

2) Fertigungsorientierte Standortfaktoren

- natürliche Gegebenheiten
- technische Gegebenheiten

3) Absatzorientierte Standortfaktoren

- Absatzpotential
- Herkunftsgoodwill („Firmenwert"; „guter Ruf"/Reputation)
- Verkehrsanbindung und Transportkosten
- absatzunterstützende Kontaktmöglichkeiten

4) Staatlich festgelegte Standortfaktoren

- Rechts- und Wirtschaftssystem eine Landes
- Stabilität der Wirtschaftsordnung
- steuerliche Situation
- Umweltschutzgesetzgebung
- staatliche Finanzhilfen

Kapitel 1.1 – Erste Grundlagen der Volkswirtschaftslehre 20

Die Kommune oder der Kreis reflektieren die eigenen Standortvorteile.

→ Erstellung eines Standortprofils aus **weichen** und **harten** Standortfaktoren

Weiche Standortfaktoren betreffen das allgemeine Umfeld

Diese Faktoren sind:

→ nicht kurzfristig änderbar

→ klar steuerbar

→ kalkulierbar

Kapitel 1.1 – Erste Grundlagen der Volkswirtschaftslehre 21

Zu den weichen Standortfaktoren gehören v. a.:

- Qualität des öffentlichen Dienstes
- soziale Stabilität
- Rechtsrahmen
- Organisationgrad der Arbeitnehmerschaft und der gewerblichen Wirtschaft
- Fühlungsvorteile
- „Ruf/Image" einer Kommune oder eines Kreises
- allgemeine Wohnqualität
- soziale Betreuungsqualität
- Anzahl und Qualität von Bildungseinrichtungen
- Erlebnisqualität, Freizeitwert, kulturelle Angebote
- Grad der medizinischen Versorgung

Kapitel 1.1 – Erste Grundlagen der Volkswirtschaftslehre 22

Harte Standortfaktoren

➔ sind aktiv von Kommunen und Kreisen gestaltbar

➔ beziehen sich auf Menge, Qualität und Preis der Produktionsfaktoren

Unter „harten" Standortfaktoren werden eingeordnet:

- Lagequalität in Bezug auf Höhe der Transport- und Kommunikationskosten
- Qualität ausgewählter privater Infrastruktur
- Verfügbarkeit und Preise erschlossener Gewerbe- und Wohngrundstücke
- Verfügbarkeit und Preise für Gewerbe- und Wohnimmobilien
- ...

Unter „harten" Standortfaktoren werden eingeordnet (Fortsetzung):

- Arbeitskräfte nach Zahl und Qualifikation
- Höhe der Löhne und Gehälter
- Energiekosten
- Preis für die Wasserver- und -entsorgung
- Müll- und Schadstoffentsorgungkosten
- Höhe der Steuern und Abgaben
- Kapitalbeschaffungskosten
- regionale Kaufkraft
- Größe des Einzugsgebietes

1.2 Übersichten zur Volkswirtschaftlichen Gesamtrechnung

Gründe für die Erstellung der Volkswirtschaftlichen Gesamtrechnung (VGR)

Die VGR betrachtet (*ex post*) die gesamtwirtschaftlichen Leistungen einer Volkswirtschaft

Sie gibt Auskunft über:

- die Höhe und Zusammensetzung der volkswirtschaftlichen Gesamtproduktion
- die Entstehung, Verteilung und Verwendung von Einkommen
- die Bildung von Vermögen
- die wirtschaftliche Verflechtung mit dem Ausland

Sie liefert die Basis für fundierte Analysen und Bewertungen bezüglich der:

- Entwicklung gesamtwirtschaftlicher Leistungen
- Erreichung angestrebter Ziele
- Wirksamkeit wirtschaftspolitischer Instrumente

Kapitel 1.2 – Volkswirtschaftliche Gesamtrechnung 1

Die VGR beschreibt das Wirtschaftsgeschehen einer Volkswirtschaft für einen abgeschlossenen Zeitraum (*ex post*-Betrachtung).

Voraussetzung ist

- ein einheitlicher theoretischer und begrifflicher Rahmen
- eine einheitliche Gliederung der Daten – auch auf europäischer Ebene („Europäisches System Volkwirtschaftlicher Gesamtrechnungen")
- somit die Erfassung der volkswirtschaftlichen Transaktionen der Mitgliedsstaaten nach übereinstimmenden Kriterien

An die Daten sind z. B. **Zahlungsverpflichtungen** und **Subventionsrechte** im europäischen Rahmen gekoppelt.

Kapitel 1.2 – Volkswirtschaftliche Gesamtrechnung 2

Volkswirtschaftliche Gesamtrechnung (VGR)

Darstellungsformen volkswirtschaftlicher Zusammenhänge

Drei Grundfunktionen volkswirtschaftlicher Aktivitäten:

1. Einkommensentstehung → durch Kombination der Produktionsfaktoren
2. Einkommensverwendung → für Konsumzwecke und Vermögensbildung
3. Einkommensverteilung → Unternehmens- und Vermögenseinkommen; Arbeitnehmerentgelte

Die Zusammenhänge können dargestellt werden

- **in Kreislaufform,**
- **in Kontenform,**
- **in Gleichungsform.**

Das einfache Modell – *tableau économique* (nach ***Quesnay***) – umfasst Güter- und Geldströme.

In der Eingangsphase handelt es sich um eine **stationäre** (ohne Wirtschaftswachstum) und **geschlossene** (ohne Außenhandel) **Volkswirtschaft**.

Güter- und Geldströme in einer einfachen geschlossenen Volkwirtschaft

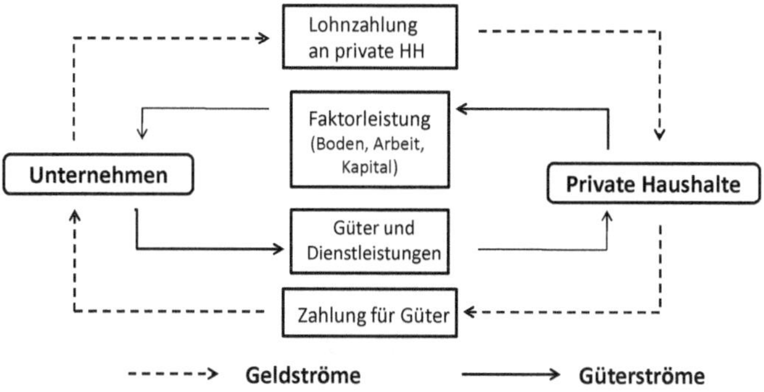

Den Kreislauf kann man um den **Vermögenssektor (Banken)** und den **Staat** erweitern.

Fügt man das **Ausland** hinzu, so wird aus dem **geschlossenen** ein **offener** Kreislauf.

Kapitel 1.2 – Volkswirtschaftliche Gesamtrechnung 5

Geldströme in einer offenen Volkswirtschaft mit staatlicher Aktivität

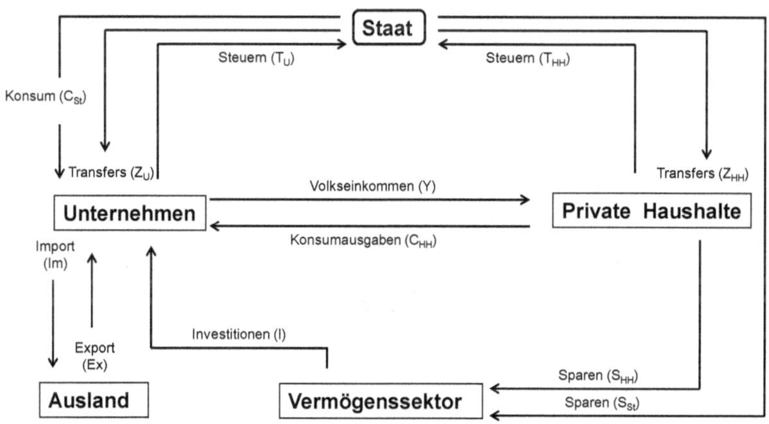

Hier sind **nur die Geldströme** einer Volkswirtschaft (VW) dargestellt.

Kapitel 1.2 – Volkswirtschaftliche Gesamtrechnung 6

Stationäre VW: Der Wert des Gesamtproduktes bleibt gleich.

Evolutorische VW (dynamische Entwicklung)

↓

die Haushalte **sparen** (Konsumverzicht)

↓

die Unternehmen bilden **Kapital** (Investition)

Einkommensverwendung durch die privaten HH:
Volkseinkommen (Y) = Konsum (C) und/oder Sparen (S)

$$\mathbf{Y = C + S}$$

Einkommensentstehung bei den Unternehmen:
Volkseinkommen (Y) = Konsum (C) und/oder Investition (I)

$$\mathbf{Y = C + I}$$

Bei Gleichsetzung der beiden Gleichungen ergibt sich:

$$\mathbf{C + S = C + I}$$

$$\underline{\mathbf{S = I}}$$

Kapitel 1.2 – Volkswirtschaftliche Gesamtrechnung 7

Entstehungsrechnung:

Zusammenfassung aller Beiträge aller Wirtschaftssektoren in einer Periode.

Es müssen **Doppelzählungen** vermieden werden:

Endprodukt minus Grund- oder Vorprodukte (Vorleistungen)

Produktionswert
– Vorleistungen
= **Wertschöpfung**

→

Bruttoproduktionswert
– Vorleistungen
= **Bruttowertschöpfung**

Kapitel 1.2 – Volkswirtschaftliche Gesamtrechnung 8

Verwendungsrechnung:

Kernfrage: Wie / wozu wird das Bruttosozialprodukt verwendet?

Private Haushalte verbrauchen Sachgüter und Dienstleistungen .... **(C_{pr})**

Der Staat fragt zivile oder militärische Güter nach... **(C_{St})**

Bruttoinvestitionen (Bau-, Ausrüstungs- und Vorratsinvestitionen)............. **(I_{br})**

Außenbeitrag: Export – Import... **(Ex – Im)**

Somit ergibt sich das BIP aus:

$$\mathbf{BIP = C_{pr} + C_{St} + I_{br} + (Ex - Im)}$$

$$\mathbf{3.570 = 1.767 + 800 + 811 + 192}$$

(Quelle: Destatis; 11/2022)

Verteilungsrechnung:

Kernfrage: Bei wem kommt das Volkseinkommen an (wie wird es verteilt)?

Volkseinkommen =
Unternehmens- und Vermögenseinkommen (G) + Arbeitnehmerentgelte (L)

VE = G + L

Es sind drei Perspektiven zu betrachten:

- **sektorale** Einkommensverteilung (verteilt auf die Wirtschaftssektoren/Branchen)
- **funktionale** Einkommensverteilung (Verteilung auf die Produktionsfaktoren)
- **personelle** Einkommensverteilung (Einkommensrelation zwischen Personen und HH)

I. Entstehungsrechnung		II. Verwendungsrechnung	
Bruttoproduktionswert		C_{pr}	1.767
– Vorleistungen		C_{St}	800
= Bruttowertschöpfung	3.490	I_{br} (Ausrüstungsinv.,	781
+ Gütersteuern		Bauinv.), Vorratsinv.	30
– Gütersubventionen	80	(Ex – Im)	192

= **Bruttoinlandsprodukt**	**3.570**
+ Saldo der Primäreinkommen aus der übrigen Welt	108
= Bruttonationaleinkommen (BNE / früher: BSP)	3.678
– Abschreibungen (D = depreciation)	694
= Nettonationaleinkommen (NNE)	2.984
– Produktions- und Importabgaben (T_{ind})	394
+ Subventionen	110
= Volkseinkommen (VE bzw. NNE zu Faktorkosten)	**2.700**

Quelle: Destatis; 11/2022

Kapitel 1.2 – Volkswirtschaftliche Gesamtrechnung 11

Das **Bruttoinlandsprodukt (BIP)** erfasst die Summe der Güter und Dienstleistungen, die in den Grenzen eines Landes (oder einer Verwaltungseinheit) in einem bestimmten Zeitraum – in der Regel in einem Jahr – hergestellt bzw. verkauft werden.

Aufgrund dieser Bezugsebene spricht man bei seiner Erhebung vom **„Inlandsprinzip"**.

Die dabei von den Inländern (Inländer hier = ständige Bewohner einer Verwaltungseinheit) erzielten Bruttoprimäreinkommen werden mit dem **Bruttonationaleinkommen (BNE)**, dem früheren **„Bruttosozialprodukt"**, gemessen.

Kapitel 1.2 – Volkswirtschaftliche Gesamtrechnung 12

BIP und BNE unterscheiden sich durch den **Saldo der Primäreinkommen aus der übrigen Welt**,

Bruttoinlandsprodukt (BIP)
minus **Inlandseinkommen von Ausländern**
plus **Auslandseinkommen von Inländern**

= **Bruttonationaleinkommen (BNE)**

Zum Beispiel das Inlandseinkommen von Ausländern: Ein Österreicher fährt jeden Tag nach Bayern und hat dort seinen festen Arbeitsplatz. Da er seinen Lebensmittelpunkt in Österreich hat, geht sein Einkommen dorthin. Es gehört also nicht zum Nationaleinkommen in Deutschland.

Umgekehrt ist es beim Auslandseinkommen von Inländern. Ein Bayer verdient sein Geld in Österreich. Das Geld fließt nach Deutschland und gehört dort zum Bruttonationaleinkommen.

Also: Man addiert zum BIP die Primäreinkommen der Inländer im Ausland und subtrahiert die Einkommen der Ausländer im Inland und erhält so das Bruttonationaleinkommen (BNE).

Kapitel 1.2 – Volkswirtschaftliche Gesamtrechnung 13

Primäreinkommen aus der übrigen Welt
– graphische Darstellung –

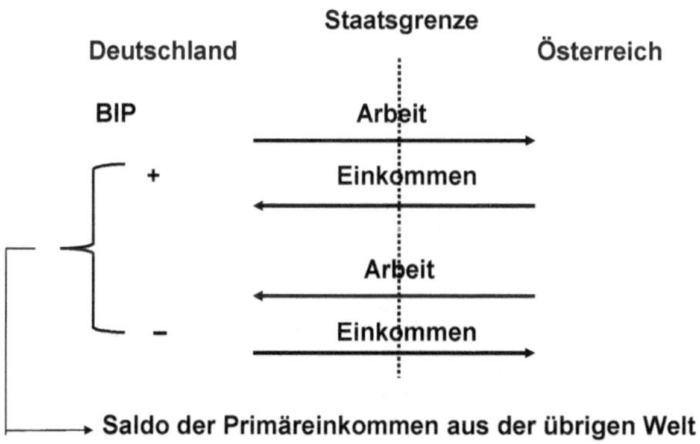

Kapitel 1.2 – Volkswirtschaftliche Gesamtrechnung 14

III. Verteilungsrechnung (VE = G + L)

Unternehmens- und Vermögenseinkommen (G)	Arbeitnehmerentgelte (L)
(G = 780,3 = 28,9% des VE) (= ***Gewinnquote***)	**(L = 1.918,7 = 71,1 % des VE)** (= ***Lohnquote***)
z. B. Gewinne, Zinsen, Miete, Pacht	– tats. Sozialbeitr. der Arbeitgeber
– öffentliche Abgaben auf Gewinne	– unterstellte Sozialbeiträge*
+/– sonst. Zu- und Absetzungen	**= Bruttolohn- und Gehaltssumme**
(z. B. Transfereinkommen ➔ Subventionen)	– (Lohnsteuer + Solidaritätsbeitrag)
	– tats. Sozialbeitr. der Arbeitnehmer
= **Nettounternehmens- und Vermögenseinkommen**	**= Nettolohn- und Gehaltssumme**

***Gegenwert von sozialen Leistungen; vom Arbeitgeber direkt an Begünstigte gezahlt oder für diese zurückgestellt (z. B. Beamtenversorgung, Betriebsrenten, freiwillige Sozialleistungen aller Art)**

$$\textbf{Staatsquote} = \frac{\text{Consum des Staates } (C_{St}) + \text{Transferleistungen (Tr)}}{\text{Bruttoinlandsprodukt (BIP)}} * 100$$

$$\textbf{Abgabenquote} = \frac{\text{Sozialbeiträge + Steuern (auf Eink. + Kap. + Gewinne + Vermögen + Güter und Dienstl.)}}{\text{Bruttoinlandsprodukt (BIP)}} * 100$$

Staatskonsum = Güter, die vom Staat produziert werden (ohne selbsterstellte Anlagen und Verkäufe) zzgl. der vom Staat auf dem Markt gekauften Güter, die ohne irgendwelche Umwandlungen als soziale Sachtransfers den privaten Haushalten für ihren Konsum zur Verfügung gestellt werden.

➔ *Konsum des Staates + Transferleistungen =* ***<u>Staatsausgaben</u>***

Kapitel 1.2 – Volkswirtschaftliche Gesamtrechnung 17

Bruttoinlandsprodukt (BIP) als Wohlstandsindikator?

Dagegen *sprechen wichtige Gründe, u. a.:*

- **fehlende Erfassung und Bewertungsprobleme**
  (Die Güter und Leistungen, die keinen Marktpreis haben, werden nicht in die Berechnung einbezogen; Bewertungen sind teilweise fraglich.)
- **mangelhafte Aussagekraft bei Konsumgüterausgaben und Investitionen**
  (Werden neue Güter für den Konsum hergestellt ? Welche Qualität haben Investitionen?)
- **fehlende Berücksichtigung der Güterempfänger**
  (Kommen die in der VW produzierten Güter bei den Bürgern dieser Volkswirtschaft an – oder werden sie zum großen Teil exportiert und nicht durch entsprechende Importe ausgeglichen?)

Kapitel 1.2 – Volkswirtschaftliche Gesamtrechnung 18

Bruttoinlandsprodukt (BIP) als Wohlstandsindikator? (Fortsetzung)

- **Nichtberücksichtigung der Einkommensverteilung**
  (Sind alle Bürger gleichmäßig mit Einkommen versorgt? Siehe Lorenz-Kurve ➔ Folie 21)
- **Wachstum des BIP und Bevölkerungswachstum**
  (Wachsen oder schrumpfen BIP und die Bevölkerung proportional?)
- **fehlende Berücksichtigung sozialer Kosten**
  (Kosten oder Nachteile, die der Gemeinschaft entstehen, ohne dass der, der sie verursacht, für sie aufkommt (z. B. Verunreinigung von Luft und Wasser, Lärmverursachung bei der Produktion von Gütern)
  ➡ Nichtberücksichtigung positiver und negativer externer Effekte
- **Nichtberücksichtigung der durch Rohstoffabbau verursachten Kosten**
  (nur z. T., etwa durch Rekultivierung oder nachhaltige Bewirtschaftung aufgehoben)
- **Möglichkeiten statistischer Manipulationen**
  („Schönungen", die von Statistikern vorgenommen werden)

Die Lorenzkurve

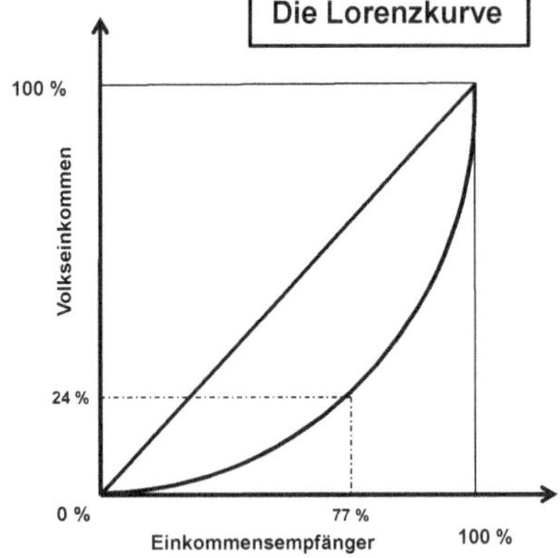

Wieviel Prozent der Einkommensempfänger in einer Volkswirtschaft erhalten wieviel Prozent des Volkseinkommens? Die Diagonale (Winkelhalbierende) veranschaulicht eine Gleichverteilung.

Je weiter die Kurve der tatsächlichen Einkommensverteilung von der Gleichverteilung abweicht, desto „ungerechter" (ungleicher) ist das Einkommen verteilt.

Brauchen wir Wirtschaftswachstum?

Die wichtigsten Argumente zur Frage, ob wir Wirtschaftswachstum brauchen

Ja, weil:

- sich der Lebensstandard in Entwicklungs- und Schwellenländern ohne Wirtschaftswachstum nicht verbessern kann.
- es ohne Wachstum keinen technischen Fortschritt gäbe – und ohne diesen kein umweltfreundliches Leben.
- Wirtschaftswachstum die Lebensqualität Aller verbessert.
- sich ein Sozialstaat in alternden und schrumpfenden Gesellschaften nur finanzieren lässt, wenn die Wirtschaft wächst.
- Wirtschaftswachstum beim Abbau von Staatsverschuldung hilft.
- das Streben nach Mehr und Besserem in der Natur des Menschen liegt.

Nein, weil:

- es den Industrieländern gut genug geht.
- die natürlichen Ressourcen und vor allem die Aufnahmefähigkeit der Natur für Zivilisationsabfälle und Produktionsrückstände begrenzt sind.
- Wohlstand nicht nur von der Ausstattung mit materiellen Gütern abhängt, sondern auch immaterielle Werte eine große Rolle für die Lebenszufriedenheit spielen.
- Selbstbeschränkung und Bescheidenheit eine Frage von Erziehung und Bildung sind.

(nach iwd: „Wirtschaft und Unterricht")

Wohlstandsindikatoren jenseits des BIP (Sozialindikatoren)

Zu berücksichtigen sind:

- **externe Kosten,** die in die Bewertung einbezogen werden (sind nicht im Marktpreis enthalten, weil sie nicht vom Verursacher getragen werden)
- **Angaben über Kindersterblichkeit von Kindern unter einem Jahr** (BRD: 3,1 % je 1.000 Lebendgeborene in 2022 (Statista 2022))
- **Alphabetisierungsquote:** 6,2 Mio. Menschen oder 12,1 % der erwerbsfähigen Bevölkerung können in Deutschland nicht oder nur unzureichend lesen und schreiben (BMBF 2022)
- **Human Development Index** (HDI; Wohlstandsindikator der UN). Hier werden durchschnittliche Lebenserwartung, Alphabetisierungsquote, Gesundheitsfürsorge, Bildungsniveau und Pro-Kopf-Einkommen kombiniert.
- **Human Development Report** (HDR). Hier wird der Entwicklungsstatus von Ländern klassifiziert und miteinander verglichen.

1.3 Übersichten zu den Grundlagen der Mikroökonomik – mit den Schwerpunkten „Preisbildung" und „Wettbewerbspolitik"

Grundlagen der Mikroökonomik: Preisbildung und Wettbewerb

Theorie der Marktnachfrage

- Die Nachfrageentscheidungen einzelner privater Haushalte sind kaum zu isolieren. ➔ Überschneidungen
- Bei Zusammenfassung von Nachfragegruppen (*Aggregation*) lassen sich Gesetzmäßigkeiten im Nachfrageverhalten erkennen.

Kapitel 1.3 – Grundlagen der Mikroökonomik 1

Grundlage für die Nachfragemenge und das Nachfrageverhalten ist das (stets begrenzte) verfügbare Einkommen.

Verfügbares Einkommen:

**= Bruttoeinkommen – (Steuern + Sozialabgaben + Ergänzungsabgaben *(„Soli")*
+ Transferleistungen (z. B. Kindergeld, Erziehungsgeld, Wohngeld)**

Veränderungen des verfügbaren Einkommens:

➔ Auflösung von Sparguthaben („Entsparen")

➔ Kreditaufnahme

Soli: Nur 10 % der verheirateten Einkommensbezieher mit einem hohen Jahreseinkommen bezahlen den „Solidaritätszuschlag" noch (Stand nach dem BHF-Urteil im Januar 2023).

Kapitel 1.3 – Grundlagen der Mikroökonomik 2

Da die Mittel knapp sind, die Bedürfnisse aber fast unbeschränkt, muss der Nachfrager Prioritäten setzen.

Neben dem Preis des jeweils nachgefragten Gutes wirkt noch eine Vielzahl weiterer Determinanten (Bestimmungsgrößen) auf die Entscheidung der Nachfrager ein.

Zum Beipiel:

- Werbung
- Jahreszeit und Wetter im Allgemeinen
- Produktinnovation ➔ evtl. zusätzlicher Kauf bei Verringerung der Sparneigung
- Veränderungen in der individuellen Einkommensentwicklung
- Verteilung des Einkommens ➔ staatliche Umverteilungsmaßnahmen („zweite" Einkommensverteilung, Redistribution)

<u>**Zusätzlich zu erwähnende Determinanten sind**</u>:

- Kreditmöglichkeiten und Kreditkosten (zeigen zur Zeit – 2023/24 – eine steigende Tendenz)
- Höhe und/oder Verfügbarkeit eines Vermögens
- erwartete Erträge aus angelegten Ersparnissen (zur Zeit – 2023/2024 – wegen der Niedrigzinsen noch zu vernachlässigen)

Zusammenfassend lässt sich feststellen:

Steigt der Preis des gewünschten Gutes, so sinkt die Nachfrage nach diesem Gut ➔ Ausweichen auf Substitute (= Substitutionsgüter)

Zu den Bestimmungsgrößen für private Investitionen – also die Nachfrage von Unternehmen – gehören:

- Gewinne; Gewinnerwartungen
- Zinssätze, allgemeines Zinsniveau → seit 2022 steigende Tendenz; der Leitzins der ECB lag im Frühjahr 2023 bei 3,0 %
- Abschreibungsmöglichkeiten
- Qualität des Wettbewerbs
- Kapazitäten; Kapazitätsauslastung
- allgemeine wirtschaftliche und politische Lage → aktuell Einflüsse der Ukraine-Krise
- erwartete Änderungen der politischen und wirtschaftlichen Lage

Kapitel 1.3 – Grundlagen der Mikroökonomik 5

Durch horizontale Addition der individuellen Nachfragekurven entsteht die Kurve der **Marktnachfrage nach einem Gut.**

Die graphische Darstellung erfolgt im Preis-Mengen-Diagramm:

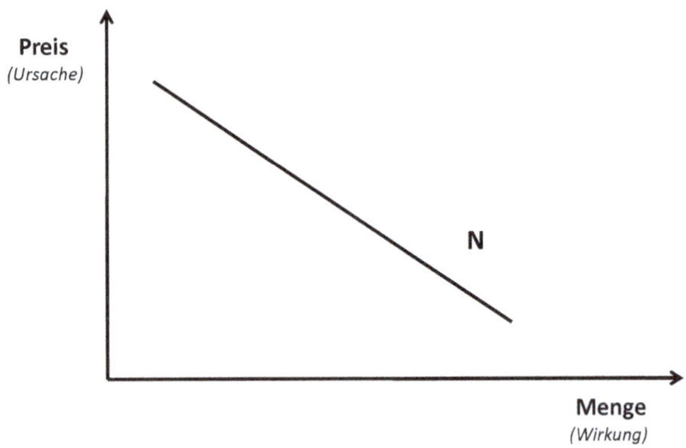

Nachfragekurve (geglättet) für ein homogenes Gut

Kapitel 1.3 – Grundlagen der Mikroökonomik 6

Verschiebung der Nachfragekurve

Bei einem homogenen Gut verläuft die Nachfragekurve **von links oben nach rechts unten** *(siehe Folie 6)*.

➔ **Auf der „Kurve"** kann man die zutreffende **Preis-Mengen-Kombination** ablesen.

Ändert sich z. B. die Struktur des Bedarfs an einem Gut, so verschiebt sich die Nachfragekurve nach rechts.

Generell gilt:

Eine Rechtsverschiebung der (Gesamt-)Nachfragekurve findet statt

- bei einer Erhöhung der Konsumsumme
- bei einer Preiserhöhung für Substitutionsgüter
- bei einer Preissenkung für Komplementärgüter
- bei einer Steuersenkung (➔ Erhöhung des verfügbaren Einkommens)

Kapitel 1.3 – Grundlagen der Mikroökonomik 7

Die Rechtsverschiebung der Nachfragekurve erfolgt also bei Änderung der Determinanten der Nachfrage (*ceteris paribus*, siehe auch Folien 3, 4 und 5):

- Erhöhung des verfügbaren Einkommens und/oder Vermögens
- Preissteigerung bei Substitutionsgütern
- Ausgeprägtere, veränderte oder völlig neue Präferenzen
- Anstieg der Nachfrage
- erwarteter Preisanstieg
- Preissenkung bei Komplementärgütern
- Güter „kommen wieder in Mode"

Kapitel 1.3 – Grundlagen der Mikroökonomik 8

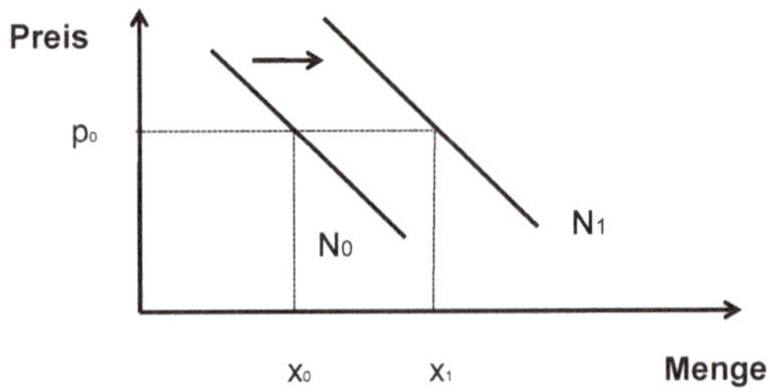

Rechtsverschiebung der Nachfragekurve

Die Preiselastizität der Nachfrage

Die direkte Preiselastizität der Nachfrage misst, wie sich eine Preisänderung auf die nachgefragte Menge auswirkt.

Sie zeigt an, ob und in welchem Maß eine Preissenkung oder eine Preiserhöhung die Gesamtausgaben der Haushalte verändert und damit auch den Umsatz der Unternehmen.

$$\text{Preiselastizität der Nachfrage} = \frac{\text{prozentuale Mengenänderung}}{\text{prozentuale Preisänderung}} = \varepsilon$$

ε ist ein unbenannter Wert
Siehe Folien 12 bis 16

Unter einer ***„elastischen“*** **Nachfrage** versteht man, dass Käufer auf kleine Preisänderungen **relativ stark reagieren**. Das heißt, dass die Veränderung der **Nachfragemenge größer** ist als die Preisänderung.

Eine ***„unelastische“*** **Nachfrage** liegt demnach vor, wenn bei **relativ großen Preisänderungen** nur **geringe Reaktionen der Käufer** zu verzeichnen sind. Das heißt, dass die Veränderung der **nachgefragten Menge kleiner** ist als die Veränderung des Angebotspreises.

Kapitel 1.3 – Grundlagen der Mikroökonomik 11

Vollkommen elastische Nachfrage

(Schon) eine minimale Preisänderung würde eine unendliche Mengenänderung bewirken.

→ In der Realität nicht anzutreffen (modellhafter Extremfall)

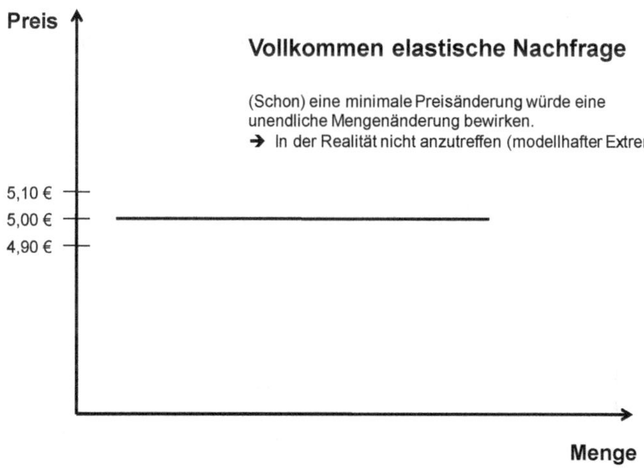

Kapitel 1.3 – Grundlagen der Mikroökonomik 12

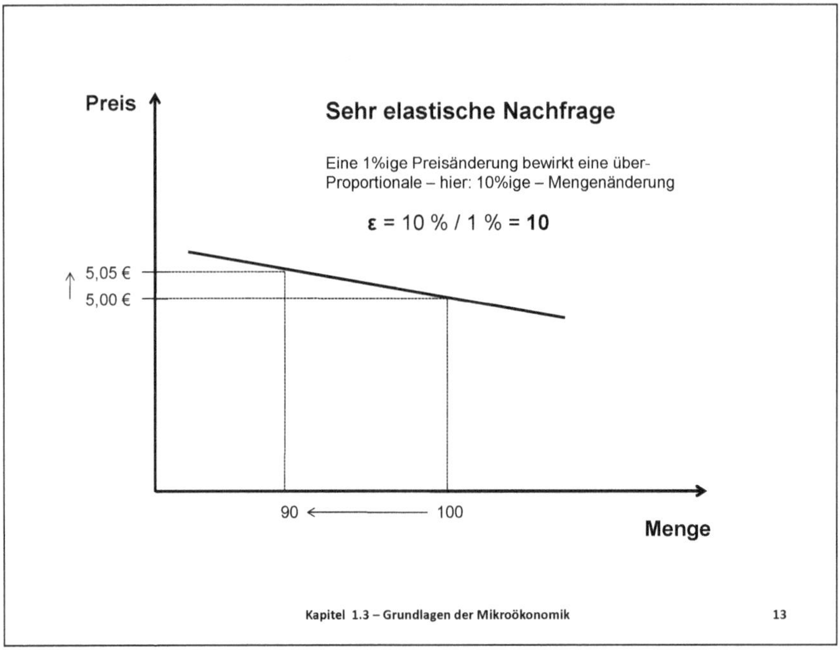
Preis
Sehr elastische Nachfrage
Eine 1%ige Preisänderung bewirkt eine über-
Proportionale – hier: 10%ige – Mengenänderung
ε = 10 % / 1 % = 10
5,05 €
5,00 €
90
100
Menge
Kapitel 1.3 – Grundlagen der Mikroökonomik
13

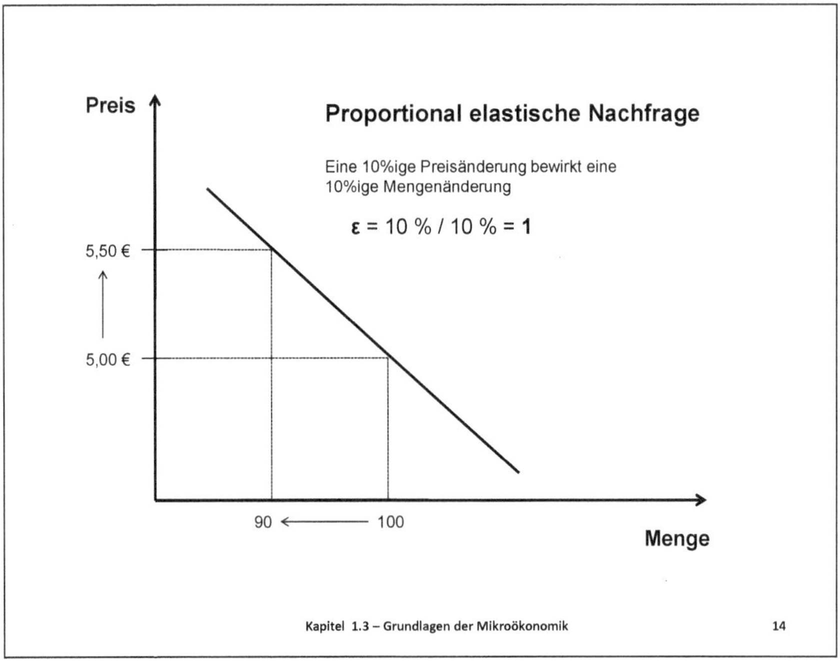
Preis
Proportional elastische Nachfrage
Eine 10%ige Preisänderung bewirkt eine
10%ige Mengenänderung
ε = 10 % / 10 % = 1
5,50 €
5,00 €
90
100
Menge
Kapitel 1.3 – Grundlagen der Mikroökonomik
14

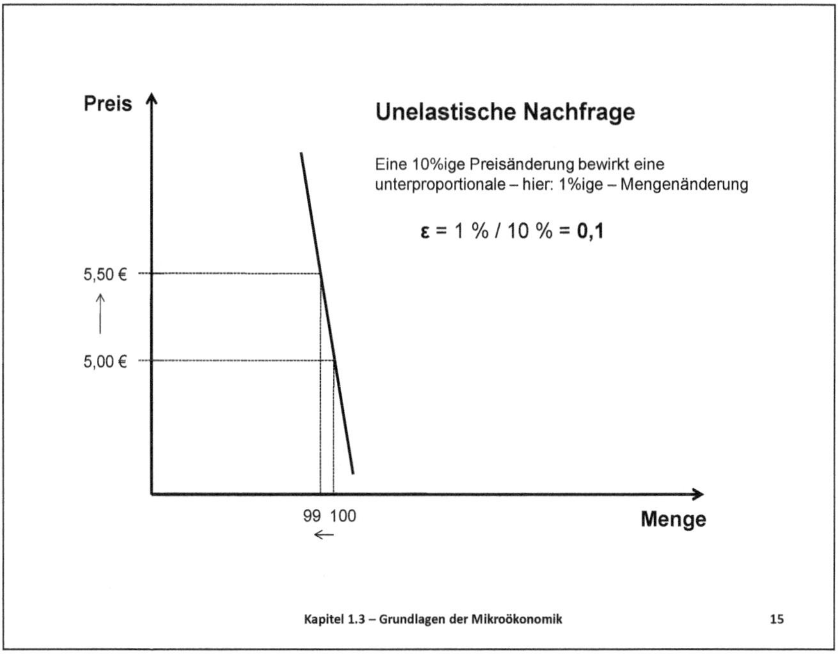
Preis
Unelastische Nachfrage
Eine 10%ige Preisänderung bewirkt eine unterproportionale – hier: 1%ige – Mengenänderung
ε = 1 % / 10 % = 0,1
5,50 €
5,00 €
99 100
Menge
Kapitel 1.3 – Grundlagen der Mikroökonomik
15

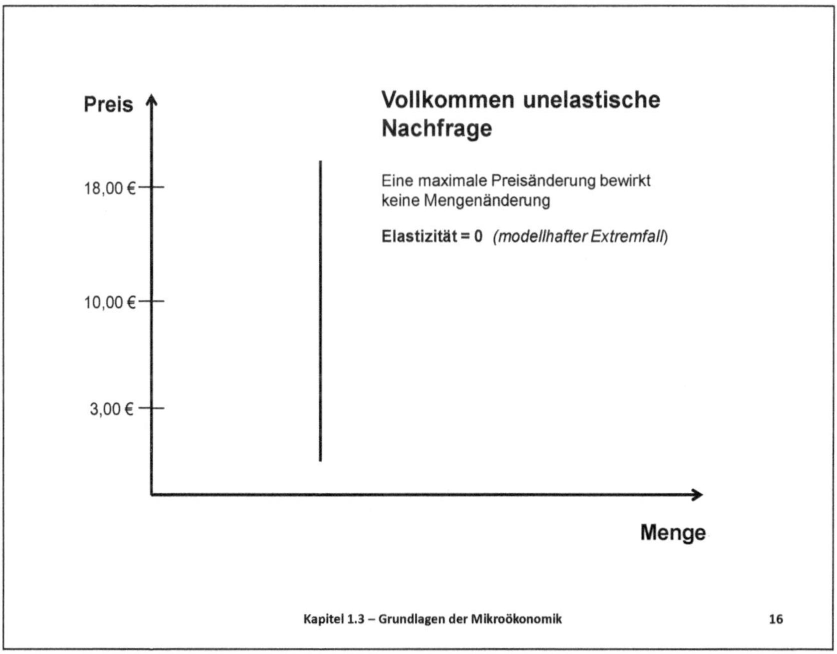
Preis
Vollkommen unelastische Nachfrage
Eine maximale Preisänderung bewirkt keine Mengenänderung
Elastizität = 0 (modellhafter Extremfall)
18,00 €
10,00 €
3,00 €
Menge
Kapitel 1.3 – Grundlagen der Mikroökonomik
16

Theorie des Marktangebotes

Der zu erwartende (Verkaufs-) **Preis** eines Gutes bestimmt die **Angebotsmenge**.

Je höher der zu erzielende Preis (und damit der mögliche Stückgewinn ➔ der Gewinn pro verkauftem Stück), desto mehr bietet der Unternehmer an (und umgekehrt).

Auch dieser Zusammenhang wird in einem **Preis-Mengen-Diagramm** dargestellt.

Die Angebotskurve für ein beliebiges Gut verläuft von links unten nach rechts oben, *denn*:

Je höher der erwartete Verkaufspreis, desto größer die angebotene Menge.

Kapitel 1.3 – Grundlagen der Mikroökonomik 17

Die wichtigste Bestimmungsgröße des Angebotes sind die Kosten (Preise) der Produktionsfaktoren.

Diese Kosten/Preise werden beeinflusst durch

- die Beschaffungssituation
- die Kapitalintensität
- die unterschiedliche Qualität der Produktionsfaktoren

Steigende Kosten ➔ geringeres Angebot, da geringere Gewinnerwartung

Kapitel 1.3 – Grundlagen der Mikroökonomik 18

Weitere wichtige Determinanten des Angebots sind z. B.

- das technische Wissen
- der technische Fortschritt
- die aktuelle wie auch die zu erwartende Gewinnsituation
- die prognostizierte Entwicklung der Konjunktur

Die Angebotskurve stellt das individuelle Preis-Mengen-Verhältnis eines Unternehmens für ein Gut dar.

Durch Aggregation aller individuellen Daten für ebendieses eine Gut gelangt man zur Gesamtangebotskurve.

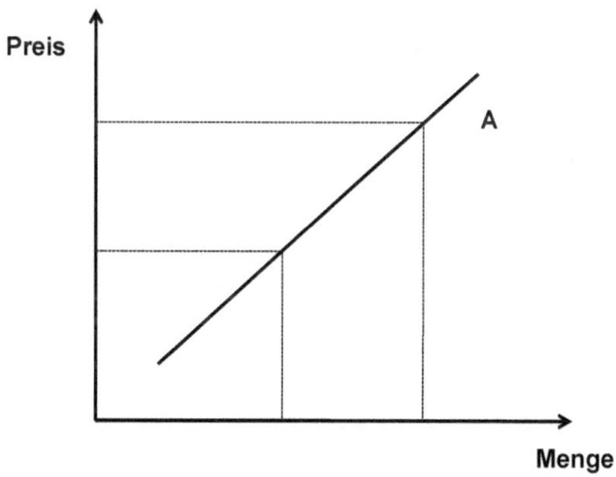

Angebotskurve für ein homogenes Gut

Wie verändert sich die Produktionsmenge, wenn **alle** Faktoren variabel sind?

In diesem Fall muss man die *ceteris paribus*-Klausel *aufgeben.*

Werden alle Produktionsfaktoren um den gleichen Prozentsatz erhöht, so **kann** die Ausbringungsmenge um den selben Prozentsatz ansteigen, aber auch **um einen geringeren oder größeren**!

Proportionale **Produktionsfaktorvariationen** heißen auch **„Skalenvariationen".**

„Returns to Scale"; bei **Veränderung aller Inputfaktoren** ergeben sich im Output **„Skalenerträge"**. Es besteht also eine Abhängigkeit der Produktionsmenge von der Menge der eingesetzten Produktionsfaktoren **(Input vs. Output)**.

„Economies of Scale" sind **Größenvorteile,** wenn bei steigender Produktionsmenge die **Stückkosten** (➔ die Kosten pro produzierter Einheit) **sinken.**

„Economies of Scope" liegen vor, wenn Unternehmen in einer **Verbundproduktion** (Kuppelproduktion) günstiger produzieren können als zwei einzelne Unternehmen (z. B. Fahrräder und Dreiräder).

Gründe für eine Verschiebung der Angebotskurve

Preisänderungen führen zu Bewegungen **auf** der Angebotskurve.

Wird aber eine bisher constant gehaltene Bestimmungsgröße verändert, so kommt es zu einer Parallelverschiebung der Angebotskurve nach *rechts* oder *links*.

Rechtsverschiebungen der Angebotskurve ergeben sich (*ceteris paribus*):

- wenn Produktionsfaktoren billiger werden
- wenn die Preise anderer Güter steigen
- wenn es zu Kostenreduktion (z. B. durch Rationalisierungen) kommt
- wenn Gewinnerwartungen steigen
- wenn sich Mode- und Geschmacksveränderungen für den Hersteller positiv entwickeln
- wenn neue Anbieter auf dem Markt auftreten

Zu **Linksverschiebungen** der Angebotskurve kommt es, wenn sich die genannten Datenänderungen (der Bestimmungsgrößen) in die Gegenrichtung entwickeln.

Das Marktgleichgewicht als Ergebnis des Preisbildungsprozesses

Angebot und Nachfrage werden unter Wettbewerbsbedingungen kombiniert. Daraus ergibt sich ein **Gleichgewichtspreis**.

Gedankliche Grundlage ist der „perfekte" Markt, die **vollkommene Konkurrenz:** (siehe auch Folie 39)

- vollkommene Markttransparenz (umfassende Informationen über das Marktgeschehen)
- keinerlei Präferenzen (Bevorzugungen/Vorlieben welcher Art auch immer)
- homogene (gleichartige) Güter
- unendliche Reaktionsgeschwindigkeit
- keine Markteintrittsbeschränkungen

Kapitel 1.3 – Grundlagen der Mikroökonomik 25

System des Gleichgewichtspreises

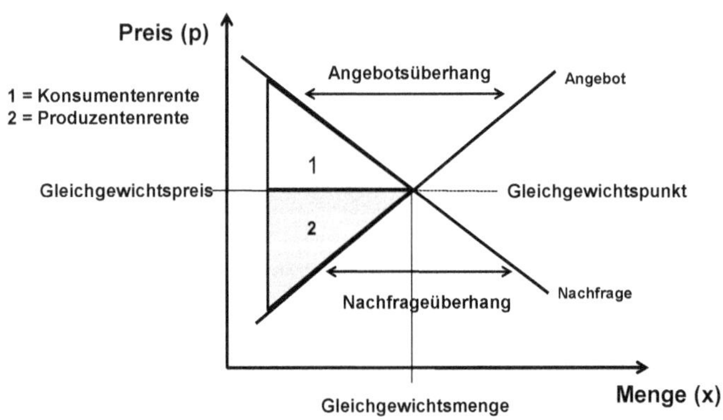

Kapitel 1.3 – Grundlagen der Mikroökonomik 26

System des Gleichgewichtspreises

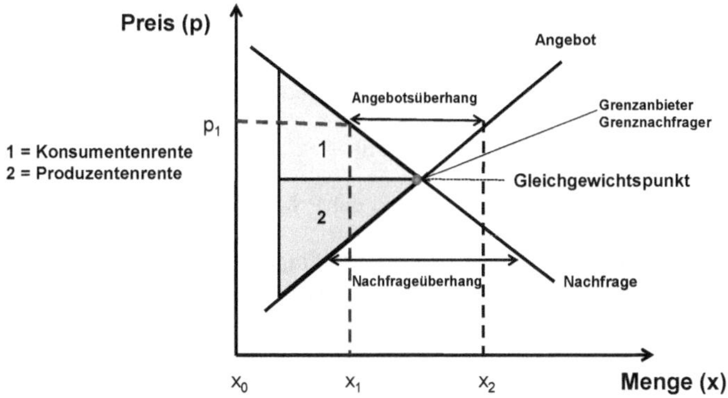

Bei einem Preis von p_1 liegt ein Angebotsüberhang in Höhe von x_1 *bis* x_2 vor.

Kapitel 1.3 – Grundlagen der Mikroökonomik 27

Im Schnittpunkt von Angebots- und Nachfragekurve ergibt sich der **Gleichgewichtspreis:**

➔ **angebotene und nachgefragte Menge stimmen überein:**

Die angebotene Menge wird kaufkräftig nachgefragt; der Markt wird geräumt.

Falls nicht, so ergibt sich:
ein Angebotsüberhang ➔ Käufermarkt ➔ Konsumentenrente
➔ Der Käufer ist in der „stärkeren“ Position.

oder

ein Nachfrageüberhang ➔ Verkäufermarkt ➔ Produzentenrente
➔ Der Verkäufer ist in der „stärkeren“ Position.

Grenzanbieter ➔ letzter Anbieter, der gerade noch zum Zuge kommt
Grenznachfrager ➔ letzter Nachfrager, der gerade noch zum Zuge kommt

Kapitel 1.3 – Grundlagen der Mikroökonomik 28

Die wesentlichen Funktionen des Gleichgewichtspreises sind:

- **Informationsfunktion (Ausgleichsfunktion)**
- **Bewertungsfunktion (auch: „Barometerfunktion“)**
- **Anreizfunktion (Signalfunktion)**
- **Allokationsfunktion (Lenkung der Produktionsfaktoren)**
- **Koordinationsfunktion („Ausschaltungs-“ oder Markträumungsfunktion)**
- **Substitutionsfunktion**
- **Innovationsfunktion**

Kapitel 1.3 – Grundlagen der Mikroökonomik 29

Eine Verlagerung des Marktgleichgewichtes ergibt sich

- **bei Veränderung einer Bestimmungsgröße**
  ➔ Rechts- oder Linksverschiebung der Angebots- oder der Nachfragekurve
  ➔ neues Gleichgewicht (auf einem anderen Niveau)
- z. B. Kostensenkung ➔ Rechtsverschiebung von **A**
- Steuererhöhung ➔ Linksverschiebung von **A**
- Modeänderung ➔ Rechtsverschiebung von **N**
- Senkung des Realeinkommens ➔ Linksverschiebung von **N**

Kapitel 1.3 – Grundlagen der Mikroökonomik 30

Staatlich beeinflusste Preisbildung
(politische Preisbildung)

Der Staat greift in die Preisbildung ein mit
dirigistischen (= (markt-)lenkenden) Maßnahmen

- **indirekte Eingriffe** ➔ Preis- oder Mengenmaßnahmen
- **direkte Eingriffe** ➔ Höchst-, Mindest- oder Festpreis

Beeinflussung über Preismaßnahmen

- steuerpolitische Maßnahmen
  - Änderung von Steuerfreibeträgen
  - veränderte Abschreibungsmöglichkeiten
- Transferleistungen
  - Anpassung des Wohngeldes
  - Anpassung der Wohnungsbauförderung
- Exporterleichterungen
  - Exportprämien
  - Steuervergünstigungen
- Importbeschränkungen
  - Einfuhrzölle

Beeinflussung über Mengenmaßnahmen

Einfluss auf die Angebots- oder Nachfragemenge

- staatliche Vorratshaltung
  - bei Angebotsüberhang ➔ Preisverfall ➔ Schutz des Produzenten
  - bei Nachfrageüberhange ➔ Preissteigerung ➔ Schutz des Konsumenten
- Einfuhrverbote; Einfuhrkontingente
  - Schutz der Landwirtschaft und der Industrie (und deren Arbeitnehmern)

Staatliche Höchstpreisbestimmung

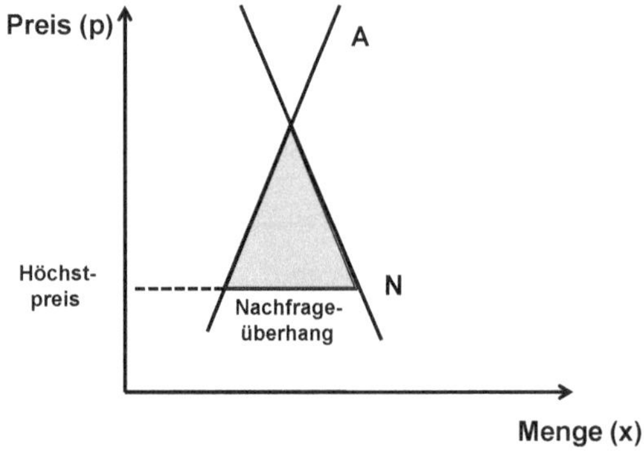

Kapitel 1.3 – Grundlagen der Mikroökonomik 33

Höchstpreispolitik

Soll dem **Schutz der Konsumenten** bei Unterversorgung dienen:
- ➔ Der festgesetzte Preis (Höchstpreis) darf vom Anbieter nicht überschritten werden

Der **Höchstpreis** liegt **unter dem Gleichgewichtspreis**
- ➔ permanenter Nachfrageüberhang und somit künstlich herbeigeführte Minderung des Angebotes

Der Preis verliert seine Ausschaltungsfunktion
- ➔ keine Korrektur der Ursachen

Schwarzmarkt
- ➔ Nachfrager sind bereit, (auch) höhere Preise zu zahlen

Verhinderung über
➔ **Rationierungssystem, z. B.** mit Bezugskarten

Kapitel 1.3 – Grundlagen der Mikroökonomik 34

Staatliche Mindestpreisbestimmung

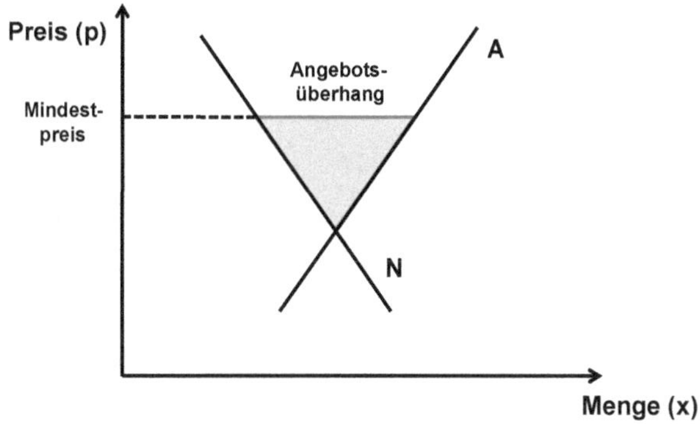

Kapitel 1.3 – Grundlagen der Mikroökonomik 35

Mindestpreispolitik

dient dem **Schutz der Produzenten**

➔ Verhinderung eines Preisverfalls

der **Mindestpreis** liegt **über dem Gleichgewichtspreis**

und darf nicht unterschritten werden

➔ **permanenter Angebotsüberhang**

Preis verliert seine Ausschaltungsfunktion (siehe Folie 29)

➔ Absatzrückgang ➔ schlechte Versorgung

staatliche Unterstützung mittels:

➔ Aufkauf von Überschüssen; Subventionen; Prämien für Produktionsdrosselung; Flächenstilllegungen

➔ siehe auch europäische Agrarpolitik

Kapitel 1.3 – Grundlagen der Mikroökonomik 36

Marktinkonforme Maßnahmen können zu einer Gefährdung des marktwirtschaftlichen Systems führen

- Grenzanbieter erhalten ein Mindesteinkommen
- kostengünstige Anbieter erhalten eine „unverdiente“ Produzentenrente

Bildung „grauer Märkte“

Produzenten verkaufen die Produkte unter dem (zu hohen) Mindestpreis

Künstliche Marktregulierung kostet den EU-Haushalt manchen Euro.

EU kauft landwirtschaftliche Produkte zu Mindestpreisen auf.

➔ (teure) Lagerung ➔ (eventuell) späterer Verkauf unter dem Aufkaufpreis

Preisstopp-Politik

(für die Bundesrepublik Deutschland (bisher) theoretischer Natur)

Der Staat verordnet einen Preisstopp, meist auch einen Lohnstopp:

➔ keine Problemlösung

Nach Aufhebung steigen die Preise stark an:

➔ Nachholbedarf

Marktformen

Marktformen nach dem Grad der Vollkommenheit

Vollkommener Markt (vollständige Konkurrenz)

Grundsätzlich gilt:
Sehr viele **Anbieter** streben nach einem **Gewinnmaximum**
Sehr viele **Nachfrager** streben nach einem **Nutzenmaximum**

Voraussetzungen für den vollkommenen Markt (siehe auch Folie 25):

- vollständige Markttransparenz
- keinerlei Markteintrittsbeschränkungen
- keinerlei Präferenzen
  - sachlich
  - persönlich
  - zeitlich
  - räumlich
- (unendlich) schnelle Reaktionsgeschwindigkeit
- Homogenität der Güter

Kapitel 1.3 – Grundlagen der Mikroökonomik 39

Es gilt das Gesetz der Unterschiedslosigkeit.

➔ Alle Marktteilnehmer sind Mengenanpasser

Der vollkommene Markt kann nur ein volkswirtschaftliches (gedankliches) Modell sein.

Ein unvollkommener Markt (Realität)

liegt dann vor, wenn eine der oben genannten Voraussetzungen fehlt.

➔ **In der Realität gibt es demnach nur unvollkommene Märkte.**

Kapitel 1.3 – Grundlagen der Mikroökonomik 40

Anbieter / Nachfrager	**viele** (sehr viele)	**wenige** (einige wenige)	**einer** (ein großer)
viele	**Polypol** (perfect competition) (Devisenmarkt)	**Angebotsoligopol** (pure oligopoly) (Benzin, Elektrogeräte)	**Angebotsmonopol** (pure monopoly) (früheres Postmonopol)
wenige	**Nachfrageoligopol** (auch: Oligopson) (Molkereigenossen-schaften)	**bilaterales Oligopol** (Spezialmaschinen, z. B. Tunnelbohrer)	**beschränktes Angebotsmonopol** (Patentinhaber)
einer	**Nachfragemonopol** (auch. Monopson) (Automobilzulieferant)	**beschränktes Nachfragemonopol** (Bundeswehrwaffen)	**bilaterales Monopol** (Tarifautonomie)

Tabelle 9 » von Stackelbergsches Marktformenschema (mit Beispielen)

(nach Sprenger-Menzel/Henßler 2023: S. 96)

Kapitel 1.3 – Grundlagen der Mikroökonomik 41

1.4 Übersichten zum Geld- und Währungswesen

Geld- und Währungswesen

Geld = „gelten"
Ein allgemein anerkanntes Tausch- und Zahlungsmittel

Geld besitzt folgende Eigenschaften:

- **in kleine Einheiten teilbar**
- **transportierbar**
- **wertbeständig**

Daraus resultieren die wesentlichen Funktionen des Geldes, denn Geld dient als

- **Tausch- und Zahlungsmittel (gesetzlich)**
- **Wertaufbewahrungsmittel**
- **Recheneinheit**
- **soziales Geltungsmittel**

Kapitel 1.4 – Geld- und Währungswesen 1

Die Erscheinungsformen des Geldes

Münzen

- Kurantmünzen (Materialwert = Nominalwert (Nennwert))
- Scheidemünzen („unterwertiges" Geld; Materialwert < Nominalwert)
  Der Metall- und Herstellungswert der Münze ist geringer als der ***aufgeprägte*** *(Nenn-)****Wert***

Banknoten werden von der Zentralbank im Auftrag des Staates ausgegeben.

Buchgeld = **Giralgeld** (nur in den Kontobüchern der Banken verzeichnet)

Plastikgeld/Computergeld ➔ EC- oder Kreditkarte (mit PIN-Code)

Kryptowährungen, z. B. Bitcoins

Kapitel 1.4 – Geld- und Währungswesen 2

Geldmenge

M1 =	**umfasst den Bargeldumlauf außerhalb des Bankensystems plus** täglich fällige Einlagen von Nichtbanken bei monetären Finanzinstituten im Euro-Währungsgebiet
M2 = M1	**+ Geldmenge M1 plus** Einlagen mit vereinbarter Laufzeit bis zu zwei Jahren und Einlagen mit einer Kündigungsfrist von bis zu drei Monaten
M3 = M2	**+ Geldmenge M2 plus** Repogeschäfte (Kauf eines Vermögensgegenstandes mit gleichzeitiger Vereinbarung des Rückkaufs zu einem späteren Termin) Geldmarktfondsanteile und Schuldverschreibungen mit einer Laufzeit von bis zu zwei Jahren

Den Euro haben eingeführt:

1. Belgien
2. Deutschland
3. Estland
4. Finnland
5. Frankreich
6. Griechenland
7. Irland
8. Italien
9. Lettland
10. Litauen
11. Luxemburg
12. Malta
13. Niederlande
14. Österreich
15. Portugal
16. Slowakei
17. Slowenien
18. Spanien
19. Zypern
20. Kroatien (2023)

Quelle: Deutsche Bundesbank

Geld- und Währungspolitik

Die primären Aufgaben der EZB sind:

- **Aufrechterhaltung des Geldwertes des Euro**
- **Versorgung der Wirtschaft mit Geld**
- **Gestaltung und Durchführung der Wirtschafts- und Währungspolitik**

Organe der EZB

Der EZB-Rat

- **Beschlussorgan der EZB**
- **6-köpfiges Direktorium und das Aufsichtsgremium**
- **Präsidenten der nationalen Zentralbanken, die uneingeschränkt an der Währungsunion teilnehmen (19 Mitglieder)**

Aufgaben des EZB-Rates

- **Festlegung der Geldpolitik der Gemeinschaft**
  - **Geldpolitische Zwischenziele**
    (z. B. Geldmenge, Zinsen, (angestrebte) Inflationsrate und evtl. Wechselkurs)
  - **Leitzinssatz**
    (zu diesem Satz leihen sich Geschäftsbanken Geld bei der EZB)
  - **Bereitstellung von Zentralbankgeld**
  - **Vorgaben zum reibungslosen Ablauf der Geldpolitik**

Das Direktorium der EZB (Amtszeit 8 Jahre)

- Präsident/in *(Christine Lagarde, seit Ende 2019)*
- Vizepräsident *(Luis de Guindos, ab Mitte 2018)*
- 4 weitere Mitglieder *(u. a. der Chefvolkswirt, Philip R. Lane, seit 2019)*

Aufgaben des Direktoriums

- Ausführung der Geldpolitik
  → Weisungen an die nationalen Zentralbanken (NZB)
- Vorbereitung der Sitzungen des EZB-Rates

Kapitel 1.4 – Geld- und Währungswesen 7

- **Erweiterter EZB-Rat**

  Zusammensetzung:

  - 6-köpfiges Direktorium
  - alle Präsidenten der nationalen Zentralbanken (NZB) (zur Zeit 27; Stand 2023/2024)

Aufgaben des erweiterten EZB-Rates

- Beratung des Europäischen Systems der Zentralbanken (ESZB)
- Erhebung statistischer Daten; Erstellung von Berichten
- Normierung von Meldungen der NZB an die EZB
- Festlegung der Beschäftigungsbedingungen des Personals
- Vorbereitung der Wechselkursfestlegung für beitrittswillige Länder

Kapitel 1.4 – Geld- und Währungswesen 8

Geldpolitische Instrumente und Strategie des Europäischen Systems der Zentralbanken (ESZB)

Mindestreserve

Änderung der Mindestreservesätze (seit 18.1.2012: **1 %**)
(Die Europäische Zentralbank verlangt von Kreditinstituten, auf Girokonten bei den nationalen Zentralbanken Pflichteinlagen zu unterhalten.)

Ziel:

Beeinflussung der Überschussreserve der Banken
(➔ Einfluss auf den Kreditschöpfungsspielraum der Geschäftsbanken)

restriktiv:

- Anhebung der Mindestreservesätze
- Ausweitung der Reservepflicht auf eine höhere Zahl von Einlageformen

expansiv:

- Senkung der Mindestreservesätze
- Begrenzung der Reservepflicht auf eine geringere Zahl von Einlageformen

Fazilitäten ➔ Möglichkeiten

Gesamtheit der Kreditmöglichkeiten, die dem Sektor der Geschäftsbanken zur Deckung seines Kreditbedarfs zur Verfügung stehen

Ziel:
Beeinflussung des Geldmarktsatzes (*de facto* also der Leitzinsen)

Einlagefazilitäten: Zinssatz 3,00 % *(seit 8.2.2023)*
Festlegung des Satzes für die Einlage von überschüssiger Liquidität
(Untergrenze des Tagesgeldsatzes)

Spitzenrefinanzierungsfazilitäten: Zinssatz 3,75 % *(seit 22.3.2023)*
Festlegung des Satzes für die Inanspruchnahme von Mitteln durch Geschäftsbanken bei der EZB (Hauptrefinanzierungssatz)
(Obergrenze des Tagesgeldsatzes)

restriktiv:
Erhöhung der Einlagesätze

expansiv:
Senkung der Einlagesätze

Die „Geschäftsfelder" der Offenmarktpolitik (OMP)
(aktuell wichtigstes geldpolitisches Instrumentarium der EZB)

Alle genannten Transaktionen finden gegen Hinterlegung von refinanzierungsfähigen (am Markt handelbaren) Sicherheiten statt. Das schützt das Europäische System der Zentralbanken (ESZB) vor Zahlungsausfällen.

Hauptrefinanzierungsgeschäfte:

Pensionsgeschäfte (OMP-Geschäfte mit Rückkaufvereinbarung),
die wöchentlich durchgeführt werden (Laufzeit 14 Tage)
nach dem Standardtender (standardisierte Ausschreibungs- und Zuteilungsverfahren für regelmäßige Offenmarktgeschäfte)

Es handelt sich um das momentan wichtigste Instrument der EZB zur Steuerung der Geldmenge.

Kapitel 1.4 – Geld- und Währungswesen 11

Längerfristige Refinanzierungsgeschäfte:
Pensionsgeschäfte, die monatlich nach dem Standardtender (siehe oben) durchgeführt werden (Laufzeit 3 Monate)

Feinsteuerungsoperationen:
befristete Offenmarktgeschäfte zum Ausgleich von unerwarteten Liquiditätsschwankungen (Veränderungen in der Versorgung mit flüssigen Mitteln)

Strukturelle Operationen:
Offenmarktgeschäfte, mit denen strukturell bedingte Liquiditätsveränderungen korrigiert werden (dadurch Aufrechterhaltung der Abhängigkeit des Bankensektors vom Refinanzierungsgeschäft der EZB)

Kapitel 1.4 – Geld- und Währungswesen 12

Beispiele zur Abwicklung von Offenmarktgeschäften

Die EZB tritt als Marktteilnehmer auf und

➔ kauft (expansiv-geldmengenerhöhend) oder

➔ verkauft (kontraktiv-geldmengensenkend) Wertpapiere **(am Wertpapiermarkt)**

➔ endgültige Offenmarktgeschäfte

➔ Offenmarktgeschäfte mit Rückkaufvereinbarung

(Pensionsgeschäfte; siehe oben, Folie 11)

➔ der Rückkauf erfolgt zwischen einem und 90 Tagen

➔ längerfristige Refinanzierungsgeschäfte

➔ Versteigerung des Zentralbankgeldes (Tenderverfahren)

Kapitel 1.4 - Geld- und Währungswesen 13

Zu unterscheiden sind (ursprünglich) zwei Tenderverfahren:

- **Mengentender** (eingesetzt bis 27. Juni 2000; wieder ab 09. März 2009)
- **Zinstender** (ab Juni 2000 bis zur Finanzkrise)

Ziele von Tenderverfahren sind:

- **Liquiditätsversorgung am Geldmarkt**
- **Steuerung der Zinssätze**
- **geldpolitisches Signal**

An- und Verkauf von Wertpapieren durch die EZB am offenen Markt über den Zinstender

Mittels Tenderverfahren wird Zentralbankgeld (meistbietend) **„versteigert"**

Kapitel 1.4 – Geld- und Währungswesen 14

Transmission (Übertragung) geldpolitischer Impulse

Prozesse, über die sich geldpolitische Entscheidungen auf die Wirtschaft auswirken

(vereinfachte Darstellung)

Leitzins	↑	↓
Geldmarktzinsen	↑	↓
Bankzinsen; Kapitalmarktzinsen	↑	↓
Nachfrage nach Krediten Geldmenge	↓	↑
Nachfrage auf Gütermärkten	↓	↑
Preisentwicklung	↓	↑

(Quelle: Deutsche Bundesbank)

Kapitel 1.4 – Geld- und Währungswesen 15

Geldpolitische Strategie des Eurosystems – „Zwei-Säulen-Strategie“ –

Primäres Ziel: <u>Preisstabilität</u> (also 0 % Inflationsrate; EZB-politisch festgelegt, wurde aber eine „angestrebte“ Inflationsrate „nahe, aber (knapp) unter 2 %“)

Der **EZB-Rat** trifft seine Entscheidungen auf der Basis einer einheitlichen Gesamtbeurteilung der Risiken für die Preisstabilität.

1. Säule		**2. Säule**
Wirtschaftliche Analyse	**Wechselseitige Überprüfung** ⟺	monetäre Analyse
Analyse Wirtschaftlicher Entwicklungen		Analyse monetärer Trends

Gesamtheit der zur Verfügung stehenden Informationen

Kapitel 1.4 – Geld- und Währungswesen 16

Die Kernpunkte der Geldpolitik der EZB im Überblick:

- Die Geldpolitik der Zentralbank greift nicht direkt in die Preisbildung an den Märkten ein. Sie übt mittelbaren Einfluss aus.
- Ansatz der Geldpolitik ist der Bedarf der Geschäftsbanken an Zentralbankgeld. Wenn notwendig, gibt sie diesen Kredite. Banken, die sich kein Geld bei der Zentralbank besorgen, decken ihren Bedarf am Geldmarkt.
- **Der Zinssatz für die Bereitstellung von Zentralbankgeld beeinflusst alle anderen Zinssätze im gesamten Währungsraum: ➔ Leitzins**
- Banken müssen eine Mindestreserve bei der Zentralbank halten.
- Mit den geldpolitischen Instrumenten beeinflusst die Zentralbank die Kreditvergabe der Geschäftsbanken. Die klassischen Instrumente sind die Offenmarktgeschäfte und die ständigen Fazilitäten.
- Mit Hilfe der Spitzenrefinanzierungsfazilitäten können sich die Banken kurzfristig – gegen Sicherheiten – Zentralbankgeld beschaffen. Überschüssige Liquidität können sie als Einlagefazilität bei der Zentralbank anlegen („Strafzinsen" oder „Verwahrentgelte" wurden nach dem 22.7.2022 abgeschafft)
- Wegen der vielen unterschiedlichen Faktoren, die auf die Preisentwicklung wirken, muss die Geldpolitik im gesamten Euroraum von einer stabilitätsorientierten Finanz-, Wirtschafts- und Lohnpolitik begleitet werden.

Kapitel 1.4 – Geld- und Währungswesen 17

Beziehung zwischen ESZB und Politik

ESZB

- Unabhängig von (direkten) politischen Weisungen
- Unterstützung der allgemeinen Wirtschaftspolitik
- Recht zur Begrenzung des Volumens neu auszugebender Münzen
- Anhörung bei Rechtsakten im Zuständigkeitsbereich der EZB

Nationale Regierungen und EU-Kommission

- Recht, das ESZB-Statut zu ändern
- Benennung der Mitglieder des EZB-Direktoriums
- Teilnahme an Sitzungen des EZB-Rates (ohne Stimmrecht)
- Regelmäßige Anhörung des EZB-Präsidenten
- Kompetenz für die Wechselkurspolitik

Kapitel 1.4 – Geld- und Währungswesen 18

Geldwert und Kaufkraft: Der Binnenwert des Geldes

Der Realwert des Geldes entspricht dem Tauschwert gegenüber Wirtschaftsgütern und drückt somit die **Kaufkraft** des Geldes aus.

Steigen die Preise, so *sinkt* die Kaufkraft → Inflation
Sinken die Preise, so *steigt* die Kaufkraft → Deflation

Somit besteht ein Zusammenhang zwischen Geldvolumen und Gütervolumen.

Kapitel 1.4 – Geld- und Währungswesen 19

Inflation

Inflation → stetige und anhaltende Geldentwertung (Kaufkraftverlust).
Das Güterangebot bleibt konstant, die Geldmenge steigt.
Daraus resultiert ein Prozess anhaltender Preisniveausteigerung.

Nach der Geschwindigkeit der Geldentwertung unterscheidet man:

- schleichende Inflation (bis max. 5 %)
- trabende Inflation (5 bis 20 %)
- galoppierende Inflation (zwischen 20 und 50 %)
- rasende Inflation („Hyperinflation") (mehr als 50 %)

Kapitel 1.4 - Geld- und Währungswesen 20

Messung von Kaufkraftänderungen

Die Messung erfolgt über „Warenkörbe".

Daraus werden verschiedene Indices berechnet:

- **der Verbraucherpreisindex (VPI)**
- **der Index der Einzelhandelspreise**
  (früher: „Preisindex für Lebenshaltung")

Ein repräsentativer Warenkorb enthält ca. 650 Güter und Dienstleistungen.
Repräsentativ erhoben wird per Stichproben in Geschäften und Städten.
Zusätzlich führen etwa 60.000 Haushalte über einige Monate ein Haushaltsbuch, in dem sie ihre Einnahmen und Ausgaben festhalten.

Kapitel 1.4 – Geld- und Währungswesen 21

Die Berechnung der Inflationsrate u. des VPI

Für die Berechnung des Preisindex bleibt die Gewichtung oder Wägung (welchen Anteil hat ein Produkt an den Gesamtausgaben?) gleich.

Das Jahr, in dem die Zusammensetzung des Warenkorbes und die Wägung erfolgen, wird als <u>Basisjahr mit dem Index 100</u> festgelegt.

Steigt der Verbraucherpreisindex (VPI) z. B. von 100 auf 103, so sind die Lebenshaltungskosten um 3 % gestiegen.

Kapitel 1.4 – Geld- und Währungswesen 22

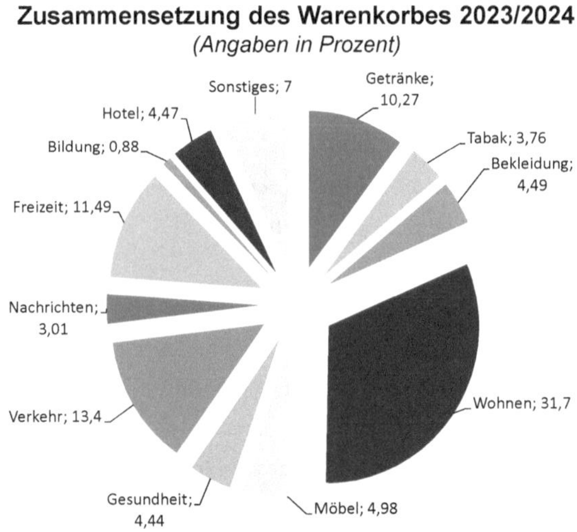

Selbst erstellte Grafik; Quelle des Zahlenmaterials: Statistisches Bundesamt (2023)

Kapitel 1.4 – Geld- und Währungswesen 23

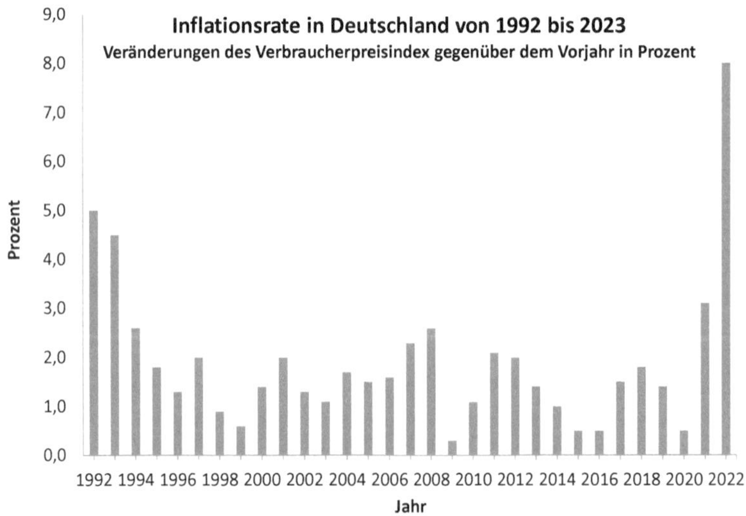

Selbst erstellte Grafik; Quelle des Zahlenmaterials: Statistisches Bundesamt (2023)

Kapitel 1.4 – Geld- und Währungswesen 24

Ursachen, Arten und Wirkungen einer Inflation

Monetäre Inflationsursachen

- Kontrollmängel bei der Geldschöpfung
  - Primärgeldschöpfung via EZB (Münzen und Banknoten)
  - Giralgeldschöpfung via Geschäftsbanken (Buchgeld)
  - Erhöhung der Umlaufgeschwindigkeit
    (z. B. durch Änderung der Zahlungsgewohnheiten)

Nicht-monetäre Inflationsursachen

- Kostendruck
  - Löhne
  - Steuern
  - Gewinne
- Marktmacht (marktbeherrschende Stellung)
- Staatsmacht (politische Preise)

<u>Inflationäre Tendenzen können somit ausgehen</u>

1. von der Angebotsseite (angebotsinduziert; *cost pull inflation*)
   - Erhöhung der Produktionskosten ⟶ Erhöhung der Verkaufspreise
   - Erhöhung der Lohnkosten
   - Erhöhung der Rohstoffkosten ⟶ importierte Inflation
   - Erhöhung der Zinskosten

Auf oligopolistischen oder monopolistischen Märkten:
unter Ausnutzung der Marktmacht ⟶ Gewinninflation

<u>Fazit</u>: Bei angebotsinduzierter Inflation wird die Geldentwertung durch steigende Kosten oder durch Gewinne verursacht.

2. von der Nachfrageseite (nachfrageinduziert; *demand pull inflation*)

Die monetäre Nachfrage steigt, das Güterangebot bleibt konstant.

➡ Die Zentralbank stellt die gewünschte Geldmenge zur Verfügung.

Zu unterscheiden sind vier nachfrageinduzierte Inflationsarten:

1. Erhöhte Konsumgüternachfrage (private Haushalte)

- Lohnerhöhung (Lohnsteigerung > Produktivitätszuwachs)
- Auflösung von Sparguthaben und Überführung in den Konsum
- (erhöhte) Aufnahme von Konsumentenkrediten

2. Erhöhte Investitionsgüternachfrage (Unternehmen)

Volumen der geplanten Investitionen > als Sparguthaben (respektive Eigenkapital)

↳ Kreditschöpfung durch die Geschäftsbanken

Investitionsgüternachfrage > Investitionsgüterangebot

↳ Preissteigerungen im Investitionsgüterbereich

3. Erhöhte Nachfrage des Staates (Fiskalinflation)

Ausgabe > Einnahmen

➡ Schließung der Haushaltslücke durch *deficit spending* (siehe auch Staatsverschuldung)

4. Erhöhte Nachfrage im Ausland (Importe)

z. B. Inflationsrate des Auslandes > Inflationsrate des Inlandes

➡ <u>direkte Übertragung</u>: durch Import von z. B. von Rohstoffen

<u>indirekte Übertragung</u>: Im Inland geford. Preise werden den im Ausland gestiegenen angepasst.

Die Wirkungen einer Inflation

- **Erhöhung der Steuerlast ➔ kalte Progression**
  (Wegen des progressiven Steuertarifs steigen steuerliche Belastungen meist stärker als die Lohnerhöhungen.)
  Bezug zu August 2022 bei einer Inflationsrate von 8,4 %: „Zudem hat Lindner angekündigt, die ‚**kalte Progression**' in der Einkommensteuer auszugleichen, durch jene Steuermehreinnahmen, die allein darauf beruhen, dass Bürger bei einem *Netto*-Gehaltsplus in Inflationshöhe in einen höheren Steuertarifbereich rutschen, obwohl sie sich von ihrem Lohn gar nicht mehr kaufen können." (SZ, 10.05.2022)
- **Vermögensumschichtung ➔ „Flucht in die Sachwerte"**
- **Vertrauensverlust gegenüber Wirtschaft und Staat**
- **Senkung der Kaufkraft**
- **Zunahme der Arbeitslosigkeit**
- **Außenwirtschaftliche Störungen**

Kapitel 1.4 – Geld- und Währungswesen 29

Verlierer einer Inflation:

- **Bezieher fester Einkommen**
- **Arbeitnehmer** (Kaufkraft der Löhne sinkt)
- **Bezieher von Sozialleistungen**
- **Gläubiger**
- **Eigentümer von Geldvermögen**

Gewinner einer Inflation:

- **Schuldner**
- **Inhaber von Sachvermögen**
- **der Staat ➔ siehe Steuermehreinnahmen durch die „normale" <u>und</u> die „kalte Progression"**

Kapitel 1.4 – Geld- und Währungswesen 30

Deflation

Anhaltendes Sinken des Preisniveaus, also anhaltende <u>Steigerung der Kaufkraft</u>.

Ursachen / Auswirkungen können sein:

- drastische staatliche Sparmaßnahmen
- pessimistische Zukunftserwartungen
  - Sinken der Konsumgüternachfrage
  - Sinken der Investitionsgüternachfrage
  - sinkende Produktion
  - sinkende Preise und Gewinne
  - Massenarbeitslosigkeit
  - Geld verliert seine Funktion als Wertmaßstab

Kapitel 1.4 – Geld- und Währungswesen 31

Außenwert des Geldes

Zur Erinnerung: Der Binnenwert einer Währung wird vom inländischen Preisniveau bestimmt.

Außenwert: Wieviel Euro muss ich für eine *andere* Währungseinheit bezahlen? (= Wechselkurs)

Devisen: Zahlungsmittel in ausländischer Währung, Guthaben bei ausländischen Banken sowie Schecks, Zahlungsanweisungen

<u>Aber:</u>

Sorten: Ausländische Münzen und Banknoten im Besitz von Inländern

Kapitel 1.4 – Geld- und Währungswesen 32

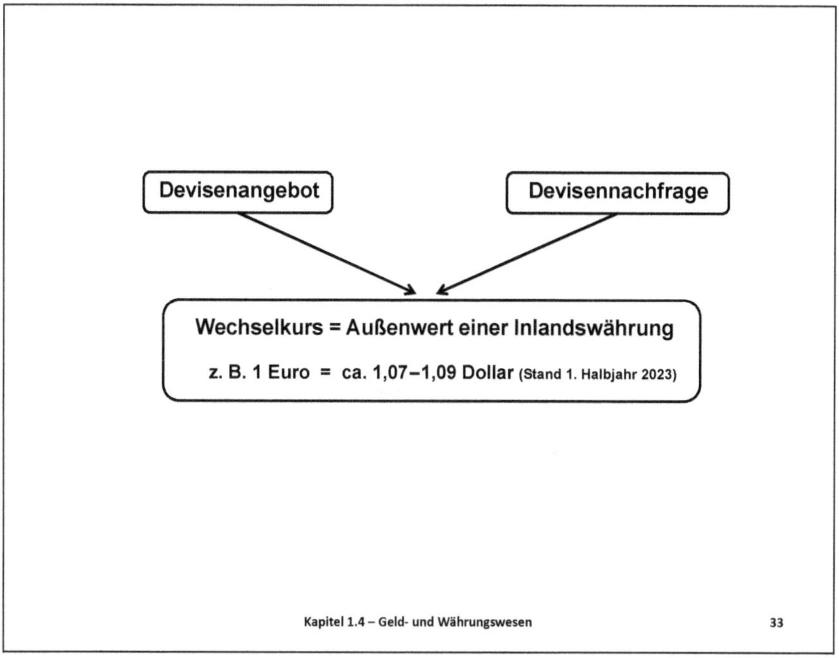
Devisenangebot
Devisennachfrage
Wechselkurs = Außenwert einer Inlandswährung
z. B. 1 Euro = ca. 1,07–1,09 Dollar (Stand 1. Halbjahr 2023)
Kapitel 1.4 – Geld- und Währungswesen
33

1.5 Übersichten zu Wirtschaftsordnungen und Wirtschaftssystemen

Wirtschaftsordnungen und Wirtschaftssysteme

Ordnungssysteme und Wirtschaftsordnungen

Ein soziales Zusammenleben erfordert einen Ordnungsrahmen.

Die Gesamtheit der Normen (kulturelle, religiöse, politische, wirtschaftliche) stellt die Gesellschaftsordnung dar.

Kapitel 1.5 – Wirtschaftsordnungen und Wirtschaftssysteme 1

Gesellschaftsordnung:

- **Wirtschaftsordnung**
  - wirtschaftliche Regeln und Institutionen
  - Rahmenbedingungen für wirtschaftliches Handeln
- **Rechtsordnung**
  - Eigentumsrechte
  - Gerichtsverfassung
  - Aufbau und Funktion der Gerichte
- **Sozialordnung**
  - Summe der Teilbereiche der Gesellschaftsordnung
    - soziale Sicherheit
    - sozialer Ausgleich
    - sozialer Frieden
    - für die Bundesrepublik Deutschland:
      - **Solidaritätsprinzip**
      - **Subsidiaritätsprinzip**
      - **Sozialstaatsprinzip**

Kapitel 1.5 – Wirtschaftsordnungen und Wirtschaftssysteme 2

Zwischen den Teilordnungen bestehen Interdependenzen
➔ Abhängigkeiten und Beeinflussungen

Bedürfnisbefriedigung wird im Rahmen dreier Systeme ermöglicht:

Produktion und Bereitstellung von Gütern➔ ökonomisches System

Anwendung psychischer Fähigkeiten ➔ kulturelles System

Ausübung legitimierter Gewalt ➔ politisches System

Daraus resultieren drei Grundfragen von Wirtschaftsordnungen:

Was soll produziert werden?

Wie soll produziert werden?

Wer erhält welchen Anteil?

Kapitel 1.5 – Wirtschaftsordnungen und Wirtschaftssysteme 3

Ideengeschichtliche Grundlagen

Zu unterscheiden ist zwischen

Individualprinzip (Individualismus)

Kollektivprinzip (Kollektivismus)

Individualprinzip:
- geistige Grundlage: Liberalismus
- uneingeschränkte Freiheit des Einzelnen
- Staat hat nur Ordnungsfunktionen „Nachtwächterstaat“
- Idee: Eigennutz führt am Ende zu Gemeinnutz

Kollektivismus:
- Individuum ist untergeordnet
- Karl Marx: Proletarier vs. Kapitalisten
- ➔ Staat als zentrale Kontrollinstanz
- „Demokratischer Zentralismus“ (Lenkung der Wirtschaft)

Individualismus ⟶ marktwirtschaftliche Ordnung
Kollektivismus ⟶ Zentralverwaltungswirtschaft („sozialistische“ Planwirtschaft)

Kapitel 1.5 – Wirtschaftsordnungen und Wirtschaftssysteme 4

Das Modell der freien Marktwirtschaft besteht nur in der Theorie

Grundvoraussetzungen einer Marktwirtschaft

- Vertragsfreiheit
- Privateigentum
- Konsumfreiheit
- freier Marktzugang
- Freiheit der Unternehmen (siehe Grundfragen der VWL)
- Freihandel
- Geldwirtschaft (universales/gesetzliches Tauschmittel)
- ständiger Leistungswettbewerb

Kapitel 1.5 – Wirtschaftsordnungen und Wirtschaftssysteme 5

Wesensmerkmale einer freien Marktwirtschaft

- Individualplanung ➔ Angebot und Nachfrage
- Risikobereitschaft der Produzenten
- Erwerbsprinzip bzw. Erwerbsstreben
- Markt als alleiniges Steuerungsorgan
- Einkommens- und Güterverteilung

Kapitel 1.5 – Wirtschaftsordnungen und Wirtschaftssysteme 6

Vor- und Nachteile der freien Marktwirtschaft

Vorteile

- Zügige Industrialisierung
- Verbilligung der Fertigung ➔ Massenproduktion
- Verbesserung der Gesundheitsvorsorge
- Verbesserungen im Transportwesen
- Übertragung und Verbreitung des Wohlstandes
- Wohlstandsmehrung der Bürger als Gesamtheit
- Förderung der Bildung ➔ „*Lifelong Learning*"

Kapitel 1.5 – Wirtschaftsordnungen und Wirtschaftssysteme 7

Nachteile

- Tendenz zu wirtschaftlicher Ausbeutung
- Abwälzung externer Kosten
- Wiederkehrende Wirtschaftskrisen
- Soziale Missverhältnisse
- Tendenz zur Monopolisierung
- Entlohnung nicht immer nach erbrachter Leistung
- z. T. fehlende ethische Fundierung ➔ Verfall der Sitten
- Marktkonzentration ➔ ungerechtfertigte Machtanhäufung
- z. T. nicht hinreichende Befriedigung von Kollektivbedürfnissen ➔ **Trittbrettfahrer-Problematik** (betrifft alle Wirtschaftssysteme)

Kapitel 1.5 – Wirtschaftsordnungen und Wirtschaftssysteme 8

Modell einer Zentralverwaltungswirtschaft

Grundvoraussetzungen einer Zentralverwaltungswirtschaft

- Staat ist alleinige Planungs- und Steuerungsinstanz
- keine Vertragsfreiheit
- Kollektiv- statt Privateigentum
- keine Konsumfreiheit
- kein freier Marktzugang
- keine Produktions-, Gewerbe- und Niederlassungsfreiheit

Kapitel 1.5 – Wirtschaftsordnungen und Wirtschaftssysteme 9

Wesensmerkmale einer Zentralverwaltungswirtschaft

- Staat ist zentrale Instanz
- Bedarfsdeckungsprinzip nach Maßgabe der politischen Führung
- Risikoüberwälzung auf das Kollektiv

Vorteile der Zentralverwaltungswirtschaft aus der Sicht eines Befürworters:

- **Unterordnung des Individuums unter die Gemeinschaftsinteressen**
- **Möglichkeit der Erreichung von Vollbeschäftigung** („Recht auf Arbeit", das aber zur Pflicht wird – Frauenarbeit)
- **Preisniveaustabilität**
- **Hohe Wachstumsraten des Bruttoinlandsproduktes**

Kapitel 1.5 – Wirtschaftsordnungen und Wirtschaftssysteme 10

Realtyp der Sozialen Marktwirtschaft in der BR Deutschland: Ideengeschichtlicher Hintergrund

- ***Walter Eucken*** **propagierte eine Eindämmung privater wie staatlicher Macht** (nach den Erfahrungen der Weltwirtschaftskrise und dem II. Weltkrieg).
  ➔ **notwendig ist eine Wettbewerbsordnung**
- **Die „Freiburger Schule" mit den Professoren *Walter Eucken*, *Wilhelm Röpke* und *Friedrich August von Hayek* entwickelte die sogenannte „ordo-liberale Marktwirtschaft".**
- **Jede Volkswirtschaft benötigt wettbewerbsrechtliche Spielregeln für ein freies, „ordentliches" Funktionieren („Ordnungsökonomik" oder „Ordoliberalismus").**

Kapitel 1.5 – Wirtschaftsordnungen und Wirtschaftssysteme 11

Nach Walter Eucken sind folgende Rahmenbedingungen als „konstituierende Prinzipien" zu nennen:

- **Förderung und Erhaltung des Privateigentums**
- **Vertragsfreiheit**
- **offene Märkte**
- **funktionsfähiges Preissystem**
- **Währungsstabilität**
- **Haftung der Unternehmer für ihre ökonomischen Entscheidungen**
- **Zusammengehörigkeit der konstituierenden und regulierenden Prinzipien**

Kapitel 1.5 – Wirtschaftsordnungen und Wirtschaftssysteme 12

Soziale Marktwirtschaft als Wirtschaftssystem der BR Deutschland

A. Müller-Armack:

➡ **Soziale Marktwirtschaft als Gleichklang von Wettbewerbs- und Sozialpolitik**

Verbindung von Freiheit auf dem Markt und sozialem Ausgleich

Sozialpolitik bleibt der Hilfe zur Selbsthilfe des Individuums verpflichtet (Subsidiaritätsprinzip; stellt auf die Eigenverantwortung ab: Kann der Einzelne das Problem nicht lösen, **dann** (erst) sollte der Staat helfend eingreifen)

Die Umsetzung der sozialen Marktwirtschaft vollzog Ludwig Erhard

Das Grundgesetz beinhaltet keinen expliziten Hinweis auf eine „soziale Marktwirtschaft", aber:

- **Art. 2 GG ➔ Freiheit der Person**
- **Art. 9 GG ➔ Koalitionsfreiheit**
- **Art. 12 GG ➔ Freiheit der Berufs- und Arbeitsplatzwahl**
- **Art. 14 GG ➔ Recht auf Eigentum**
- **Art. 20 GG ➔ „Sozialstaatlichkeit"**

➡ Lt. GG ist *die Bundesrepublik ein demokratischer und sozialer Rechtsstaat.*

Der „real existierenden" sozialen Marktwirtschaft liegt ein dualistisches Menschenbild zugrunde

- **als Individuum (Verwirklichung des Individualismus)**
- **als Gemeinwesen (Verwirklichung des Kollektivismus)**

Auf der Grundlage der „reinen" Marktwirtschaft verbindet die Soziale Marktwirtschaft das Prinzip der Freiheit mit dem Grundsatz eines sozialen Ausgleichs und ethischem Gewissen.

Merkmal der sozialen Marktwirtschaft ist eine ethische Fundierung.

Es wird eine aktive Sozialpolitik mittels Umverteilung angestrebt

Kritik: Der Staat erkaufe sich sozialen Frieden durch Transferleistungen (z. B. „Bürgergeld" ab 2023), treibe die Umverteilung „zu weit" oder sorge für Dauerleistungsempfänger und Abhängigkeiten.

Kapitel 1.5 – Wirtschaftsordnungen und Wirtschaftssysteme 15

Kritik von Wissenschaftlern und Volkswirten:

- **zu hohe Staatsquote (Ausgaben d. Staates in Prozent des BIP (2022: 47,5 %))**
- **zu hohe Abgabenquote (für Deutschland 42,5 % in 2022)**
- **zu hohe Transferquote (Anteil empfangener monetärer Sozialleistungen und Sachleistungen an den verfügbaren Einkommen)**
- **daher: *eher* Sozialstaatswirtschaft *oder (zunehmend)* *eher* „sozialistische" Marktwirtschaft**

Economic Freedom Network konstatiert:

Freie Volkswirtschaften arbeiten wesentlich effektiver als unfreie Wirtschaftssysteme.

Deutschland ist in den letzten Jahren wirtschaftlich unfreier geworden.

Kapitel 1.5 – Wirtschaftsordnungen und Wirtschaftssysteme 16

Aufgaben des Staates in der Sozialen Marktwirtschaft

1. Ordnungspolitik mit folgenden Rahmenbedingungen:
   - Eigentumsgarantie
   - Gewerbefreiheit
   - Vertragsfreiheit

2. Bereitstellung von Gütern:
   - Kollektivgüter
   - meritorische Güter
   - Monopolgüter

3. Wirtschaftspolitik:
   - Verteilungspolitik
   - Globalpolitik
   - Strukturpolitik

Staatliche Eingriffe sollten marktkonform sein.

Kapitel 1.5 – Wirtschaftsordnungen und Wirtschaftssysteme 17

Merkmale eines auslaufenden Wirtschaftssystems: Planwirtschaft

- Preise sind keine Wettbewerbspreise ➔ Knappheitsindikatoren
- Planung der Nachfrage von Unternehmen und Haushalten über Mengenbilanzen für bedeutende Gütergruppen ist nicht möglich
- Produktionsvorgaben in Naturalkennziffern (z. B. Tonnen) sind ungeeignet
- Planungsvorgaben (Staat) und Planumsetzungen (Unternehmen) divergieren sehr stark
- Be- oder gar Verhinderung des technischen Fortschritts aus Furcht vor Plansollerhöhungen
- geringe Produktivität

Kapitel 1.5 – Wirtschaftsordnungen und Wirtschaftssysteme 18

In Kuba und Nordkorea wird die Planwirtschaft noch betrieben, wie auch zum Teil noch in China und Vietnam. Der Sozialismus des 21. Jahrhunderts weist auch in Venezuela noch Elemente der Planwirtschaft auf.

Folgen der Zentralverwaltungswirtschaft der DDR

- desolate Bausubstanz (privat wie industriell)
- veraltete und mangelhafte Infrastruktur
- relativ schlechte soziale Absicherung
- rücksichtslose Umweltverschmutzung
- demoralisierte und demotivierte Bevölkerung
- auch dadurch geringe Produktivität
- international kaum wettbewerbsfähige Wirtschaft
- auf dem Weg zum Staatsbankrott
- Einfuhren weit größer als Ausfuhren (Finanzierungsprobleme)

Zukunft der Wirtschaftssysteme

Die Geschichte zeigt:

Keiner der Realtypen konnte je in einem Land verwirklicht werden.

Aber:

Der Vergleich der Lebensstandards zeigt: Das marktwirtschaftliche System war und ist dem planwirtschaftlichen weit überlegen.

Ein Ideenansatz beschreibt einen „Dritten Weg“:

„Konkurrenzsozialismus“ oder „Markt-Sozialismus“, eine unechte „Marktwirtschaft“ ohne Privateigentum

Erfahrungen zeigen:

Die Wirtschaftsordnungen konvergieren. Die positiven Aspekte des jeweils anderen Systems werden übernommen. Hieraus *könnte* ein besseres Wirtschaftssystem entstehen.

1.6 Übersichten zur Konjunkturtheorie und Konjunkturpolitik

Konjunkturtheorie und Konjunkturpolitik

Konjunkturzyklen und Konjunkturphasen

Der Begriff **„Konjunktur"** bezeichnet meist die aktuelle „Geschäftslage" oder allgemeine wirtschaftliche Lage eines Landes.

In der Volkswirtschaftslehre spricht man von **„Konjunktur"**, wenn der Auslastungsgrad der Produktionskapazitäten durch Veränderungen im Angebots- oder Nachfrage-verhalten hervorgerufen wird.

Die wirtschaftlichen Wechsellagen/Schwankungen ergeben einen wellenförmigen Verlauf, der in Konjunkturphasen eigeteilt wird und zusammengefasst den Konjunkturzyklus ergibt.

Kapitel 1.6 – Konjunkturtheorie und Konjunkturpolitik 1

Mögliche Definitionen des Begriffs Konjunktur

Angebot und Nachfrage bestimmen das wirtschaftliche Geschehen in einer Volkswirtschaft.

Oder:

*Die volkswirtschaftliche **Gesamtnachfrage** setzt sich zusammen aus:*

Konsum, Investition, Staatsausgaben und Exportüberschuss.

$Y = C_{pr} + I + C_{st} + (Ex - Im)$

Siehe auch VGR (Kapitel 1.2).

Diese Determinanten schwanken und zeigen

den Auslastungsgrad des volkwirtschaftlichen Produktionspotentials an.

➔ Konjunktur = Schwankungen im Auslastungsgrads einer Volkswirtschaft

Kapitel 1.6 – Konjunkturtheorie und Konjunkturpolitik 2

Die **Konjunkturtheorie** befasst sich mit den Ursachen und Auswirkungen der Schwankungen.

Also:

- Wie kommen sie zustande?
- Welche Prognosen kann man herleiten?
- Wie kann man über die Konjunkturpolitik die konjunkturelle Entwicklung beeinflussen?

Wichtige **nationalökonomische Bestimmungsgrößen / Determinanten für den Konjunkturverlauf** (und die allgemeine wirtschaftliche Lage) **sind z. B.:**

- das Bruttoinlandsprodukt (BIP) beziehungsweise das Volkseinkommen (siehe auch Kapitel 1.1 und 1.2)
- die Arbeitslosenquote
- die Industrieproduktion
- die Auftragseingänge im Hochbau
- das Preisniveau/die Inflationsrate
- staatliche Maßnahmen (Fiskalpolitik)
- Veränderungen im Außenhandel

Einteilung des idealtypischen Konjunkturverlaufs

1. Depression (konjunktureller Tiefstand)
2. Aufschwung
3. Hochkonjunktur (Boom)
4. Abschwung (Rezession oder Krise)

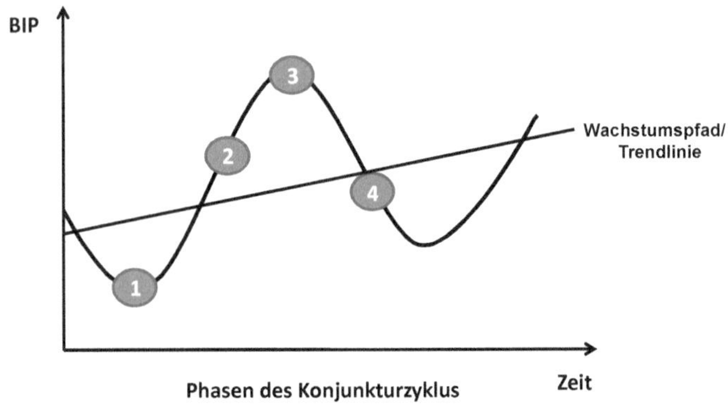

Phasen des Konjunkturzyklus

Begründung der Konjunkturzyklen:

Endogene Faktoren

- „Fehlverhalten" der Marktteilnehmer, z. B. „übermäßige Nachfragereduzierung"
- Politiker sprechen von *„Kaputtsparen"* oder *„Konsumstreik"*

➔ Gegensteuern durch z. B. **antizyklische Fiskalpolitik** ➔ ***Keynes***

Exogene Faktoren

- Naturkatastrophen
- Bevölkerungsentwicklung
- absolut neue Technologien
- diskretionäre Geldpolitik (nach *Milton Friedman*), auch: *Fiat Money* (Geldpolitik ohne fest Regeln; die Maßnahmen kommen nur fallweise zum Einsatz)

Phasen in den Konjunkturzyklen

*Es lassen sich **vier** Hauptphasen unterscheiden* (siehe Folie 5):

1. Konjunktureller Tiefstand (Depression)

Geringer Umfang wirtschaftlicher Aktivitäten

Unterauslastung von Kapazitäten

➔ hohe Arbeitslosenquote

↳ geringe Realeinkommen

↳ verringerte Konsumgüternachfrage

↳ verringerte Gesamtnachfrage

⬇

geringe oder gar negative Wachstumsrate

⬇

sinkendes Volkseinkommen

Kapitel 1.6 – Konjunkturtheorie und Konjunkturpolitik 7

Die Konsumgüternachfrage nimmt weiter ab

⬇

Die Konsumgüterpreise sinken

⬇

Die Gewinne der Anbieter nehmen ab

⬇

Die Nachfrage nach Investitionsgütern nimmt ab

⬇

Die Kreditnachfrage nimmt ab

⬇

Die Lager werden geräumt

⬇

Grenzanbieter scheiden aus

⬇

Die Preise für die Produktionsfaktoren (Boden, Arbeit, Kapital) sinken

⬇

Die Investitions- und Produktionsbedingungen verbessern sich

⬇

Grundlage für einen (möglichen) Aufschwung

Kapitel 1.6 – Konjunkturtheorie und Konjunkturpolitik 8

2. Aufschwung

Verbesserung der Investitions- und Produktionsbedingungen
↓
Grundlage für den Aufschwung
↓
zunächst Durchführung von Ersatzinvestitionen
↓
günstiger werdende Kreditbedingungen und niedrige Löhne
↓
Einstellung von Arbeitskräften
↓
steigendes Volkseinkommen
↓
zunehmende Gewinnerwartungen
↓
zunehmende Investitionsgüternachfrage
↓
zunehmende Kapitalnachfrage

↓

↓

Ausschöpfung des Produktionspotentials
↓
Lieferengpässe
↓
Preissteigerungen im Investitionsgüterbereich
↓
Time lag: Lieferengpässe im Konsumgüterbereich

3. Hochkonjunktur (und Boomphase)

Gesamtnachfrage > gesamtwirtschaftliches Produktionspotential

↓

Nachfrageüberhang bei Produktionsfaktoren, Investitions- und Konsumgütern wird größer

↓

steigende Gewinne

↓

optimistisches Grundklima

↓

steigende Investitionsbereitschaft

↓

Kapitalverknappung

↓

Zinssteigerung

↓

Kapitel 1.6 – Konjunkturtheorie und Konjunkturpolitik 11

↓

Höhepunkt der Konjunktur (Boom) ist erreicht

↓

Voll-, eventuell Überbeschäftigung

↓

nach *Time lag* Forderung nach Lohnerhöhungen

↓

Ausgleich für gestiegene Konsumgüterpreise (Kaufkraftverlust)

↓

Preis-Lohn-Spirale/Lohn-Preis-Spirale

↓

Lohnniveau steigt an

↓

Preisniveau steigt an

↓

Nachfragerückgang

↓

Zurückhaltung bei Investitionen und Neueinstellungen

Kapitel 1.6 – Konjunkturtheorie und Konjunkturpolitik 12

4. Abschwung (Rezession)

Die Lagerbestände nehmen zu

⬇

Die Warenpreise geben nach

⬇

Absatzschwierigkeiten führen zu Produktionsverringerungen

⬇

Die Kapazitätsauslastung nimmt ab

⬇

In der Hochkonjunktur vorgenommene Investitionen werden unrentabel

⬇

zu hoher Kapitalzins; zurückgehende Güterpreise

⬇

erste Anmeldungen zur Kurzarbeit

⬇

Zunahme der Arbeitslosenquote

⬇

geringere Lohnzuwächse, evtl. Senkung des Reallohnes

⬇

eventuelles Abgleiten der Rezession in eine Depression

Konjunkturindikatoren zeigen den aktuellen Stand auf oder weisen auf mögliche konjunkturelle Entwicklungen hin.

– **Präindikatoren:**

Frühindikatoren gehen der konjunkturellen Entwicklung *voraus*, z. B.

- Auftragseingänge
- Zahl der offenen Stellen
- Ifo-Geschäftsklimaindex

– **Simultanindikatoren:**

Präsensindikatoren lassen Rückschlüsse auf die aktuelle konjunkturelle Lage zu, z. B.

- Steuereinnahmen
- Kapazitätsauslastungen
- Entwicklung des realen BIP
- Sparquote

– **Postindikatoren:**

Spätindikatoren folgen der konjunkturellen Entwicklung zeitverzögert *nach*, z. B.

- Güterpreise
- Gehälter
- Transferleistungen
- Arbeitslosenquote
- Inflationsrate

Indikatoren / Konjunkturphasen	**Präindikatoren** zum Beispiel Auftragseingänge	**Simultanindikatoren** zum Beispiel Produktion	**Postindikatoren** zum Beispiel Güterpreise
Depression	langsam fallend	langsam fallend	sehr langsam fallend oder sogar konstant bleibend
Aufschwung	steigend	konstant bis zunehmend	zunehmend steigend
Hochkonjunktur	schnell steigend	steigend	schnell steigend
Abschwung	schnell fallend	fallend	langsam fallend

Indikatorenverlauf während der Konjunkturphasen

Staatliche Einnahmen und Steuerpolitik

Unterscheidung, Zweck und Aufgaben der Steuereinnahmen

Abgrenzung der Steuern von Gebühren und Beiträgen

Abgaben

Steuern	**Gebühren**	**Beiträge**
Geldleistung ohne direkte Gegenleistung	mit ihnen werden (konkrete) Gegenleistungen des Staates finanziert	Finanzierung von Gegenleistungen; ohne konkrete Inanspruchnahme
z. B. Einkommensteuer, Grundsteuer	*z. B. Müllabfuhrgebühren; Gebühren für die Ausstellung eines Reisepasses*	*z. B. Erschließungsbeiträge*

Kapitel 1.6 – Konjunkturtheorie und Konjunkturpolitik 17

Weitere Staatseinnahmen:

- Kreditaufnahmen (Staatsverschuldungszunahme)
- Zuweisung der Gebietskörperschaften untereinander
- Zölle
- Erwerbseinkünfte aus wirtschaftlicher Betätigung (Unternehmergewinne, Dividenden)

Mit den erhobenen Mitteln sollen **drei Aufgaben** erfüllt werden:

1. **Finanzierung der Staatsausgaben**
   fiskalische Funktion

2. **Korrektur der Einkommensverteilung ➔ Zweite Einkommensverteilung**
   Umverteilungsfunktion mit dem Ziel einer „gerechten" Verteilung der Einkommen (Redistributionsfunktion)

3. **Steuerung des Ressourcenverbrauches**
   Mit der allokativen Funktion soll – mit Hilfe der Preise – der Ressourcenverbrauch in eine „politisch gewollte", „richtige" Richtung gebracht werden

Kapitel 1.6 – Konjunkturtheorie und Konjunkturpolitik 18

Die **Belastung der Steuerzahler** wird gemessen mit der:

$$\textbf{Steuerquote} = \frac{\text{Steuereinnahmen}}{\text{nominales BIP}}$$

$$\textbf{Abgabenquote} = \frac{\text{Abgabenaufkommen (Steuern + Versicherungsabgaben)}}{\text{nominales BIP}}$$

Sie liegt in der Bundesrepublik 2014 bei 39,5 %
2015 bei 39,9 %
2016 bei 40,3 %
2017 bei 40,5 %
2018 bei 41,0 %
2019 bei 41,2 %
2020 bei 40,9 %
2021 bei 42,2 %

(Quelle: Statista 2022)

Kapitel 1.6 – Konjunkturtheorie und Konjunkturpolitik 19

In Artikel 106 GG ist die sogenannte „**Ertragskompetenz**" (Verteilung der Steuererträge zwischen Bund, Ländern und Gemeinden) festgeschrieben.

Demnach werden unterschieden:

- Gemeinschaftssteuern
- Bundessteuern
- Ländersteuern
- Gemeindesteuern

(Siehe auch nachfolgende Übersicht)

Kapitel 1.6 – Konjunkturtheorie und Konjunkturpolitik 20

Steuereinnahmen von Bund, Ländern und Gemeinden

EU/-Bundessteuern:
Kfz-Steuer
Energiesteuer
Tabaksteuer
Kaffeesteuer
Branntweinsteuer
Schaumweinsteuer
Alkopopsteuer
Versicherungssteuer
Zwischenerzeugnissteuer
Solidaritätszuschlag

Ländersteuern:
Grunderwerbsteuer
Erbschaftsteuer
Schenkungsteuer
Biersteuer
Rennwettsteuer
Lotteriesteuer
Spielbankabgabe
Feuerschutzsteuer
div. Verkehrssteuern

Gemeindesteuern:
Gewerbesteuer
Grundsteuer
Vergnügungssteuer
Zweitwohnungssteuer
Getränkesteuer
Hundesteuer
Jagd-, Fischereisteuer

EU-Eigeneinnahmen:
BNE-Eigenmittel
MwSt-Eigenmittel
Zölle / andere Abgaben

BNE → „Zuflüsse" aus dem Bruttonationaleinkommen der Mitgliedsstaaten (ca. 30 Mrd. €)

Kapitel 1.6 – Konjunkturtheorie und Konjunkturpolitik 21

Aufteilung der gemeinschaftlichen Steuern

Bund	Steuer	Länder	Gemeinden
← 50,0 %	Körperschaft-/Ertragssteuern	50,0 % →	
← 42,5 %	Lohn- und Einkommensteuer	42,5 % →	15 %
← 44,0 %	Abgeltungssteuer	44,0 % →	12,0 %
← 53,0 %	Umsatzsteuer	45,0 % →	2,0 %

Gemeinden

Gewerbesteuer: Umlagen Bund (→ Bund), Umlagen Länder (→ Länder)

Die Anteile an der Umsatzsteuer für Bund Länder und Gemeinden werden jährlich über ein Ausgleichsverfahren je nach Finanzkraft und Einwohnerzahl der Länder berechnet. Die oben angegebenen Werte sind Durchschnittsangaben (Quelle: Bundesministerium der Finanzen 2021).

Kapitel 1.6 – Konjunkturtheorie und Konjunkturpolitik 22

In der Finanzverwaltung werden unterschieden:

- Verkehrssteuern *(Besteuerung eines Vorganges im Wirtschaftsleben)*
- Verbrauchssteuern *(Besteuerung des Verbrauchs)*
- Besitzsteuern *(Steuern auf Einkommen und Vermögen)*

Nach der Wirkung der Besteuerung ist zu unterscheiden:

- direkte Steuern *(werden dem Steuerpflichtigen direkt vom Gehalt abgezogen)*
- indirekte Steuern *(werden über den Kaufpreis entrichtet, sind also im Verkaufspreis enthalten)*

„Reiche Bundesländer" werden mit „armen Bundesländern" verglichen.

➔ Länderfinanzausgleich

Die wichtigsten staatlichen Einnahmequellen

Die Einkommensteuer (ESt)

- ist wegen des hohen Aufkommens die bedeutendste Steuerquelle
- wird nach dem „Prinzip der Leistungsfähigkeit" erhoben
- Bemessungsgrundlage ist das zu versteuernde Einkommen

Der Einkommensteuer unterliegen
- Löhne und Gehälter
- Kapitalerträge (z. B. Zinsen, Dividenden)
- Einkommen aus Vermietung und Verpachtung
- Gewinne aus selbständiger Tätigkeit

Steuerpflichtig sind natürliche Personen.

Bei Einkommen „aus nichtselbständiger Arbeit" wird die Einkommensteuer (direkt) vom Arbeitslohn (Lohnsteuer) erhoben.
➔ **Steuerabzugsverfahren**

Ein Existenzminimum wird steuerfrei gelassen (in 2023: 10.908 € für Ledige)

- Für 2024 sind 11.604 vorgesehen; Kinderfreibetrag: 3.012 € in 2023, in 2024 sind es 3.192 €; der Betreuungs- und Erziehungsfreibetrag (BEA) beläuft sich für 2023 und 2024 auf 1.464 €: Der Steuerfreibetrag pro Elternteil wird mit 4.476€ für 2023 bzw. 4.656€ festgesetzt.
- danach Anstieg auf 14 % (**Eingangssteuersatz** der ESt)
- weiterer überproportionaler Anstieg auf 42% (Spitzensteuersatz)
- bei Unterstellung einer „wirtschaftlichen Leistungsfähigkeit" wird der Mehrverdienst zunehmend höher besteuert, z. B. bei 3 % Gehaltserhöhung ca. 5,5 % mehr Steuern ➔ (kalte) Progression
- Sprung von 42 % auf 45 %; von da an linearer Verlauf („Reichensteuer")
- Auf die ESt/Lohnsteuer kommen noch Kirchensteuer und der „Solidaritätszuschlag". Dieser ist ab 2021 nur noch von ca. 10 % der Einkommensbezieher zu entrichten. Die Freigrenze bei der Einkommensteuer wird in 2023 auf 17.543 € und 2024 auf 18.130€ gesetzt.

Kapitel 1.6 – Konjunkturtheorie und Konjunkturpolitik 25

Lohn und Gehaltsabrechnung – was bleibt übrig?

Gesamtlohn/Gesamtgehalt (vom Arbeitgeber zu tragen):	**3.819,00 €**
– gesetzliche Unfallversicherung (Beiträge zu den Berufsgenossenschaften nach Gefahrenklassen)	–47,50 €
– Insolvenzgeldumlage (ab 2017 zu zahlen)	–3,50 €
Lohn-/Gehaltsaufwand des AG, davon:	**3.768,00 €**
– Arbeitslosenversicherung	–47,00 €
– Krankenversicherung	–270,00 €
– Pflegeversicherung	–45,00 €
– Rentenversicherung	–290,00 €
Gehaltsabrechnung des Arbeitnehmers (Gehaltsmitteilung): (= <u>noch verbleibendes Bruttogehalt des Arbeitnehmers</u>)	**<u>3.116,00 €</u>**
– **Lohnsteuer** – **Arbeitslosenversicherung** – **Kirchensteuer** – **Krankenversicherung** – **Pflegeversicherung** – **Rentenversicherung**	–481,50 € –49,00 € –43,00 € –270,00 € –45,00 € –290,00 €
Summe der Abzüge beim Arbeitnehmer pro Monat	***–1.178,50€***
<u>Nettoeinkommen des Arbeitsnehmers im Monat</u>	**<u>1.937,50 €</u>**

Kapitel 1.6 – Konjunkturtheorie und Konjunkturpolitik 26

Umsatzsteuer (USt)

- gehört zu den Verkehrssteuern
- als indirekte Steuer für den Unternehmer ein „durchlaufender"(!) Posten
- wird letztlich vom Endverbraucher (über den Preis) getragen

- Bundes-, Landes- und Kommunalhaushalte sind nicht umsatzsteuerpflichtig, außer bei ihrer gewerblichen Tätigkeit
- Der aktuelle Satz beträgt 19 %
- Der ermäßigte Umsatzsteuersatz beträgt 7 %
  (wegen der Intransparenz bei der Anwendung seit Jahren in der Diskussion)
- Es werden Dinge des „täglichen Bedarfs" besteuert

- Es wird nur die durch das jeweilige Unternehmen selbst erarbeitete **Wertschöpfung** (Schaffung eines Mehrwertes) umsatzsteuerlich belastet

  → Differenz von Verkaufspreis und Beschaffungskosten

- Der Unternehmer zieht von seiner bei Verkäufen eingenommenen Umsatzsteuer die von ihm bei Einkäufen gezahlte Umsatzsteuer ab **(Vorsteuerabzug)**

- Die **Umsatzsteuer-Zahllast (eingenommene USt.-Vorsteuer = Zahllast)** wird an das örtliche Finanzamt abgeführt

Gewerbesteuer (GewSt)

- als Gemeindesteuer für die Kommunen besonders wichtig
- Besteuert werden Unternehmen (Gewebetreibende)
- Die deutsche Gewerbesteuer ist – *international* gesehen – eine Besonderheit
  ➔ finanzielle und organisatorische Belastung deutscher Unternehmen
- Die Steuer ist sehr **stark konjunkturabhängig**
- Selbst in Rezessionszeiten kann der Hebesatz durch die Kommunen kaum angehoben werden (Mülheim an der Ruhr: 580 % ab 2020; Mettmann: rd. 1.000 %, Leverkusen hingegen: 250 %)

Stark vereinfachtes Beispiel zur Berechnung der Gewerbesteuer

Zu versteuernder Gewinn aus Gewerbebetrieb (Euro)	**100.000**
– Kürzungen laut GewStG	8.000
+ Hinzurechnungen laut GewStG	12.000
= **Gewerbeertrag**	**104.000**
x Steuermesszahl (bundesweit 3,5 %)	x 3,5 %
= **Steuermessbetrag**	**3.640**
x Hebesatz (von der Kommune festzulegen x 400 %)	x 400 %
Gewerbesteuerschuld	**14.560** ======

Steuersenkung zur Stimulation der Wirtschaft (Laffer-Kurve)

Generell gilt für das gesamte Steuersystem eines Staates bei zu hoher Gesamtbelastung durch staatliche Abgaben

➔ ab einem bestimmten Punkt: Rückgang der Gesamt-Steuereinnahmen
- ➔ Steuerwiderstand
- ➔ Konsumverzicht
- ➔ Steuerhinterziehung; Schwarzarbeit

Also:
- Wird die Abgabenquote erhöht, steigen zunächst die Steuereinnahmen
  - ➔ nur bis zu einem Maximum
  - bei weiterer Erhöhung des Steuersatzes:
    - ➔ drastischer Rückgang der Steuereinnahmen

Die Grundidee wurde von *Arthur B. Laffer* entwickelt
Eine Zusammenfassung seiner Idee könnte lauten:
„Man macht die Armen nicht reich, indem man die Reichen so stark besteuert, dass sie zu Armen werden!"

Laffer-Kurve

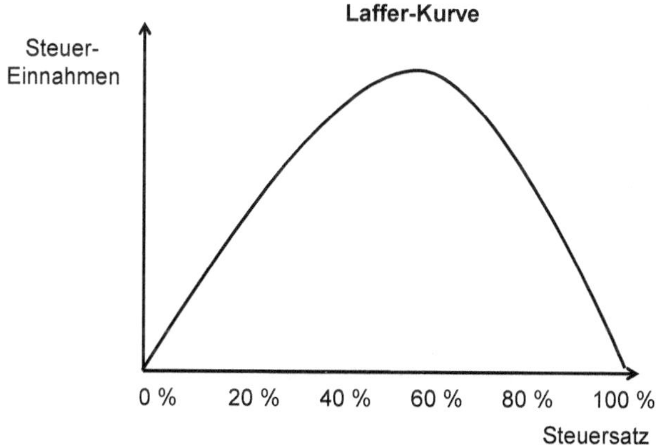

**Fazit: Niedrige Steuersätze führen zu Leistungsanreizen ➔ Steuermehreinnahmen
Hohe Steuersätze führen generell zur Schwächung der Leistungsbereitschaft
➔ Schwächung des Wachstums ➔ sinkende Steuereinnahmen**

Staatsverschuldung und ihre Entwicklung

Seit Ende der 1960er Jahre hat der Staat (Bund, Länder, Gemeinden und Sozialversicherungen) **mehr ausgegeben als durch die regulären Staatseinnahmen abgesichert** war.

➔ Die Staatsverschuldung hat 2011 die 2-Billionen-Grenze überschritten.

Die Schulden sind wie folgt aufgeteilt (Stand 2023):

öffentliche Schulden 2.367 Mrd. €; Bund 1.620 Mrd. €;

Länder 606 Mio. €; Gemeinden 140 Mio. €; Sozialvers. 36 Mio. €.

Hauptursachen für die neuesten Schulden sind die Pandemie und die weitreichenden Folgen des Konflikts in der Ukraine.

Seit 2008 wurden – u. a. nach der Mehrwertsteuererhöhung von 16 auf 19 % – überproportional viele Steuern eingenommen.

➔ Die Mittel wurden aber **nicht** zur Konsolidierung der Staatsfinanzen, vor allem nicht zur Schuldentilgung genutzt.

Kapitel 1.6 – Konjunkturtheorie und Konjunkturpolitik 33

Bis 2011 sollte ein ausgeglichener Bundeshaushalt erstellt werden.

- Der Weg wurde zwar beschritten
- Aber ➔ Finanzkrise (2007-2012)
- Also: Nach kurzfristig sinkender Neuverschuldung wurde der Trend ab 2009/2010 (Folgen der Krise 2007-2015) wieder umgedreht
- Seit 2015 weist der Bundeshaushalt eine „schwarze Null" auf (*aber*: „Sondervermögen" etc., also Schuldenermächtigungen, nehmen zu)

Der jährliche Zuschuss des Bundes zur „Lebenserhaltung" der drei Sozialversicherungen stieg immens an.

Die Schuldenuhren steigen laufend weiter an (zwischen 2,5 und 2.6 Milliarden Euro werden 2023 auf den Schuldenuhren angezeigt).

Kapitel 1.6 – Konjunkturtheorie und Konjunkturpolitik 34

Haushalte der öffentlichen Hand

- In der Mehrzahl der deutschen Bundesländer ist die Umstellung der kommunalen Haushalte auf die Doppik abgeschlossen.
- Einnahmen-/ Ausgabenrechnung werden um ergänzende Rechnungen erweitert:
- „Decken“ die jährlichen Staatseinnahmen (auch durch Kredite) die Staatsausgaben, so spricht man von einem **„ausgeglichenen“ Haushalt.**

Bundes- und Länderhaushalte sind hierarchisch aufgebaut:

Gesamtplan
(Zusammenfassung der Einzelpläne)
⬇
Einzelpläne
(Haushaltspläne der einzelnen Ministerien)
⬇
Kapitel
(Detailgliederungen der Einzelpläne)
⬇
Titel
(kleinste Haushaltseinheit)

Auf Basis der Haushaltspläne von Bund und Ländern werden Staatsausgaben und die zur Deckung vorgesehenen Einnahmen veranschlagt.

➔ Die öffentliche Verwaltung wird ermächtigt, Einnahmen und Ausgaben zu tätigen und Verpflichtungen einzugehen.

Das vorhandene Vermögen und die tatsächlichen Schulden bei öffentlichen Haushalten sind nicht vollständig dokumentiert.

Somit kann man nicht genau überprüfen, in welchem Maße der Staat verschuldet ist.

➔ Den Schulden kann kein Vermögen in gleicher Höhe gegenüber-gestellt werden.

Die Obergrenze der Verschuldung wäre erst dann erkennbar, wenn die Ausgaben für den Schuldendienst nicht mehr „bedient" werden könnten.

Jahrelanges *Deficit Spending* vieler Gemeinden hat dazu geführt, dass von Bund und Land angebotene Unterstützungsmaßnahmen nicht (mehr) wahrgenommen werden können.

➔ Der Eigenanteil kann nicht beigesteuert werden.

Das Konvergenzkriterium **„Schuldenstand"** des Maastricht-Vertrages lag in den letzten Jahren stets über den erlaubten maximal 60 % vom BIP.

Zu bedenken ist:

Die Aufnahme von Milliardenkrediten des Staates am Kapitalmarkt führt zu einer Verknappung des Kreditangebots und somit zu einer Erhöhung des Zinssatzes – auch für private Investoren

➔ *Crowding-out-Effekt*

Eigentlich gilt nach Art. 115 GG:

Die Summe der Nettokreditaufnahme darf nicht höher sein als die Summe der Investitionsausgaben, außer es liegt *„eine Störung des gesamtwirtschaftlichen Gleichgewichts vor“.*

Ein zaghafter Verbesserungsversuch zur Eindämmung der Staatsverschuldung ist in der **„Schuldenbremse“** zu sehen. Die strukturelle Verschuldung (nicht konjunkturabhängig) darf maximal 0,35 % des BIP betragen; dieses Vorhaben wird jedoch durch zu zahlreiche Ausnahmen ausgehöhlt.

Die „Schuldenbremse“ ist im Bund seit 2016 zwingend vorgeschrieben.

Das Verbot der Nettokreditaufnahme der Länder gilt seit 2020.

Die Schuldenbremse ist vorerst – seit 2020 – wegen der Corona-Pandemie ausgesetzt.

Kapitel 1.6 – Konjunkturtheorie und Konjunkturpolitik 39

Wirtschafts- und Fiskalpolitik

Fiskalpolitik:

Wirtschaftspolitische Aktivitäten des Staates zur Verwirklichung konjunkturpolitischer und gesamtwirtschaftlicher Ziele

Staatseinnahmepolitik

Steuerpolitik

Schuldenpolitik

Staatsausgabenpolitik

Personalausgaben

Sozialausgaben

Träger der Fiskalpolitik sind die Gebietskörperschaften

Bund **Länder** **Gemeinden**

Kapitel 1.6 – Konjunkturtheorie und Konjunkturpolitik 40

Arten staatlicher Ausgaben		
Transferausgaben (staatliche Umverteilung)	**Staatsausgaben** (staatliche Wertschöpfung)	**Staatsausgaben** (sonstige)
Transfers an private Haushalte (Sozialleistungen aller Art)	**Personalausgaben** (für Beschäftigte des öffentlichen Dienstes)	**Kredite**
Transfers an Unternehmen (Subventionen aller Art)	**Sachausgaben** (für Vorleistungen privater Unternehmen)	**Bürgschaften**
		Vermögenserwerb

Das Grundgesetz sieht einen freien und sozialen Rechtsstaat vor

- Eine Vorgabe für ein bestimmtes **Wirtschaftssystem** ist nicht formuliert (siehe auch Kapitel 1.5, Folie 14)
- Eine bestimmte Struktur der **Staatsausgaben** ist nicht festgelegt
- Einige Artikel des GG legen die Interpretation einer **marktwirtschaftlichen Ordnung** nahe
- Eindeutig erkennbar ist das **Sozialstaatsprinzip** (Art. 20 GG)

1967 wurde – als Reaktion auf die erste Nachkriegsrezession – das Gesetz zur Förderung der Stabilität und des Wachstums der Wirtschaft formuliert (**Stabilitätsgesetz** (StabG)).

➔ In Anlehnung an ***Keynes*** sollte durch gezielt staatliche Beeinflussung eine Globalsteuerung der Gesamtwirtschaft erreicht werden.

Im Stabilitätsgesetz werden vier Ziele der staatlichen Wirtschafts-politik – das „magische Viereck" – genannt:

1. **Stabilität des Preisniveaus** (0 bis maximal 2 %)
2. **hoher Beschäftigungsstand** (bzw. niedrige Arbeitslosigkeit: bis 5 %)
3. **angemessenes und stetiges Wirtschaftswachstum** (ca. 3 %)
4. **außenwirtschaftliches Gleichgewicht** (Ex – Im); die **Außenbeitragsquote** ((Ex – Im) / nominales BIP) * 100) sollte bei 1,5 bis 2 % liegen

Auch ohne konjunkturpolitische Steuerungsmaßnahmen des Staates ist eine Steuerung des Konjunkturverlaufes vorgesehen (*Built-in-Flexibility*):

- Im Aufschwung dämpft z. B. die progressiv steigende Einkommensteuer die konjunkturelle Entwicklung.
- Bei sinkender volkswirtschaftlicher Aktivität steigen die Ausgaben für Arbeitslose; die Einkommensteuerlast sinkt überproportional.

Bei einer pluralistisch-demokratischen Gesellschaftsordnung könnte man das magische Viereck noch erweitern, z. B. um

- „gerechte Einkommensverteilung",
- „Umwelt- und Ressourcenschutz",
- „humane Arbeitsbedingungen".

So könnte man beliebig viele „Ecken" anfügen. Nur:

Je mehr Ziele formuliert und gleichzeitig angestrebt werden, um so geringer ist die Wahrscheinlichkeit, dass die staatliche Wirtschaftspolitik sie (auch nur) annähernd (daher eben: „magisch") erfüllen kann.

Wirtschaftspolitische Ziele beeinflussen einander gegenseitig – sie sind **interdependent**.

Es bestehen drei Arten von Zielbeziehungen:

1. **Kompatibilität** – Bei der Verwirklichung eins Zieles werden möglichst alle Ziele gleichzeitig gefördert
2. **Neutralität der Ziele** – Die Behandlung eines Zieles tangiert die anderen weder positiv noch negativ
3. **Konkurrenz der Ziele** (Zielkonflikt) – Die Verwirklichung eines Zieles beeinträchtigt ein anderes

Wirtschaftspolitische Entscheidungen sind *de facto* gleichzeitig **politische Entscheidungen** über die Priorität der Ziele.

Kapitel 1.6 – Konjunkturtheorie und Konjunkturpolitik 45

Das Optimum wäre das Erreichen möglichst aller formulierten Ziele.

In der Praxis wird man ein **ausgewogenes Zielverhältnis** anstreben.

Eine angestrebte „Globalsteuerung" – möglichst viele Ziel gleichgewichtig zu erreichen – wird als „ordnungspolitisch schädlich" angesehen.

➔ **Angebot und Nachfrage sollten den Markt bestimmen, nicht dirigistische Eingriffe des Staates.**

Die Geschichte der letzten 40 Jahre hat gezeigt:
In der Regel haben kreditfinanzierte Eingriffe des Staates zur Ankurbelung der Wirtschaft, aber auch zu zunehmender Arbeitslosigkeit geführt.

Eine **Staatsverschuldung** durch *Deficit Spending* und oft daraus resultierende steigende Staats- und Abgabequoten **beschneiden private Handlungsspielräume** immer mehr.
➔ **Siehe auch Staatsquote**

Kapitel 1.6 – Konjunkturtheorie und Konjunkturpolitik 46

Über Jahrzehnte angewandtes *Deficit Spending* hat somit auch zu hoher Staatsverschuldung geführt:

➔ Dauerzwang zur Erstellung eines „schlanken"/ausgeglichenen Haushalts
➔ durch Sparsamkeit (**Austerität**) nur noch Mangel- und Schulden-verwaltung
  ➔ Verteidigung von „Besitzständen"
    ➔ privat gegen den „nimmersatten" Steuerstaat

Die **demographische Entwicklung** der Bundesrepublik führt zu steigenden Renten- und Pensionslasten und einer Zunahme der Sozial- und anderen Abgaben.

Dazu kommt noch nach *Prof. Sinn* eine „Einwanderung in die Sozialsysteme": Das Sozialsystem (Krankenversicherung für Sozialhilfeempfänger etc. ist integriert) wirkt gerade auf Geringqualifizierte wie ein Zuwanderungsmagnet.

Kapitel 1.6 – Konjunkturtheorie und Konjunkturpolitik 47

Probleme für die Bundesrepublik:

- Sterberate > Geburtenrate
- Der prozentuale Anteil der Kinder und Jugendlichen nimmt ab.
- Es gibt immer mehr „Alleinstehende" ➔ „Einzelhaushalte".

➔ Im letzten Jahrzehnt sind rund 1,5 Mio. gut ausgebildete und hochqualifizierte Deutsche ausgewandert.

Bei Zuwanderungen wurde in den letzten Jahren zuwenig auf benötigte Qualifikationen der Einwandernden geachtet. ➔ Siehe aktuelle Diskussion

Es wurden/werden überproportional viele geringqualifizierte und bildungsferne Personen aufgenommen.

Der **Verlierer** der letzten Jahre scheint in Deutschland die ständig schrumpfende **Mittelschicht** zu sein.

Kapitel 1.6 – Konjunkturtheorie und Konjunkturpolitik 48

Den Abbau bestehender Schulden könnte man mit einem angemessenen Wirtschaftswachstum „bezahlen".

➔ Dies wird bei einer alternden Bevölkerung immer schwieriger.

Daraus folgt: ➔ Langfristig müssen die Leistungen aus Renten und Pensionen gesenkt werden.

Sozialbudget
(Anteil der Sozialausgaben am BIP)

1960: 18,3 % ➔ 33 Mrd.€; 2023/24 ca. 32,5 % ➔ ca. 1.200 Mrd.€

Faustregel: ca. ein Drittel des BIP wird für Soziales ausgegeben

➔ „Umverteilungsstaat"; „Wohlfahrtsstaat"

In der Bundesrepublik vier große Umverteilungssysteme:
- Steuersystem
- Rentenversicherungssystem
- Gesundheitssystem
- Arbeitslosenversicherungssystem
- weitere, z. B. Künstlerversorgungskasse, Schlechtwettergeld auf dem Bau

Kapitel 1.6 – Konjunkturtheorie und Konjunkturpolitik 49

Rezessionen – Wirtschaftskrisen

Weltwirtschaftskrise 1929

Ausgehend von der New Yorker Börse ➔ „Schwarzer Freitag"
➔ immens hohe Arbeitslosigkeit
➔ Massenelend
➔ Radikalisierung der Bevölkerung

Rezession 1967

- Wirtschaftswachstum seit 1950 bis ca. 1965
- 1965 Stagnation und Abnahme inländischer Investitionen
- Arbeitslosenquote steigt von 0,5 auf 2,1 %

➔ Abhilfe mit dem „*Deficit spending*" (nach *J. M. Keynes*) unter Prof. *Karl Schiller*
➔ Konjunktursteuerung
auch Sozialprogramme
➔ **„Start" der Staatsverschuldung**

Kapitel 1.6 – Konjunkturtheorie und Konjunkturpolitik 50

Rezession 1974/75: Ölpreis-Schock

OPEC-Erdölkartell drosselte 1973/1974 die Erdölförderung.

➔ Ziel: Erhöhung des Rohölpreises ➔ Vervierfachung

- Produktionskosten stiegen überproportional an
- Entzug von Kaufkraft
- Wachstumsrate sank von 5 % in 1973 auf 0,9 % in 1974 und -0,9 % in 1975
- Arbeitslosigkeit stieg erstmals seit dem II. Weltkrieg auf über 1 Million
- erneut Wirtschaftsankurbelung über „Deficit Spending"
- Staatsverschuldung stieg von 17 % auf 24 % (des BIP)
- Löhne und Gehälter stiegen immens an (um bis zu 11 %)
  - nur vermeintliche (nachhaltige) Nachfrageankurbelung

Kapitel 1.6 – Konjunkturtheorie und Konjunkturpolitik

51

Wunsch von Bundeskanzler Helmut Schmidt (1972):

„Lieber 5 % Inflation als 5 % Arbeitslosigkeit"

Die Inflationsrate stieg dann über 5 %, die Arbeitslosenquote auf über 7 %

➔ **Lohn-Preis-Spirale**

- Der Aufschwung bleibt aus
- Die Steuer(-mehr)einnahmen bleiben aus

➔ Somit also Stagnation und Inflation ➔ Stagflation

Spätfolgen der keynesianischen Wirtschaftspolitik

➔ **„Sockelarbeitslosigkeit"**

Kapitel 1.6 – Konjunkturtheorie und Konjunkturpolitik

52

1980-1982 Umsturz im Iran: „Ölschock-Rezession“

Nach dem Sturz des Schahs von Persien wurde eine Rohölverknappung befürchtet. Der Rohölpreis stieg merklich an.

Nach einem Wirtschaftswachstum von 4 % in Deutschland

- ➔ Stagnation in 1980/81
- ➔ Schrumpfung des Wachstums um 1 %
    - ➔ Verdoppelung der Arbeitslosigkeit auf 1,8 Mio.
    - ➔ 1983 über 2 Mio. Arbeitslose (Quote: 9 %)

Versuch einer Wirtschaftsbelebung wieder über *„Deficit Spending“*

- ➔ leider nur „Strohfeuereffekte“; weiteres Anwachsen der Staatsverschuldung

Bundesbank erhöhte den Leitzins erheblich auf 8,9 % in 1985 von früher 6,4 % in 1980

- ➔ Halbierung der Inflationsrate von 5,4 % in 1980 auf 2,0 % in 1985
- ➔ geringes Wachstum: 1,4 % in 1980; 2,3 % in 1985

  aber:
- ➔ Arbeitslosenquote verharrte bei 8 %

Rezession 1993: Wendeboom und Abschwung

Nach der Wiedervereinigung führte der „Konsumstau“ in den „Neuen Bundesländern“ aufgrund nachzuholender Investitionen zu einem Wirtschaftsaufschwung.

Das hatte zur Folge:

- Inflationsrate stieg auf 5 %
- Arbeitslosenquote in den neuen Bundesländern stieg auf 14 %
- Kosten der Wiedervereinigung ➔ Schrumpfung des BIP
- Staatsverschuldung stieg auf 48 % (1995)

Rezession 2000-2003: Platzen der *New Economy*-Blase

- Branchen mit Informationstechnik waren immens gewachsen
- Frühjahr 2000 bis Frühjahr 2001: Kursstürze an allen relevanten Börsen
- Krisenverstärkend wirkten die Terroranschläge im September 2001
  - ➔ Zahlreiche Einschränkungen, z. B. im Reiseverkehr
  - ➔ Weltweite Rezession
  - ➔ In der BRD sank das Wachstum um 0,2 %
  - ➔ Die Arbeitslosenquote stieg auf 12 % (ca. 5 Mio. Arbeitslose)

- Die Federal Reserve Bank senkte den US-Leitzins von 6,54 % auf unter 1 %
  - ausufernde Liquiditätsversorgung → sehr niedrige Sollzinsen
  - Viele nordamerikanische Privathaushalte nutzten die Niedrigzinspolitik
    - Kauf von Häusern über Hypothekenkredite
    - Banken gaben zunehmend auch „schlecht besicherte“ Kredite
    - steigende Immobilienpreise *schienen* die Kredite „von selbst“ zu bezahlen

- Die Häuserpreise in den USA hatten sich bis 2007 fast verdoppelt
- Ende 2007 brach der Immobilienmarkt in den USA zusammen
- Rückgang des Verkaufs von Eigenheimen um 32,7 %
- 2010 gab es 6 Mio. notleidende Hauskredite
- In mehreren US-Bundesstaaten versuchte die Regierung, durch Finanzhilfen den Hausbesitzern zu helfen
- Präsident Obama versuchte, die Armut der Familien zu mindern

- In der **Bundesrepublik** wurden **„Anreize zur Arbeitsaufnahme“** eingeleitet.
- Die Reformen sind bekanntgeworden als „Hartz I“ bis „Hartz III“ (2003).
- Schließlich wurden 2006 das Arbeitslosengeld II – bekannt als „Hartz IV“ – (für Langzeitarbeitslose) mit der Sozialhilfe zusammengelegt (2023 dann Umwandlung und Erhöhung der Leistungen um rund 12 % zum **„Bürgergeld“**)

Die Sozialhilfeausgaben belasten in steigendem Maß die Kommunen.
➔ Zunehmende Diskussion über Höhe und Dauer und Empfängerkreis der Sozialausgaben

Kapitel 1.6 – Konjunkturtheorie und Konjunkturpolitik 59

Für die **Bundesrepublik** bleibt festzuhalten:
- **Fast keine Reallohnerhöhungen in den letzten Jahren**
  Aber:
- Deutliche **Senkung der Produktionskosten**

- **Besonders betroffen von Sparmaßnahmen ist der öffentliche Dienst**
- Abbau von tausenden Stellen
- Arbeitszeiterhöhung
- Somit: **Senkung der Personalkosten in der öffentlichen Verwaltung**

- Wesentlicher Vorteil:

➔ **Aufrechterhaltung einer internationalen Wettbewerbsfähigkeit**

Kapitel 1.6 – Konjunkturtheorie und Konjunkturpolitik 60

- Deutschland wurde wegen jahrelanger „Lohnzurückhaltung" von der französischen Finanzministerin *Christine Lagarde* (ab 2011 Präsidentin des IWF, aktuell Präsidentin der EZB) gerügt.
- Deutschland profitierte sehr stark vom **Instrument der Kurzarbeit.**
- Eine Tendenz, länger zu arbeiten als früher, ist in Deutschland deutlich erkennbar.
- 2009 waren mit 40 % doppelt so viele 60- bis 64-Jährige tätig als noch 1999.
- 1999/2000: 2,8 Mio. ältere Arbeitnehmer in sozialversicherungspflichtiger Beschäftigung; 2009/2010 waren es 3,6 Mio.
- **Unter der Regierung Schröder sind „Hartz IV" und der „Eintritt in die Rente mit 67" per Gesetz vollzogen worden.**

Ab 2020: Die weltweite Corona-Pandemie

Über China kam Anfang 2020 eine Virus-Epidemie nach Europa und somit auch nach Deutschland. Die Covid-19-Epidemie wuchs schnell zu einer Pandemie an. Um die Bevölkerung vor den Auswirkungen dieser lebensgefährlichen Viruserkrankung zu schützen, wurde am 22. März 2020 ein Lockdown erlassen.

Von der Bundesregierung beschlossene Regeln:
- Vermeidung von Kontakten mit anderen Menschen
- Abstand zu anderen Menschen halten (Mindestabstand 1,5 Meter)
- Nur alleine im Freien; sich nur mit einer Person treffen
- Wege nur zur Arbeit, zum Arzt, zur Prüfung, zum Sport
- Keine Partys im Freien oder in der Gruppe
- Restaurants werden geschlossen
- Diverse Dienstleistungsbetriebe werden geschlossen, z. B. Frisöre, Kosmetik-
- studios, Massagepraxen, Nagel- und Tattoo-Studios
- Geöffnet bleiben nur einige Behörden, Lebensmittelgeschäfte, Apotheken
- Schulschließung ab 13. März 2020 (in den meisten Bundesländern)

Diese Regeln galten bis zum 19. April 2020.

Auswirkungen auf die Volkswirtschaft

Man kann von einem **„Angebots- und Nachfrageschock“** sprechen:

- Die zur Eindämmung der Pandemie umgesetzten Maßnahmen (wie z. B. Schulschließungen, umfangreiche Kontaktverbote, Geschäftsschließungen und auch z. T. auch Grenzschließungen) führen zu Umsatzeinbrüchen und einem Produktionsrückgang. Ex- und Importausfälle sind die Folge. Dadurch wiederum entsteht eine Unterbrechung von Lieferketten.
- Hinderlich wirkt sich aus, dass man Dauer und Ausmaß der Krise nicht exakt abschätzen kann.
- Im zweiten und dritten Quartal 2020 kommt es zu einer leichten Erholung. Die Wirtschaft (BIP) wächst um 0,8 %.
- Klassische „Konjunkturhilfen“ wie z. B. höhere Staatsausgaben, Sonderabschreibungen, Anregungen für den Konsum (Senkung der Mehrwertsteuer um 2 % bis zum Jahresende 2020) werden wegen der kurzen Frist und der Beschränkung seitens des Angebotes nicht voll wirksam.
- Kurzarbeit: April 2020: 6.006.765; Januar 2021: 2.600.000 bei verlängertem und erhöhtem Kurzarbeitergeld

Neue zweite Corona-Welle ab November 2020

Um Unternehmensinsolvenzen möglichst zu vermeiden und die Einkommen der privaten Haushalte zu stabilisieren, hat die Bundesregierung einen **„Schutzschirm“** aufgespannt.

Für den Unternehmensbereich:

- Hilfsprogramm zur Sicherung der Liquidität der Unternehmen, Selbständigen und Freiberufler
- Überbrückungshilfen (direkte Zuschüsse zu Betriebskosten) für „Solo-Selbständige“, Kleingewerbetreibende, Scheinselbständige und Kleinunternehmen
- Stundung von Steuerzahlungen und Anpassung von Vorauszahlungen bei den Ertragssteuern

Für den privaten Sektor: Vorübergehend ein erleichterter Zugang zur Grundsicherung, zum Wohngeld und zum Kurzarbeitergeld. Dessen Bezugsdauer wurde verlängert und die Grundbeträge wurden erhöht.

Für den medizinischen Bereich: Ausbau von Intensivkapazitäten; Zuschüsse zu Präventionsmaßnahmen und der Entwicklung von Impfstoffen

Die Haushaltsbelastungen werden im Nachtragshaushalt des Bundes für 2020 auf 122,5 Mrd. Euro veranschlagt.

Schließlich wird – auch mit Maßnahmen der Länder – für 2020 und 2021 ein Konjunkturpaket in Höhe von 130 Mrd. Euro beschlossen.

Das Bundesministerium für Wirtschaft listet folgende Corona-Hilfen für Unternehmen auf:

- Kredite des KfW-Sonderprogramms; Bewilligung in Höhe von 45,7 Mrd. Euro
- Rekapitalisierung im Zuge des Wirtschaftsstabilisierungsfonds (6,5 Mrd. Euro)
- Bürgschaften der Bürgschaftsbanken (1,4 Mrd. Euro) und Großbürgschaften (2,7 Mrd. Euro)
- Zuschüsse in Form von Soforthilfen für kleinere Unternehmen, Selbständige und Freiberufler (13,7 Mrd. Euro)
- Überbrückungshilfeprogramm I für kleinere und mittelständische Unternehmen (1,5 Mrd. Euro; Fördermonate Juni bis August 2020)
- Überbrückungshilfeprogramm II ist im Oktober 2020 gestartet (Fördermonate September bis Dezember 2020)

Kapitel 1.6 – Konjunkturtheorie und Konjunkturpolitik 65

- Die Bundesrepublik weist mit 4,2 % die zweithöchste Defizitquote seit der Wiedervereinigung auf
- 74,5 % weniger Fluggäste – niedrigster Wert seit der Wiedervereinigung
- Die Konsumausgaben der privaten Haushalte gingen um 4,6 % zurück (der stärkste Rückgang seit Jahrzehnten)
- Der Onlinehandel verzeichnet ein Plus von 27,8 % seit Ausbruch der Pandemie
- Erstmals seit 2011 ist die Bevölkerung der BRD nicht gewachsen
- 21 % weniger ausländische Studienanfänger im Studienjahr 2020
- Zu verzeichnen ist ein Minus von 1,1 % bei den Reallöhnen – der stärkste Rückgang seit Beginn der Erhebung
- Ein Rekordhoch ist mit einem Plus von 47 % beim Strom aus erneuerbaren Energiequellen zu verzeichnen

Kapitel 1.6 – Konjunkturtheorie und Konjunkturpolitik 66

Bruttoinlandsprodukt – Quartalsvergleich 2021
Veränderungen in % gegenüber dem Vorjahresquartal
(preisbereinigt)

Quartal	1/17	2/17	3/17	4/17	1/18	2/18	3/18	4/18	1/19	2/19	3/19	4/19	1/20	2/20	3/20	4/20	1/21
0	3,6	1,2	2,7	3,0	1,5	2,4	0,7	0,5	1,0	-0,3	1,2	0,2	-1,8	-11,	-3,9	-2,7	0,4

Selbsterstellte Grafik; Daten: Statistisches Bundesamt

Am 23. April 2021 trat das **„Infektionsschutzgesetz“** in Kraft.

Es sollte einen *„geordneten bundeseinheitlichen Lockdown*“ bei bestimmten Inzidenzwerten ermöglichen.

Zu den Auswirkungen des Ukraine Konfliktes auf die Wirtschaft der Bundesrepublik Deutschland und Europas 2023–2026

Am 24. Februar 2022 begann die Invasion russischer Truppen in die Ukraine. Seitdem dauern die Angriffshandlungen Russlands – mit zunehmender Härte und Zerstörung – an und führten teilweise zur Besetzung der Ukraine.

Der **Ukrainekonflikt** und die daraus resultierenden Energiepreise – vornehmlich für Gas und Erdöl – dürften die Wirtschaft der Bundesrepublik und anderer Länder der Europäischen Union über viele Jahre belasten.

Nach Berechnungen einer Studie, die das Institut für Arbeitsmarkt- und Berufsforschung (IAB) vorgenommen hat, dürfte Deutschland bis 2030 mehr als 260 Mrd. Euro an Wertschöpfung verlieren.

Auch auf dem **deutschen Arbeitsmarkt**, der ohnehin durch einen **akuten Fachkräftemangel** und die Verabschiedung der *Babyboomer*-Generation in den Ruhestand belastet ist, könnte dies zu weitreichenden negativen Auswirkungen führen; daher ergreift der **Staat ergreift Maßnahmen**, um stärkere Ausschläge zu vermeiden. Bis 2028 dürften nach den Untersuchungen des Instituts mindestens 150.000 Personen pro Jahr weniger beschäftigt sein.

Das preisbereinigte BIP wird im Jahr 2023 um 1,7 % niedriger als ohne Konflikt liegen. Ursache dafür sind gestiegene Preise für fossile Rohstoffe, die sowohl die Exportwirtschaft als auch die privaten Haushalte betreffen. Preisaufschläge für importierte Brennstoffe, Metalle und Nahrungsmittel werden sich erst mittelfristig abschwächen, zumal die Logistikkosten, z. B. der weltweiten Schifffahrt, weltweit stark steigen.

Auch bei den **Bauinvestitionen** ist mit negativen Auswirkungen zu rechnen.

Der IAB-Makroökonom *Prof. E. Weber* stellt fest, dass der Ukraine-Konflikt den erhofften Nach-Corona-Aufschwung ausfallen lässt.

Im Frühjahr 2023 meldeten verschiedene Tages- und Wochenzeitungen, dass **Deutschland** einen ***einmaligen* Wohlstands-Absturz** erlebe, die **Arbeitnehmer historisch stark an Kaufkraft verlören** und auch **Anleger** so hart wie nie von der Inflation betroffen seien.

1.7 Übersichten zur Europäischen und Weltwirtschaftspolitik

Europäische und Weltwirtschaftspolitik

Weltrezession 2008–2012: Banken- und Börsenkrise; Vertrauensschwund

Hypothekendarlehen in den USA wurden oft nach der Kreditauszahlung paketweise zusammengefasst und als ***„Subprime Loans"*** weltweit gehandelt (man konnte oft nicht mehr nachvollziehen, wem die Papiere oder die Sicherheiten (Kredit-Sicherungsobjekte) eigentlich wirklich gehörten).

Ähnliche Probleme bereiteten die ***„Credit Default Swaps" (CDS)*** – neue Finanzinstrumente zum börsenmäßigen Handel von (Kredit-) Ausfallrisiken; unabhängig von tatsächlich bestehenden Kreditbeziehungen.

Anfang 2009 brach auch der Markt für CDS und andere Finanzinnovationen zusammen.

➔ Wertberichtigungen
- ➔ kostentreibende Abschreibungen
- ➔ eine – zunächst – scheinbar nur nationale **Bankenkrise** in den USA

Eine „weltweite Rezession" wollten viele Wirtschaftspolitiker nicht sehen – häufigste „Ausrede": „(nur) verlangsamter Aufschwung"

In der Folge zeigten sich aber nicht nur „Scheinverluste".

Es ergaben sich schwerwiegende **volkswirtschaftliche Konsequenzen**:

- ➔ Vernichtung von Geld ➔**„Platzen der Geldblase"** (2010)
- ➔ Arbeitslosigkeit
- ➔ Kurzarbeit – die nicht immer die „echte" Arbeitslosigkeit verstecken kann, sondern nur kurzfristig
- ➔ Unternehmenszusammenbrüche
- ➔ Banken verlangten Risikoaufschläge, *dennoch:* Bankinsolvenzen
- ➔ deutliche Umsatzeinbrüche
- ➔ Verdeutlichung überdimensionierter Produktionsstätten (Überkapazitäten in der Industrie und anderen Branchen)

Wirtschafts- und Fiskalpolitik in Krisenzeiten:
Nachfrageorientierte Wirtschaftspolitik

Aus den Erfahrungen der dreißiger Jahre („***Black Friday***" an der New Yorker Wertpapierbörse (*New York Stock Exchange*))

→ weltweite Depression
→ sehr hohe Arbeitslosigkeit

entwickelte Lord ***John Maynard Keynes*** eine „neue Wirtschaftspolitik":

Ein konjunktureller Abschwung und eine daraus folgende steigende Arbeitslosigkeit ist nach seiner Meinung begründet in **fehlender Nachfrage**.

→ Preismechanismus funktioniert nicht entsprechend

→ Konsumenten drosseln die Ausgaben

→ Senkung der Zinsen führt nicht zu höheren Ausgaben
  → zusätzliches, billiges Geld wird eher gehortet

→ Es entsteht eine Liquiditätsfalle (***liquidity trap***)

→ Anleger halten Geld zurück und warten auf Zinssteigerungen

Kapitel 1.7 – Europäische und Weltwirtschaftspolitik 3

Keynes plädiert für eine **Expansion der Gesamtnachfrage.**

Die Finanzierung erfolgt durch eine **Erhöhung der Staatsausgaben**

Also:

Kreditfinanzierte Nachfrageexpansion → „***Deficit Spending***"

Schwierigkeiten ergeben sich bei der zeitlich-organisatorischen Umsetzung, dem „***Timing***" und einer ausgewogenen Dosierung staatlicher Maßnahmen.

Diese antizyklische Fiskalpolitik findet ihren Niederschlag im **Stabilitätsgesetz von 1967 (mit dem „Magischen Viereck")**.

Kapitel 1.7 – Europäische und Weltwirtschaftspolitik 4

Es geht um die staatliche Ausgabenpolitik (**Fiskalpolitik**) zur Steuerung der Konjunktur.

➔ Konjunkturprogramme ➔ **antizyklische Fiskalpolitik**

Bedenke:

In Zeiten schwacher Konjunktur sind kaum (disponible) finanzielle Mittel vorhanden, um die Wirtschaft anzukurbeln. Also

➔ **durch schuldenfinanzierte Staatsausgaben wird die Staatsverschuldung in die Höhe getrieben**.

Kapitel 1.7 – Europäische und Weltwirtschaftspolitik 5

Folgende Gesichtspunkte sprechen gegen die Wirksamkeit einer keynesianischen, nachfragewirksamen Wirtschaftspolitik:

– ***Crowding-out-Effekt (bei kreditfinanzierter Staatsausgabenerhöhung)***

– Finanzmittel sind knapp; die Staatsverschuldung ist hoch

➔ Weitere staatliche Kreditaufnahme führt zu Zinserhöhung

➔ Verdrängung privater Investitionen

Also: **Der Staat verdrängt durch seine Kreditaufnahme private Nachfrage vom Markt**

Kapitel 1.7 – Europäische und Weltwirtschaftspolitik 6

- **Schädlichkeit staatlicher (keynesianischer) Subventionspolitik**
  - Subventionen führen zu einer Wettbewerbsverzerrung
  - Eventuell werden „kranke Branchen" aufrechterhalten
  - Verhinderung der Schaffung neuer (zusätzlicher) Arbeitsplätze – *aber auch zu bedenken: soziale Folgen bei Arbeitsplatzverlust*

- **Strohfeuerargument**
  - Es kann nur ein kurzes konjunkturelles Strohfeuer entfacht werden
    - ➔ Nachhaltige Wirkung nur bei wachsender Staatsverschuldung und somit (*weiter*) zunehmender Staatsquote („Teufelskreis")
    - ➔ Ein „Multiplikatoreffekt" wirkt nicht permanent; seine Wirkung wurde und wird oft überschätzt

- **Problem zeitlicher Verzögerung (*Time Lag*) – als größte Schwierigkeit**
  - Eingeleitete Maßnahmen wirken mit z. T. großer zeitlicher Verzögerung (*Time Lags* von 3 Monaten bis zu 2,5 Jahren)

Kapitel 1.7 – Europäische und Weltwirtschaftspolitik 7

- Die wichtigsten *Time Lags* sind:
  - **Information Lag**
    Verzögerung bei der Sammlung und Aufbereitung wirtschaftspolitischer Informationen
  - **Recognition Lag**
    Wahrnehmen und Erkennen von Datenänderungen
  - **Planning Lag**
    Planungszeit für wirtschaftspolitische Programme und Aktivitäten
  - **Decision Lag**
    Zeitverzögerung bei Vorbereitung und Durchführung von Entscheidungsprozessen
  - **Administration Lag**
    Zeitverzögerung bei öffentlichen Stellen und den Unternehmen selbst
  - **Operational Lag**
    Zeitraum für die tatsächliche Umsetzung
  - **Psychological Lag**
    Unternehmen wie auch Konsumenten benötigen „Erkenntnis- und Anpassungszeiten"

„Überdeutlich" formulierte (der damalige Bundeswirtschaftsminister) *Graf Lambsdorff*:
„Konjunkturprogramme beginnen immer dann zu wirken, wenn sie nicht mehr gebraucht werden".

Kapitel 1.7 – Europäische und Weltwirtschaftspolitik 8

- **Konsumentenpsychologische Verzögerungen und Abwarte-Effekte**
  - Zeitversatz, bis die Wirtschaftssubjekte Veränderungen bewirkende Gesetze und/oder Maßnahmen annehmen
    ➔ z. B. **Ankündigung** wirtschaftspolitischer Maßnahmen
- **Fehlende Berücksichtigung der Arbeitswilligkeit**
  - Gute soziale Absicherung kann zu fehlender Arbeitswilligkeit führen
  - Offiziell gemeldete Arbeitslose verrichten Schwarzarbeit
    ➔ Nichtbeachtung führt zu Fehlallokation
- **Das Argument des zu vermeidenden *„Stop and Go"***
  - Verunsicherung der Wirtschaftssubjekte durch (zu) häufige Kurskorrekturen in der Wirtschaftspolitik

Angebotsorientierte Wirtschaftspolitik

Seit ca. 1930 als Gegenmodell zur keynesianische Nachfragepolitik entwickelte Wirtschaftspolitik.

Mit der Angebotspolitik sollen die Selbstheilungskräfte der Marktwirtschaft gestärkt werden.

Ausgangspunkt ist das ***Say'sche Theorem***:
Jedes Angebot schafft sich selbst eine Nachfrage.

➔ Eine Nachfragesteuerung ist demnach nicht erforderlich
➔ Angebotsbedingungen sollten verbessert werden
➔ Angebotshemmnisse sollten eliminiert werden

Verstärkt ausgebaut und weiterentwickelt wurde die Angebotspolitik von ***Milton Friedman***.

Angebotsorientierte Politik ist langfristig angelegt

➔ Nicht Einzelmaßnahmen, sondern **Maßnahmenbündel** und eine allgemeine **Verbesserung der Rahmenbedingungen** sollen die Wirtschaft **nachhaltig** ankurbeln.

Zusammenfassung der Aspekte der Angebotspolitik:

- So wenig Staat wie möglich
- Senkung der Staatsausgaben ➔ Senkung der Abgabenquote
- Abbau unnötiger ökonomischer Aktivitäten ➔ Deregulierung und Bürokratieabbau
- Verringerung des Unternehmerrisikos ➔ steuerliche Vergünstigungen, z. B. bei Abschreibungen und Investitionen
- Zurückhaltung bei dirigistischen Maßnahmen

Fortsetzung (Aspekte langfristig angesetzter **Angebotspolitik**):

- Produkt- und Produktionsinnovationen fördern
- Orientierung des Geldmengenwachstums an der Veränderung des BIP
- Förderung der beruflichen Mobilität und Weiterbildung
- Senkung der Lohnnebenkosten
- Flexibilisierung der Arbeits- und Ladenschlusszeiten
- Förderung von Existenzgründungen ➔ „*Start up*-Unternehmen"
- Reduzierung bzw. Minimierung einer Vielzahl unübersichtlicher staatlicher Sozialleistungen
- Abbau von Handelshemmnissen ➔ Zölle minimieren

Zum Phänomen der Massen- und Sockelarbeitslosigkeit

Grundsätzlich gilt:

Nachfrage nach Arbeit

Reallohnsatz (Preis auf dem Arbeitsmarkt)

Arbeitsangebot

Die Arten und Ursachen für Arbeitslosigkeit sind:

Nachfrageverschiebungen:
- friktionelle Arbeitslosigkeit (Anpassungsreibungen bei flexiblen Einzellöhnen)
- strukturelle Arbeitslosigkeit (unflexible oder unveränderliche Einzellöhne)
- Sockelarbeitslosigkeit
- zu geringe Nachfrage (durch die Arbeitnehmer)
- Mindestarbeitslosigkeit (zu hohes gesamtwirtschaftliches Lohnniveau)
- konjunkturelle Arbeitslosigkeit (zu geringe gesamtwirtschaftliche Nachfrage)

Somit lässt sich die **Nachfragefunktion** graphisch als **Arbeitsnachfragekurve** darstellen

→ **Anstieg des Reallohnsatzes führt *ceteris paribus* zu einer Abnahme der gewinnbringenden Beschäftigung**

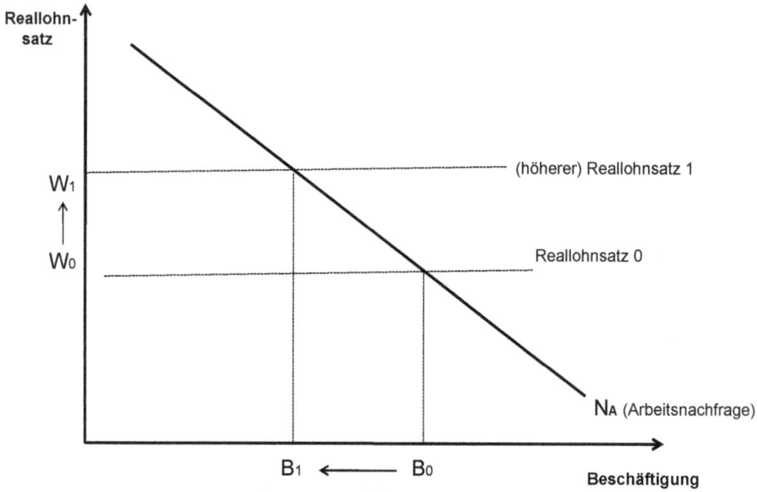

Arbeitsnachfragekurve

Kapitel 1.7 – Europäische und Weltwirtschaftspolitik

15

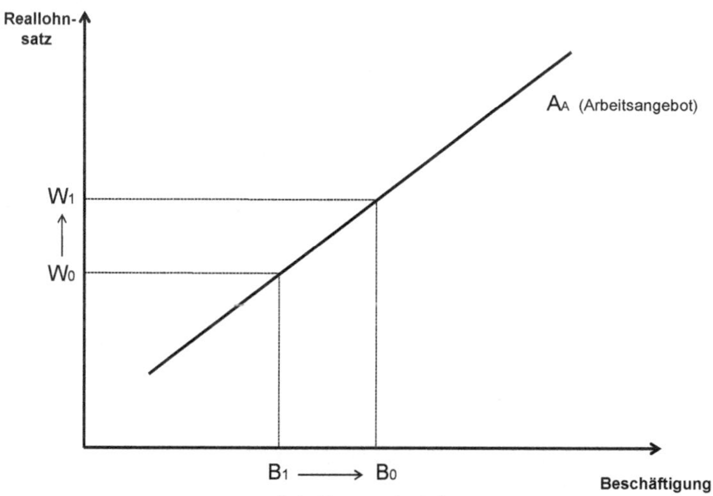

Arbeitsangebotskurve

Kapitel 1.7 – Europäische und Weltwirtschaftspolitik

16

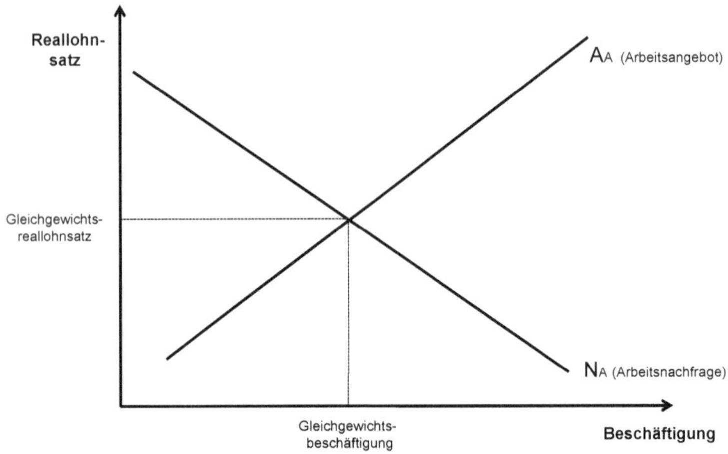

Arbeitsmarktgleichgewicht

Der Arbeitsmarkt in der Bundesrepublik

- Die Arbeitslosigkeit **stieg 2008/2009** an
  - ➔ Rezession
  - Die Beschäftigung sank erstmals seit 4 Jahren
  - (dennoch recht robuster Arbeitsmarkt mit noch **40,15 Mio.** Beschäftigten)
- März 2014 ca. 42 Mio. Beschäftigte **(2023 ca. 45,9 Mio Beschäftigte)**:
- ➔ Gutes Krisenmanagement der Bundesregierung
- Demographische Ursachen (erste *Babyboomer* gehen in Rente)
  - Förderprogramme
  - *Möglichkeit* der Kurzarbeit
    ➔ in der Spitze 500.000 bis 800.000
    ➔ Gefahr des Missbrauchs
  - Abbau von Überstunden
  - Abbau von Arbeitszeitkonten
  - Staatliches Sonderkreditprogramm „Deutschlandfonds“ für den Mittelstand

Im 2. Halbjahr 2010 stellten deutsche Unternehmen wieder ein.

Aber:
Fast die Hälfte der Neueinstellungen erhält nur befristete (Zeit-)Verträge.
➔ Unsicherheiten in der Lebensplanung junger Menschen
Stichwort: „sachgrundlose Befristung"
2021: Eine Gesetzesänderung ist angedacht; die sachgrundlose Befristung soll begrenzt werden. Befristungen sollen kürzer sein und nicht mehr so oft verlängert werden können.

Wegen **demographischer Entwicklung** wird der Arbeitsmarkt entlastet.
➔ Die Arbeitskräftereserve wird jährlich um ca. 300.000 Personen abnehmen (Babyboomer gehen in den Ruhestand).

Dennoch:
Kritisches Hinterfragen der Arbeitslosenzahlen:
Lt. Bundesagentur für Arbeit waren Mitte 2010 7,8 Mio. Menschen in „mehreren Graden" arbeitslos:
- Staatlich unterstützte Kurzarbeit
- Maßnahmen beruflicher Reintegration
- „echte" Dauerarbeitslosigkeit (länger als 1 Jahr)

Lt. Statistischem Bundesamt wünschen sich 9 Mio. Menschen mehr Arbeit.

Kapitel 1.7 – Europäische und Weltwirtschaftspolitik 19

Hauptgrund für die bestehende Sockelarbeitslosigkeit:

➔ **Fehlende Lohnspreizung** (Abstand der Einkommenshöhen unterschiedlicher Wirtschaftssubjekte)

Fehlende Lohndifferenzierung bei unterschiedlicher Qualifikation;
anders ausgedrückt: zunehmende Lohnangleichung/Lohnnivellierung bei gleichzeitig relativ guter sozialer Absicherung Arbeitsloser

Häufig werden hochqualifizierte Hochschulabsolventen nur als **Praktikanten** eingestellt (z. T. mehrfach hintereinander) ➔ **„Generation Praktikum"**

Lt. *Prof. Donges* wurde das **„Lohnabstandgebot"** nicht genügend berücksichtigt: 15 % Lohnabstand zwischen Sozialhilfe**gesamt**einkommen und dem niedrigsten Lohnniveau schon seit Jahrzehnten nicht konsequent eingehalten.
Im SGB II/SGB XII gibt es allerdings gar kein Lohnabstandsgebot mehr, weil es 2011 abgeschafft worden ist.

Kapitel 1.7 – Europäische und Weltwirtschaftspolitik 20

Betrachtung des Komplexes „Mindestlöhne“

Mit Mindestlöhnen greift man **marktinkonform** in den Arbeitsmarkt ein. Dem Arbeitsmarkt und der Tarifpolitik wird die

Flexibilität nach unten

genommen.

Mindestlöhne können auch ganz generell zu einem Einstellungshindernis für geringqualifizierte Arbeitnehmer werden (für die geleistete Arbeit zu „teuer“).

Aktuelle Studien in Ländern der ganzen Welt haben gezeigt, dass Mindestlöhne nicht bei der Verringerung der Armut helfen.
Vielmehr werden weniger Stellen angeboten, und tendenziell sinken die Löhne für geringqualifizierte Arbeitnehmer.

Zum 1. Januar 2014 wurde die Einführung eines flächendeckenden Mindestlohnes (8,50 €) auf Bundesebene beschlossen und 2017 auf 8,84 € erhöht, 2018: 8,84 €, 2019: 9,19 €, 2020: 9,35 €, 2021: fast 10 €, ab Okt. 2022: 12 €.

Kapitel 1.7 – Europäische und Weltwirtschaftspolitik 21

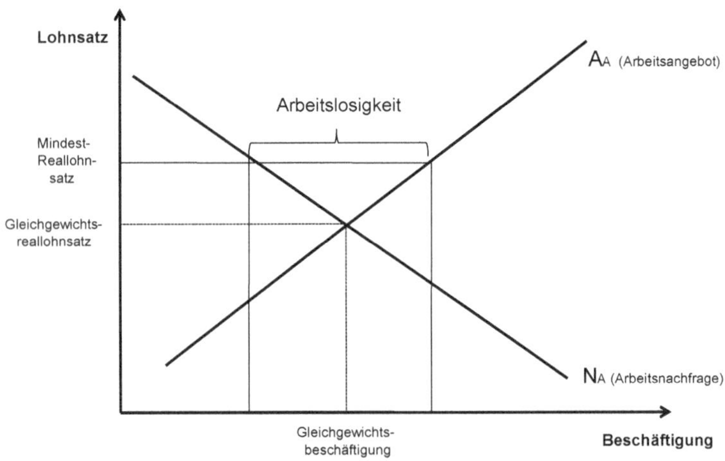

Mindestlohnarbeitslosigkeit

Kapitel 1.7 – Europäische und Weltwirtschaftspolitik 22

Vielfach sorgen die „gut gemeinten" und „sozial gemeinten" Mindestlöhne für eine **Zunahme der Schwarzarbeit**.

Letztlich schließen Mindestlöhne (Lohnuntergrenzen) Geringqualifizierte vom Arbeitsmarkt aus oder **verlängern die Dauer der Arbeitslosigkeit** und erhöhen und verlängern somit die – ohnehin steigende – **Sockelarbeitslosigkeit.**

Vereinfacht, aber deutlich ausgedrückt:

Wer mit seiner Arbeit nicht wenigstens das verdient, was sein Arbeitsplatz kostet, wird in einem Wirtschaftsunternehmen, das nicht von Steuer- oder bloßen Beitragseinnahmen und Dauersubventionen „lebt", auf lange Sicht arbeitslos werden (und dies – im Zweifel – auch bleiben).

Kapitel 1.7 – Europäische und Weltwirtschaftspolitik 23

2. Volkswirtschaftliches Basisvokabular

1. Was ist mit „wirtschaftlichen Gütern“ bzw. „Wirtschaftsgütern“ gemeint?
2. Was versteht man unter „öffentlichen Gütern“?
3. Definieren Sie „meritorische Güter“.
4. Was sind Substitute? Geben Sie ein Beispiel für Substitutionsgüter.
5. Welche Charakteristika haben komplementäre Güter? Geben Sie ein Beispiel.
6. Erläutern Sie die Anwendung des Leitzinses.
7. Was versteht man unter „antizyklischer Konjunkturpolitik“?
8. Stellen Sie die Formel für die Produktivität auf.
9. Stellen Sie eine allgemeine Formel zur Berechnung der Rentabilität auf.
10. In welchem Zusammenhang stehen Produktivität und Lohnhöhe?
11. Welche Elemente gehen in die Berechnung des Saldos „Primäreinkommen aus der übrigen Welt“ ein?
12. Mit welchem Saldo kommt man vom Nettonationaleinkommen zum Volkseinkommen?
13. In welche Hauptbestandteile wird in der Verteilungsrechnung aufgeteilt?
14. Stellen sie die Formel für die Staatsquote auf und erläutern Sie *kurz* die Aussage des Quotienten.
15. Stellen sie die Formel für die Abgabenquote auf und erläutern Sie *kurz* die Aussage dieses Quotienten.
16. Erläutern Sie die Diskussionsgegenstände der Mikroökonomie.
17. Erläutern Sie die Betrachtungsziele der Makroökonomie.
18. Was versteht man unter einer Partialanalyse?
19. Was versteht man unter einer Totalanalyse?
20. Wie sind Bedürfnisse definiert?
21. Geben Sie je ein Beispiel zu folgenden Begriffen:
    - Existenzbedürfnis,
    - Kulturbedürfnis,
    - Individualbedürfnis,
    - Kollektivbedürfnis.
22. Formulieren sie das Maximalprinzip.

23. Formulieren Sie das Minimalprinzip.
24. Die Volkswirtschaft ist in Sektoren untergliedert. Nennen sie diese und geben Sie je ein Beispiel.
25. Wie ist der Produktionsfaktor „Arbeit“ definiert?
26. Was versteht man unter „Arbeitsteilung“?
27. Stellen sie die Formel zur Berechnung der Erwerbsquote auf.
28. Mit welcher Formel berechnet man die Arbeitslosenquote?
29. Benennen Sie die nach deren Ursachen untergliederten Arten der Arbeitslosigkeit und geben Sie je ein Beispiel.
30. Welche Elemente umfasst der Produktionsfaktor „Boden“?
31. In welche Bereiche kann man den Produktionsfaktor „Kapital“ untergliedern?
32. *Benennen* Sie die drei Bereiche der Volkswirtschaftlichen Gesamtrechnung.
33. Was versteht man unter einer geschlossenen Volkswirtschaft?
34. Wie kommt man vom Bruttoproduktionswert zur Bruttowertschöpfung?
35. Stellen Sie nach Maßgabe der Verwendungsrechnung eine (einfache) Formel zur Berechnung des Bruttoinlandsproduktes auf.
36. Differenzieren Sie die Aussage des Bruttoinlandsproduktes gegenüber dem Bruttonationaleinkommen.
37. Stellen Sie die Formel zur Ermittlung der Lohnquote auf und kommentieren Sie *kurz* die Aussagefähigkeit dieses Quotienten.
38. Was versteht man unter der primären Einkommensverteilung?
39. Formulieren Sie *kurz* die Aussage der Lorenz-Kurve.
40. Was versteht man unter „externen Kosten“?
41. Stellen Sie eine Gleichung zur Ermittlung des *verfügbaren Einkommens* auf.
42. Wie verläuft im Preis-Mengen-Diagramm die (geglättete) Nachfragekurve nach einem homogenen Gut?
43. Welche Determinanten beeinflussen die private Nachfrage?
44. Welche Bestimmungsgrößen wirken auf private Investitionen ein?
45. Definieren Sie die Preiselastizität der Nachfrage.
46. Wann spricht man von einer „relativ elastischen Nachfrage“? Belegen Sie den Zusammenhang mit einem entsprechenden Beispiel.

47. Wann spricht man von „einer relativ starren“ Nachfrage? Belegen Sie den Zusammenhang mit einem entsprechenden Beispiel.
48. Wie verläuft im Preis-Mengen-Diagramm die aggregierte Angebotskurve?
49. Benennen Sie die wichtigsten Bestimmungsgrößen des Angebots.
50. Formulieren Sie die Kennzeichen eines vollkommenen Marktes.
51. Was sagt der Gleichgewichtspreis aus?
52. Erklären Sie die Begriffe „Käufermarkt“ und „Konsumentenrente“.
53. Was versteht man unter einem „Verkäufermarkt“ und der „Produzentenrente“?
54. Wann liegt ein Angebotsüberhang vor?
55. Wann liegt ein Nachfrageüberhang vor?
56. Was versteht man unter einem Grenznachfrager?
57. Wie ist der Grenzanbieter zu kennzeichnen?
58. Formulieren Sie die *wesentlichen* Funktionen des Gleichgewichtspreises.
59. Was versteht man unter „politischer Preisbildung“?
60. Was unternimmt der Staat, um über Preismaßnahmen auf das Marktgeschehen Einfluss zu nehmen?
61. Wie beeinflusst der Staat den Markt über Mengenmaßnahmen?
62. Beschreiben sie die „Rolle“ des Höchstpreises.
63. Wo liegt im Preis-Mengen-Diagramm der Mindestpreis?
64. Wer soll durch den Mindestpreis geschützt/unterstützt werden?
65. Wie ist Geld gekennzeichnet, woran erkennt man „Geld“?
66. Nennen Sie die (wesentlichen) Funktionen des Geldes.
67. Was versteht man unter der Geldmenge M3?
68. Wo befindet sich der Sitz der EZB?
69. Welche primären Aufgaben hat die EZB?
70. Wie ist der EZB-Rat zusammengesetzt?
71. Welche Aufgaben hat der EZB-Rat?
72. Wer ist Mitglieder im erweiterten EZB-Rat?
73. Was versteht man unter der Mindestreserve?
74. Erläutern sie den Begriff „Einlagefazilitäten“.

75. Erläutern Sie den Begriff „Spitzenrefinanzierungsfazilitäten“.

76. Erläutern Sie (kurz) die Abwicklung von Offenmarktgeschäften.

77. Was versteht man im Rahmen der Geldpolitik unter „marktkonformen Maßnahmen“?

78. Stellen Sie die Fisher‘sche Verkehrsgleichung (Quantitätsgleichung) auf und erläutern Sie (kurz) deren Aussage.

79. Definieren Sie den Außenwert einer Währung.

80. Definieren Sie Inflation bzw. erklären Sie, wann eine Inflation vorliegt.

81. Wie erfolgt die Messung der Kaufkraft?

82. Skizzieren Sie die Ermittlung des Verbraucherpreisindex (VPI).

83. Was können *monetäre* Inflationsursachen sein?

84. Was sind die Hauptursachen einer angebotsinduzierten Inflation?

85. Was versteht man unter einer Fiskalinflation?

86. Wie kann es zu einer importierten Inflation kommen?

87. Welche Auswirkungen bringt die Inflation mit sich?

88. Benennen Sie die Verlierer einer Inflation.

89. Wer sind die Gewinner einer Inflation?

90. Definieren Sie „Deflation“.

91. Benennen Sie Ursachen/Auswirkungen einer Deflation.

92. Welche Bereiche sind einer Gesellschaftsordnung zugeordnet?

93. Benennen sie die Grundvoraussetzungen der Marktwirtschaft.

94. Was sind die Vorteile einer freien Marktwirtschaft?

95. Kennen Sie auch Nachteile einer freien Marktwirtschaft?

96. Benennen Sie die der Marktwirtschaft gegenüberstehenden Grundvoraussetzungen einer Zentralverwaltungswirtschaft.

97. Welches sind die Aufgaben des Staates in der Sozialen Marktwirtschaft?

98. Definieren Sie den Begriff „Konjunktur“.

99. Welches sind die nationalökonomischen Bestimmungsgrößen für die Konjunktur?

100. Was versteht man unter
    - endogenen Faktoren,
    - exogenen Faktoren?

101. Wie wird der „idealtypische Kurvenverlauf“ der Konjunktur eingeteilt?

102. Was versteht man unter „Konjunkturschwankungen“?

103. Was versteht man unter
   - „Steuern“,
   - „Gebühren“,
   - „Beiträgen“?

104. Welche Aufgaben sollen seitens des Staates mit den erhobenen Mitteln erfüllt werden?

105. Stellen Sie den Quotienten zur Ermittlung der Steuerquote auf und interpretieren Sie die Aussagekraft des Wertes des Quotienten.

106. Stellen Sie den Quotienten zur Ermittlung der Abgabenquote auf und interpretieren Sie die Aussagekraft/Anwendbarkeit des Wertes des Quotienten.

107. Was versteht man unter „Ertragskompetenz“?

108. Erläutern Sie den Begriff „Gemeinschaftssteuern“.

109. Formulieren Sie die Aussage der Laffer-Kurve.

110. Worauf ist die Entstehung des Crowding-out-Effektes zurückzuführen?

111. Nach dem Prozessgliederungsprinzip der BWL werden die Standortfaktoren in vier Bereiche unterteilt. Nennen Sie diese.

112. Listen Sie einige weiche Standortfaktoren auf.

113. Listen Sie demgegenüber einige harte Standortfaktoren auf.

114. Was sind die vier „Eckpunkte“ des „magischen Vierecks?“

Kurze Lösungen zum Basisvokabular der Volkswirtschaftslehre

1. ***Wirtschaftliche Güter*** sind knapp. Sie haben einen Preis, im Gegensatz zu *freien Gütern*, die unbeschränkt verfügbar sind, z. B. Meerwasser, Sonne und Luft.

2. ***Öffentliche Güter*** (Güter und Dienstleistungen) werden auch „Kollektivgüter“ genannt und zeichnen sich durch Nicht-Ausschließbarkeit von der Nutzung und durch Nicht-Rivalität im Konsum aus. Deshalb werden sie vom Staat oft unentgeltlich angeboten.

3. Von ***„Meritorischen Gütern“*** spricht man, wenn die Nachfrage der Privaten hinter dem „gesellschaftlich“ erwünschten Maß zurückbleibt. Solche Güter könnten grundsätzlich über den Markt – also von Privaten – angeboten werden. Ein meritorisches Gut an sich gibt es nicht; es wird erst durch politische Entscheidung „generiert“. Diese „Güterart“ ist zwischen den privaten und öffentlichen Gütern einzuordnen. Beispiele sind Leistungen im Ausbildungs-, Wohnungs- und Gesundheitswesen.

4. Ein Gut kann in der Nutzenstiftung durch ein anderes ersetzt ***(substituiert)*** werden (Sonnenblumenöl *durch* Rapsöl).

5. ***Komplementäre Güter*** ergänzen einander in ihrer Nutzenstiftung (z. B. Autoreifen und Auto).

6. Der ***Leitzins*** gibt an, zu welchen Bedingungen (Zinssätzen) sich Kreditinstitute bei den Zentralbanken Geld leihen können. Dadurch kann die EZB Einfluss auf die Geldversorgung der Wirtschaft nehmen.

7. Unter ***„antizyklischer Konjunkturpolitik"*** versteht man das Zusammenwirken von Regierung und Zentralbank, mittels aktiver Maßnahmen Konjunkturschwankungen zu glätten. „Antizyklisch" meint: „gegen den Entwicklungstrend der Wirtschaft". Also werden die Akteure in Zeiten des konjunkturellen Aufschwungs restriktive Maßnahmen einleiten, um zu bewirken, dass die Wirtschaft nicht „überhitzt" (Dauerausnutzung des Produktionsapparates mit 100 %). Folglich werden Regierung und Zentralbank in Zeiten konjunkturellen Abschwungs über eine expansive Fiskal- und/oder Geldpolitik die gesamtwirtschaftliche Nachfrage ankurbeln.

8. ***Produktivität*** = Output / Input *oder:* Ausbringung / Einsatz.
   Ist der Wert des Quotienten größer als 1, so liegt eine Produktivitätssteigerung vor.

9. ***Rentabilität*** = Gewinn / Kapitaleinsatz,
   z. B. Eigenkapitalrentabilität = (Gewinn / Eigenkapital) × 100.
   Es wird ermittelt, wie sich das Eigenkapital innerhalb einer Rechnungsperiode „verzinst" hat.

10. Ist z. B. die ***Arbeits*****produktivität** größer 1, so hat der Produktionsfaktor „Arbeit" mehr erwirtschaftet und somit die Grundlage dafür geschaffen, eine ***Lohnsteigerung*** fordern zu können.

11.
	Aus der übrigen Welt erhaltene Einkommen
–	An die übrige Welt gezahlte Einkommen
=	**Saldo der Primäreinkommen mit der übrigen Welt**

Im Rahmen der VGR ergibt sich somit:

	Bruttoinlandsprodukt
–	Saldo der Primäreinkommen mit der übrigen Welt
=	**Bruttonationaleinkommen**

12.
	Nettonationaleinkommen
–	Produktions- und Importabgaben (T_{ind})
+	Subventionen (Z)
=	**Volkseinkommen**

13. In der ***Verteilungsrechnung*** wird das Volkseinkommen (VE) aufgeteilt in:
    Unternehmens- und Vermögenseinkommen (G) + Arbeitnehmerentgelte (L)
    Für 2022: G = 780,3 (28,9 %), L = 1918,7 (71,1 %) *(Destatis 1/23).*

14. $$\textbf{\textit{Staatsquote}} = \frac{\text{Konsum des Staates (CSt) + Transferleistungen (Tr)}}{\text{Bruttoinlandsprodukt (BIP)}} \times 100$$

Die Staatsquote gibt somit den Anteil der Staatsausgaben am Bruttoinlandsprodukt (BIP) an. Wenn der Staat seine Aufwendungen in den Bereichen Sozialleistungen, Personal, Militär oder auch Subventionen und Bildung stärker erhöht als die Wirtschaftsleistung wächst, dann steigt die Staatsquote.

15. $$\textbf{\textit{Abgabenquote}} = \frac{\text{Sozialbeiträge + diverse Steuern}}{\text{Bruttoinlandsprodukt (BIP)}} \times 100$$

Die volkswirtschaftliche ***Abgabenquote*** ist der gebräuchliche Indikator zur Messung der Belastung, die den Bürgern und der Wirtschaft in einem Land durch staatliche Zwangsabgaben auferlegt wird. Ermittelt wird diese Belastungsquote, indem die Summe aus Sozialbeiträgen und Steueraufkommen ins Verhältnis zum BIP gesetzt wird.

16. In der ***Mikroökonomie*** werden Einzelwirtschaften betrachtet, wie zum Beispiel die Haushalte, die Unternehmen, die Gestaltung der Marktformen und die Wettbewerbsprozesse.

17. Die ***Makroökonomie*** hingegen betrachtet Globalgrößen, also die Aggregation kleinerer Einheiten. Diese werden analysiert in der Geld-, Konjunktur-, und Wachstumstheorie und dem Wirtschaftskreislauf.

18. Im Rahmen einer ***Partialanalyse*** werden nur Teilaspekte wie z. B. ein einzelner Markt untersucht. Diese Methode bemüht sich um eine Analyse bestimmter Ursachen-Wirkungs-Zusammenhänge. Bei dieser Vorgehensweise wird die ceteris-paribus-Klausel angewandt (will man die Wirkung der Änderung eines Einflussfaktors erforschen, werden die anderen Einflussfaktoren konstant gehalten).

19. In einer ***Totalanalyse*** erfolgt die Untersuchung eines Wirkungsgefüges und somit der Abhängigkeit aller Größen voneinander.

20. Ein ***Bedürfnis*** ist das Empfinden eines Mangels, mit dem Bestreben, diesen zu beseitigen.

21. ***Existenzbedürfnisse:*** auch „primäre Bedürfnisse“ oder „Grundbedürfnisse“, dienen der Selbsterhaltung und sind eine notwendige Voraussetzung für die Existenz und Lebenserhaltung, z. B. Nahrung, Kleidung und Unterkunft.
    Kulturbedürfnisse: sind Bedürfnisse des Menschen, die er als geistiges Wesen empfindet, z. B. Lesen, Theaterbesuch, Konzertbesuch.
    Individualbedürfnisse: Diese beruhen auf Wünschen und Vorstellungen eines einzelnen Menschen und können in der Regel von ihm selbst befriedigt werden. Es gilt das Ausschlussprinzip. Beispiele sind Essen und Schlafen.
    Kollektivbedürfnisse: Sie erwachsen aus dem Zusammenleben der Wirtschaftssubjekte. Bei der Befriedigung dieser Bedürfnisse gelten das Ausschluss- und das Rivalitätsprinzip *nicht*, z. B. Rechtsprechung, öffentliche Sicherheit.

22. ***Maximalprinzip:*** Mit *gegebenen Mitteln* einen möglichst *hohen Erfolg* erzielen.

23. ***Minimalprinzip:*** Ein *gegebenes Ziel* mit einem möglichst *geringen Mitteleinsatz* erreichen.

24. Die Aufgliederung der ***Wirtschaftssektoren*** erfolgt in einen
    - Primären Sektor (Urproduktion, z. B. Kohleabbau, Landwirtschaft)
    - Sekundären Sektor (Weiterverarbeitung, z. B. manuelle und industrielle Tätigkeiten)
    - Tertiären Sektor (Handel und Dienstleitungen)

25. Der originäre (ursprüngliche) Produktionsfaktor „Arbeit" ist definiert als menschliche Tätigkeit mit dem Ziel/Zweck der Bedürfnisbefriedigung.

26. Unter „Arbeitsteilung" versteht man die organisatorische Zerlegung einer Arbeitsaufgabe oder eines Produktionsprozesses in mehrere Teilaufgaben, die von verschiedenen Personen und/oder Maschinen ausgeführt werden.

27. $$\textbf{\textit{Erwerbsquote}} = \frac{\text{Anzahl der Erwerbspersonen (Erwerbstätige + Erwerbslose)}}{\text{Zahl der Wohnbewölkerung}} \times 100$$

28. $$\textbf{\textit{Arbeitslosenquote}} = \frac{\text{Anzahl der Arbeitslosen}}{\text{Zahl der zivilen Erwerbspersonen}} \times 100$$

    Die ***zivilen Erwerbspersonen*** setzten sich zusammen aus den
    - sozialversicherungspflichtig Beschäftigten
    - Beamten
    - Selbständigen
    - gemeldeten Arbeitslosen

29. Als ***Arten bzw. Ursachen der Arbeitslosigkeit*** sind zu nennen:
    - *Saisonelle Arbeitslosigkeit* → Kellner, Verkäufer auf Jahrmärkten (Zeitraum der Arbeitsplatzsuche zwischen der Aufgabe der bestehenden Tätigkeit und der Aufnahme einer neuen Tätigkeit)
    - *Friktionelle Arbeitslosigkeit* auch „Sucharbeitslosigkeit" → Sie ist durch den Wechsel des Arbeitsplatzes bedingt. Die Arbeitslosigkeit erfasst den Zeitraum der Arbeitsplatzsuche zwischen der Aufgabe der alten Tätigkeit und der Aufnahme einer neuen Beschäftigung.
    - *Technologische Arbeitslosigkeit* → Die menschliche Arbeitskraft wird durch Maschinen ersetzt
    - *Strukturelle Arbeitslosigkeit* → Schwächen in der Wirtschaftsstruktur; siehe Ruhrgebiet
    - *Konjunkturelle Arbeitslosigkeit* → Auswirkungen von Konjunkturschwankungen

30. Der ***originäre Produktionsfaktor „Boden"*** gliedert sich in:
    - Anbauboden, z. B. Landwirtschaft
    - Abbauboden, z. B. Bergbau, Kieswerk
    - Standortfaktor, z. B. „Platz für Industrieansiedlungen", Bürogebäude

31. Der ***derivative*** (durch Ableitung oder Kombination entstandene) ***Produktionsfaktor „Kapital"*** lässt sich untergliedern in
    - Realkapital = Sachkapital: produziert Produktionsmittel (Maschinen, Werkzeuge, Immobilien)
    - Geldkapital (finanzielle Mittel)

32. **Die *Volkswirtschaftliche Gesamtrechnung (VGR)* ist gegliedert in**
    - Entstehungsrechnung
    - Verteilungsrechnung
    - Verwendungsrechnung

33. Eine ***Volkswirtschaft*** bezeichnet man dann als ***„geschlossen"***, wenn es keine Wirtschaftsbeziehungen mit dem Ausland gibt.

34.

	Bruttoproduktionswert	
–	Vorleistungen	
=	***Bruttowertschöpfung***	

35.

	Konsum der privaten Haushalte	(C_{pr})
+	Konsum des Staates	(C_{St})
+	Bruttoinvestitionen	(I_{br})
+	Außenbeitrag…	(Ex – Im)
=	***Bruttoinlandsprodukt (BIP)***	

oder: **BIP** $= C_{pr} + C_{St} + I_{br} + (Ex - Im)$

36.

	Bruttoinlandsprodukt (BIP)	
–	Saldo der Primäreinkommen mit der übrigen Welt	
=	***Bruttonationaleinkommen (BNP)***	

37. $$\textbf{\textit{Lohnquote (L/Y)}} = \frac{\text{Arbeitnehmerentgelte (L)}}{\text{Volkseinkommen (VE)}} \times 100$$

Z. B. die Einkommen aus Kapitelvermögen (Zinsen, Dividenden, Miete, Pacht) der Arbeitnehmer sind nicht enthalten. Einkommen selbständig Tätiger und Freiberufler finden hier ebenfalls keine Berücksichtigung.
Die Lohnquote gibt nicht exakt den Anteil an Arbeitnehmerentgelten an. Ob ein Volkseinkommen wirklich „gerecht" verteilt ist, lässt sich an der Lohnquote deshalb **nicht hinreichend ablesen**. Die Lohnquote lässt auch keine Aussage über den Beschäftigungsstand in einer Volkswirtschaft zu.

38. Bei der ***primären Einkommensverteilung*** ergibt sich das Einkommen der Produktionsfaktoren aus dem jeweiligen Beitrag den sie geleistet haben. Arbeit: Lohneinkommen; Boden: Pachteinkommen; Kapital: Zinseinkommen; Unternehmerleistung: Einkommen aus Unternehmertätigkeit. Diese Verteilung nennt man ***„funktionale Einkommensverteilung"***.

Erhalten einzelne Personen aufgrund des Einsatzes oder des Besitzes von Produktionsfaktoren noch zusätzliche Einkommen, dann spricht man von ***„personeller Einkommensverteilung“***.

39. Die ***Lorenz-Kurve*** gibt Auskunft darüber, wieviel Prozent der Einkommensbezieher in einer Volkswirtschaft welchen Anteil am Volkseinkommen erhalten. Je weiter die Kurve der tatsächlichen Einkommensverteilung von der Gleichverteilung (45°-Linie im Koordinatensystem) abweicht, um so „ungleicher“ (und damit eventuell auch „ungerechter“) ist das Einkommen verteilt.

40. ***Externe Kosten*** – auch als „soziale“ oder *„volkswirtschaftliche“ Kosten* bezeichnet – sind solche Kosten, die nicht vom Verursacher getragen, sondern Dritten aufgebürdet werden.

41. | | |
|---|---|
| | **Summe aus Erwerbs-, Vermögens- und Übertragungseinkommen** |
| – | direkte Steuern der privaten Haushalte + Solidaritätszuschlag (soweit noch erhoben) |
| – | Arbeitnehmerbeitrag zur Sozialversicherung |
| – | Übertragungen an den Staat |
| + | Transferzahlungen des Staates an den privaten Haushalt |
| = | ***Verfügbares Einkommen*** |

42. Die aggregierte ***Nachfragekurve*** verläuft im Preis-Mengen-Diagramm von links oben nach rechts unten. Je niedriger der verlangte Preis, desto größer ist die nachgefragte Menge.

43. Die ***private Nachfrage*** wird durch folgende **Determinanten** (Einflussgrößen) bestimmt:
    - Werbung
    - Produktinnovation
    - erwartete Einkommensentwicklung
    - staatliche „Umverteilungsmaßnahmen“ → zweite Einkommensverteilung

44. ***Private Investitionen*** werden u. a. beeinflusst durch:
    - Gewinne; Gewinnerwartungen
    - Zinssätze
    - Abschreibungsmöglichkeiten
    - Qualität des Wettbewerbs
    - vorhandene Kapazitäten; Kapazitätsauslastung
    - allgemeine konjunkturelle Lage

45. Die ***Preiselastizität der Nachfrage*** gibt an, wie stark die Nachfrage nach einem Produkt auf eine Preisänderung reagiert. Sie ist definiert als die prozentuale Veränderung der nachgefragten Menge eines Produktes im Verhältnis zur prozentualen Veränderung des Preises dieses Produktes:

$$\text{Preiselastizität der Nachfrage} = \frac{\text{prozentuale Mengenänderung}}{\text{prozentuale Preisänderung}}$$

(Die Preiselastizität wird international mit „ε" bezeichnet und ist ein absoluter Wert.)

46. Eine ***Nachfrage ist relativ elastisch***, wenn eine 1%ige Preisänderung eine mehr als 1%ige Mengenänderung hervorruft (z. B. bei Schmuck ($\varepsilon > 1$)).

47. Eine ***Nachfrage ist demnach relativ starr*** (unelastisch), wenn z. B. eine 10%ige Preisänderung kaum Auswirkungen auf die nachgefragte Menge hat (z. B. bei Kraftstoff ($\varepsilon < 1$)).

48. Die ***aggregierte Angebotskurve*** verläuft im Preis-Mengen-Diagramm von links unten nach rechts oben; d. h. je höher der Preis, desto mehr sind die Anbieter bereit, ihre Güter anzubieten.

49. Die wichtigsten ***Bestimmungsgrößen des Angebots*** sind die Kosten der Produktionsfaktoren. Diese Kosten werden beeinflusst durch:
    - die Möglichkeiten der Beschaffung,
    - die Kapitalintensität,
    - die jeweilige Qualität der Produktionsfaktoren.

    Weitere Determinanten sind:
    - das technische Wissen,
    - der technische Fortschritt,
    - die aktuelle wie auch die erwartete Gewinnsituation,
    - die Entwicklung der Konjunktur.

50. Der ***vollkommene Markt*** (theoretisches Modell) ist gekennzeichnet durch:
    - das Fehlen von Präferenzen (persönlich, zeitlich, räumlich),
    - die Homogenität der Güter,
    - eine vollkommene Markttransparenz,
    - eine unendliche Reaktionsgeschwindigkeit,
    - das Fehlen von Markteintrittsbeschränkungen.

    Fehlt nur eines dieser Kennzeichen, so spricht man von einem ***„unvollkommenen Markt"* (dieser ist der Normalfall)**.

51. Im ***Gleichgewichtspreis***, dem Schnittpunkt der Angebots- und Nachfragekurve, werden so viele Güter angeboten wie kaufkräftig nachgefragt werden. Der Markt wird (leer-)„geräumt".

52. Ein ***Käufermarkt*** liegt bei einem Angebotsüberhang vor. Der Nachfrager ist gegenüber dem Anbieter in einer stärkeren Position. Ein Konsument, der einen höheren Preis zu zahlen bereit ist, aber aufgrund der Marktsituation einen niedrigeren Preis bezahlen muss, erhält in Höhe der Differenz eine ***Konsumentenrente***.

53. Einem ***Verkäufermarkt*** liegt ein Nachfrageüberhang zugrunde. Der Anbieter ist in der stärkeren Position. Ein Produzent, der seine Ware zu einem niedrigeren Preis anbieten könnte, aber zum höheren Gleichgewichtspreis verkauft, erhält in Höhe der Differenz eine ***Produzentenrente***.

54. Ein ***Angebotsüberhang*** liegt vor, wenn das Angebot größer ist als die Nachfrage. Er ergibt sich also oberhalb des Gleichgewichtspreises.

55. Ein ***Nachfrageüberhang*** liegt vor, wenn die Nachfrage größer ist als das Angebot. Er ergibt sich also unterhalb des Gleichgewichtspreises.

56. Der ***Grenznachfrager*** ist gerade noch in der Lage, den geforderten Preis (Gleichgewichtspreis) zu bezahlen. Würde der Preis steigen, müsste er als Interessent aus dem Markt ausscheiden.

57. Der ***Grenzanbieter*** kann (aufgrund seiner Kalkulation) die Ware gerade noch zum Gleichgewichtspreis verkaufen. Würde der Preis sinken, müsste er als Interessent aus dem Markt ausscheiden.

58. Die ***Funktionen des Gleichgewichtspreises*** sind:
    - Ausschaltungsfunktion (Marktteilnehmer, die nicht effizient am Marktgeschehen teilnehmen können oder wollen, werden verdrängt)
    - Anzeige- oder Signalfunktion (der Preis zeigt den „Knappheitsgrad" des Gutes an, deswegen auch: Informationsfunktion auf dem Markt)
    - Anreizfunktion oder „Erziehungsfunktion": Der Anbieter sollte nach Möglichkeiten suchen, die Kosten zu senken
    - Allokationsfunktion (Lenkungsfunktion) Die Produktionsfaktoren werden an den Ort bzw. in den Bereich der Volkswirtschaft gelenkt, in dem der höchste Gewinn zu erwarten ist.
    - Innovationsfunktion: Marktteilnehmer werden – via Preis – motiviert, nach Neuerungen zu forschen

59. Im Rahmen einer ***politischen Preisbildung*** greift der Staat (meist **marktinkonform**) in das Marktgeschehen ein.

60. Als Möglichkeiten, über ***Preismaßnahmen*** in das Marktgeschehen einzugreifen, sind zu nennen:
    - Steuerpolitische Maßnahmen
        - Steuerfreibeträge; verbesserte Abschreibungsmöglichkeiten
    - Transferleistungen
        - Wohnungsbauförderung; Wohngeld
    - Exporterleichterungen
        - Exportprämien; Steuervergünstigungen
    - Importbeschränkungen
        - Einfuhrzölle

61. Bei der Beeinflussung über ***Mengenmaßnahmen*** sind zu nennen:
    - Staatliche Vorratshaltung
    - Einfuhrverbote; Einfuhrkontingente

62. Der ***Höchstpreis***
    - Liegt **unter** dem Gleichgewichtspreis → Schutz des Konsumenten
    - Der festgesetzte Preis darf vom Anbieter **nicht überschritten** werden

- Es herrscht ein permanenter **Nachfrageüberhang**
- Der Preis verliert seine **Ausschaltungsfunktion**
- Es kann sich ein **Schwarzmarkt** bilden
- Der Staat führt zur Kontrolle ein **Rationierungssystem** ein (z. B. über Bezugs- oder Berechtigungskarten)

63. Im Preis-Mengen-Diagramm wird der ***Mindestpreis*** *über* dem Gleichgewichtspreis festgesetzt.

64. Es besteht in dieser Situation ein permanenter Angebotsüberhang; es soll ***der Anbieter*** geschützt werden.

65. ***Geld*** ist das allgemein anerkannte universale Tausch- und Zahlungsmittel, auf das sich eine Gesellschaft verständigt hat → gesetzliches Zahlungsmittel

66. Die Funktionen des Geldes umfassen:
    - Tauschmittelfunktion
    - Zahlungsmittelfunktion → gesetzliches Zahlungsmittel
    - Wertspeicherfunktion
    - Funktion als allgemeine Recheneinheit
    - „soziales Geltungsmittel"

67. **M1 = Umlaufendes Bargeld plus:** täglich fällige Einlagen (Sichteinlagen)
    M2 = Geldmenge M1 plus: Einlagen mit vereinbarter Laufzeit von bis zu zwei Jahren (Termineinlagen) sowie Einlagen mit einer vereinbarten Kündigungsfrist von bis zu drei Monaten (Spareinlagen)
    M3 = Geldmenge M2 plus: Anteile an Geldmarktfonds und andere Geldmarktpapiere sowie Pensionsgeschäfte (siehe Offenmarktpolitik) und Schuldverschreibungen mit einer Ursprungslaufzeit von bis zu zwei Jahren

68. Die Europäische Zentralbank (EZB) hat ihren ***Sitz in Frankfurt am Main***.

69. Die ***primären Aufgaben*** der EZB sind:
    a. Aufrechterhaltung des Geldwertes des Euro
    b. Versorgung der Wirtschaft mit Geld

70. Der ***EZB-Rat*** setzt sich zusammen aus
    a. einem sechsköpfigen Direktorium
    b. den Präsidenten der nationalen Zentralbanken, die uneingeschränkt an der Währungsunion teilnehmen (2023: 20 Mitglieder).

71. Die ***Aufgaben des EZB-Rates*** sind:
    - Erlassen der Leitlinien und Beschlüsse, die zur Erfüllung der dem Eurosystem übertragenen Aufgaben notwendig sind.
    - Festlegung der Geldpolitik des Eurogebiets. Dies beinhaltet die Beschlussfassung über geldpolitische Ziele, Leitzinssätze und die Bereitstellung von

Zentralbankgeld im Eurosystem sowie die Formulierung von Leitlinien zur Umsetzung der eben genannten Beschlüsse.

72. Den ***erweiterten EZB-Rat*** bilden:
    a. Der Präsident und der Vizepräsident der EZB
    b. Die Präsidenten der nationalen Zentralbanken (2023: 27 Mitglieder)

73. Die (EZB) verlangt von allen Kreditinstituten, bei den nationalen Zentralbanken Pflichteinlagen auf Girokonten zu unterhalten. Diese bezeichnet man als ***„Mindestreserven“*** oder „Reserve-Soll“. Der Mindestreservesatz beträgt seit dem 18. Januar 2012 genau 1 %.

74. Bei ***Einlagefazilitäten*** handelt es sich um ein geldpolitisches Instrument der Zentralbank. Zu einem vorgegebenen Satz können die Geschäftsbanken bis zum nächsten Geschäftstag überschüssige Liquidität bei der nationalen Zentralbank anlegen. *Der **Zinssatz für die Einlagefazilität** bildet die Untergrenze für den Tagesgeldsatz am Geldmarkt und ist somit **einer der Leitzinsen des Eurosystems**.*

75. Allgemein stellen Fazilitäten die Möglichkeit zur Geldanlage oder zur Kreditaufnahme dar. ***Spitzenrefinanzierungsfazilitäten*** sind ein geldpolitisches Instrument des Eurosystems, über das sich Geschäftsbanken gegen refinanzierungsfähige Sicherheiten Liquidität für einen Geschäftstag (Übernachtkredit) zu einem vorgegebenen Zinssatz von der Zentralbank (EZB) beschaffen können. Diese ***ständige Fazilität*** ist somit zur Deckung eines vorübergehenden, sehr kurzfristigen Liquiditätsbedarfs bestimmt. Der Zinssatz für die Spitzenrefinanzierungsfazilität wird so hoch festgesetzt, dass er im Allgemeinen die Obergrenze für den Tagesgeldsatz am Geldmarkt darstellt. Er wird auch als **„Leitzins“** bezeichnet.

76. ***„Offenmarktgeschäfte“*** bezeichnen den Ankauf und Verkauf von Wertpapieren durch die Zentralbank am Geld- oder Kapitalmarkt (also am offenen Markt → marktkonforme Maßnahme). Der Handel kann dabei mit kurz- oder langlaufenden Wertpapieren erfolgen.
    Ohne Rücknahmevereinbarung: Die Zentralbank kauft oder verkauft Wertpapiere endgültig. Wertpapierpensionsgeschäfte *(mit Rücknahmevereinbarung)* liegen vor, wenn das verkaufende Kreditinstitut verpflichtet wird, diese wieder zurückzukaufen.

77. Von ***„marktkonformen“ Maßnahmen*** spricht man, wenn der Staat (oder, wie oben, die Zentralbank) in das Marktgeschehen eingreift und dabei den Markt-Preis-Mechanismus **nicht außer Kraft** setzt.

78. Die ***Fisher'sche Verkehrsgleichung***, auch **„Quantitätsgleichung“** genannt, lautet:

$$\boldsymbol{M \times U = G \times P}$$

Geldvolumen = Gütervolumen

Wobei gilt: **M** = Geldmenge; **U** = Umlaufgeschwindigkeit des Geldes
G = Gütermenge; **P** = Preisniveau

79. Der ***Außenwert einer Währung*** gibt an, wie viele Einheiten der ausländischen Währung auf dem Devisenmarkt für eine Einheit der inländischen Währung gezahlt werden. (Also: Wie viele US-Dollar muss man für einen Euro bezahlen?)

80. ***„Inflation"*** ist definiert als stetige und anhaltende Geldentwertung (fortwährender und über die Zeit ständig wachsender Kaufkraftverlust). Das Güterangebot einer Volkswirtschaft bleibt konstant, die Geldmenge aber steigt. Daraus resultiert ein Prozess anhaltender Preisniveausteigerung.

81. Die ***Messung einer Kaufkraftveränderung*** erfolgt über Warenkörbe.

82. Ein repräsentativer Warenkorb enthält etwa 650 Güter und Dienstleistungen. Es werden repräsentativ Stichproben erhoben. Für die ***Berechnung des Verbraucherpreisindex (VPI)*** (früher: „Lebenshaltungskostenindex") bleibt die Gewichtung (Wägung: prozentualer Anteil der Produktgruppen an den gesamten Verbrauchsausgaben) im Warenkorb gleich. Das Jahr, in dem Zusammensetzung und Wägung des Warenkorbes erfolgen, ist das Basisjahr, das mit dem Index 100 festgelegt wird.
Die Festlegung einer „neuen Basis" erfolgt (im Normalfall) alle fünf Jahre.
Beispiel: Steigt der Verbraucherpreisindex von 100 auf 105, so sind die Lebenshaltungskosten um 5 % gestiegen.

83. ***Inflationsursachen, die von der monetären Seite*** ausgehen, können Kontrollmängel bei der Geldschöpfung / Versorgung der Wirtschaft mit Geld sein:
– Primärgeldschöpfung (Ausgabe von Münzen und Banknoten)
– Giralgeldschöpfung (Buchgeld)
– Erhöhung der Umlaufgeschwindigkeit (z. B. durch Änderung der Zahlungsgewohnheiten der Bürger)

84. Als ***angebotsinduzierte Inflationsursachen*** können genannt werden:
– Erhöhung der Produktionskosten → Erhöhung der Verkaufspreise
– Erhöhung der Lohnkosten
– Erhöhung der Rohstoffkosten → importierte Inflation
– Erhöhung der Sollzinsen

85. Von einer ***„Fiskalinflation"*** – also einer Inflation, die durch den Staat ausgelöst wird – spricht man, wenn der Fiskus die erhöhte Nachfrage in der Situation Ausgaben > Einnahmen durch Kredite deckt → ***Deficit Spending***

86. Von einer ***„importierten Inflation"*** spricht man dann, wenn auf internationalen Rohstoffmärkten (z. B. für Rohöl) die Preise steigen und die inländischen Unternehmen ihre gestiegenen Einkaufskosten als Preiserhöhungen an die Kunden weitergeben.

87. Die ***Auswirkungen einer Inflation*** können z. B. sein:
– Kaufkraftverlust
– (eventuell) Zunahme der Arbeitslosigkeit

- Vertrauensverlust in den Staat und die Wirtschaft
- „Flucht in die Sachwerte“
- Erhöhung der Steuerlast → „kalte Progression“ (eine Steuermehrbelastung, die dann entsteht, wenn die Einkommensteuersätze (progressives Besteuerungssystem) nicht an die Preissteigerung (Inflation) angepasst werden bzw. die Steuer schneller als die Nettoeinkommen steigt)

88. Die ***Verlierer einer Inflation*** sind:
    - Bezieher fester Einkommen
    - Bezieher von Sozialleistungen
    - Gläubiger
    - Eigentümer von Geldvermögen

89. ***Gewinner einer Inflation*** hingegen sind:
    - Schuldner
    - Der Staat
    - (indirekt) Eigentümer von Sachvermögen, z. B. Immobilien

90. ***Deflation*** liegt vor, wenn das Preisniveau anhaltend sinkt und somit die Kaufkraft steigt.

91. Die ***Ursachen respektive Auswirkungen einer Deflation*** können sein:
    - Drastische staatliche Sparmaßnahmen
    - Sinkende Konsumgüternachfrage
    - (Darauf folgt) ein Sinken der Investitionsgüternachfrage
    - Sinkende Produktion
    - Sinkende Preise / zurückgehende Gewinne

92. ***Gesellschaftsordnung:***
    - Wirtschaftsordnung
    - Rechtsordnung
    - Sozialordnung

93. Die ***Grundvoraussetzungen einer Marktwirtschaft*** sind unter anderem:
    - Vertragsfreiheit
    - Privateigentum
    - Konsumfreiheit
    - Freiheit der Unternehmen
    - freier Handel

94. Die ***Vorteile einer Marktwirtschaft*** sind:
    - angemessene Industrialisierung
    - durch Massenproduktion eine Verbilligung der Produktion
    - Verbesserung des Transportwesens
    - Verbesserung der Infrastruktur
    - Anhebung des Wohlstandes
    - Verbesserung des Gesundheitswesens

- Förderung der Bildung

95. Demgegenüber stehen die ***Nachteile einer Marktwirtschaft***:
    - Tendenz zu wirtschaftlicher Ausbeutung
    - Abwälzung externer Kosten
    - Gefahr der Entwicklung sozialer Ungleichgewichte
    - Tendenz zur Monopolisierung
    - Problematik einer „gerechten Entlohnung"
    - „ungewollte Nutznießer" bei Kollektivbedürfnissen → Trittbrettfahrer

96. Die („sozialistische") ***Planwirtschaft / Zentralverwaltungswirtschaft*** basiert auf folgenden Vorgaben:
    - Staat (Partei) ist alleinige Planungsinstanz
    - keine Vertragsfreiheit
    - Kollektiv- statt Privateigentum
    - keine Konsumfreiheit
    - keine Freiheit der Berufswahl
    - keine Produktions-, Gewerbe- und Niederlassungsfreiheit

97. Die ***Aufgaben des Staates in einer sozialen Marktwirtschaft***:
    - Mit der Ordnungspolitik steckt der Staat den Rahmen für wirtschaftliches Handeln ab
    - Er stellt Güter für die Gemeinschaft bereit → Kollektivgüter
    - Er betreibt Wirtschaftspolitik

98. ***„Konjunktur"*** bezeichnet die allgemeine wirtschaftliche Lage eines Landes. Man spricht von „Konjunktur", wenn Nachfrage- und Produktionsschwankungen zu Veränderungen des Auslastungsgrades der Produktionskapazitäten führen und wenn sie eine gewisse Regelmäßigkeit aufweisen. Es entwickeln sich ***Konjunkturzyklen*** und ***Konjunkturphasen***.

99. ***Nationalökonomische Bestimmungsgrößen der Konjunktur*** sind:
    - Höhe des Bruttoinlandsproduktes
    - Arbeitslosenquote
    - Industrieproduktion
    - Auftragseingänge im Hochbau
    - Preisniveau

100. ***Endogene Faktoren*** können im Ablauf des Marktgeschehens von den Beteiligten des entsprechenden Marktes direkt beeinflusst werden.
     Exogene Faktoren liegen außerhalb des entsprechenden Marktes und können nicht direkt durch die Marktteilnehmer beeinflusst werden (wie z. B. Umweltfaktoren).

101. Der ***„idealtypische Kurvenverlauf"*** der Konjunktur wird eingeteilt in die vier Phasen:
     - Depression (konjunktureller Tiefstand)

- Aufschwung (wirtschaftliche Erholung)
- Boom (wirtschaftliche „Hochphase“)
- Abschwung (Schrumpfungsprozesse)

102. ***Konjunkturschwankungen:*** Während das Produktionspotential in einer Volkswirtschaft relativ gleichmäßig wächst, ergibt sich in der gesamtwirtschaftlichen Nachfrage ein unregelmäßiges Wachstum. Alle Konjunkturschwankungen stellen Schwankungen im Auslastungsgrad des Produktionspotentials dar und bestimmen somit die Entwicklung des realen BIP.

103. ***Steuern*** sind öffentliche Abgaben, die der Staat erhebt. Einen „Anspruch“ auf Gewährung einer Gegenleistung an den Steuerzahler gibt es nicht.
Gebühren werden von den öffentlichen Verwaltungen für spezielle Leistungen, die der Bürger in Anspruch nehmen kann, erhoben. Aus der Zahlung der Gebühr erwächst der Anspruch, eine entsprechende Leistung zu erhalten, z. B. bei der Straßenreinigungsgebühr.
Beiträge stellen den Ersatz für einen Aufwand dar. Damit verbunden ist eine konkrete Leistung einer öffentlichen Einrichtung, z. B. Straßenanliegerbeiträge, Sozialversicherungsbeiträge.

104. Mit den ***eingenommenen Mitteln*** soll(en)
   - die Staatsausgaben finanziert werden (fiskalische Funktion)
   - die Einkommensverteilung korrigiert werden (zweite Einkommensverteilung)
   - der Ressourcenverbrauch gesteuert werden

105. $$\textbf{\textit{Steuerquote}} = \frac{\text{Gesamtes Steueraufkommen}}{\text{nominales Bruttoinlandsprodukt}} \times 100$$

Mit der **Steuerquote** wird die relative Belastung von Bürgern und der Wirtschaft durch die Besteuerung dargestellt.

106. $$\textbf{\textit{Abgabenquote}} = \frac{\text{Abgabenaufkommen}}{\text{nominales Bruttoinlandsprodukt}} \times 100$$

Die **Abgabenquote** gibt den Anteil von Steuern und Sozialabgaben an der Wirtschaftsleistung (BIP) in Prozent an (für die BRD: 42,2 %, Statista 2023).

107. Die ***Ertragskompetenz*** ist in Artikel 106 GG festgeschrieben und gibt an, wer (Bund, Länder und Gemeinden) welche Steuern erheben darf.

108. ***Gemeinschaftssteuern*** sind die Steuern, an denen der Bund, die Länder und die Gemeinden einen Anteil haben.

109. Die ***Laffer-Kurve*** weist aus, dass niedrige Steuersätze als Leistungsanreize interpretiert werden können, aus denen Steuermehreinnahmen hergeleitet werden. Hohe bzw. „zu hohe“ Steuersätze hingegen führen zu einer Schwächung der Leistungsbereitschaft, zur Steuervermeidung und sogar zur „Steuerverweigerung“.

110. ***Crowding-out-Effekt = Verdrängungseffekt***. Damit ist eine Verdrängung privatwirtschaftlicher Tätigkeit durch den Staat gemeint. Nimmt der Staat für steigende Staatsausgaben mehr Kredite am Kapitalmarkt auf, steigt damit die Nachfrage nach Geld und in der Folge auch der Zins. Private Unternehmen, die Geld am Kapitalmarkt aufnehmen wollen, werden durch den höheren Zinssatz aus dem Kapitalmarkt gedrängt, weil sie es sich nicht mehr leisten können, Kapital aufzunehmen um damit Investitionen zu finanzieren. Auch für Privathaushalte steigt der Zins für Kredite.

111. ***Die vier Bereiche nach dem BWL-Prozessgliederungsprinzip*** sind:
   - beschaffungsorientierte Standortfaktoren
   - fertigungsorientierte Standortfaktoren
   - absatzorientierte Standortfaktoren
   - staatlich festgelegte Standortfaktoren

112. ***Weiche Standortfaktoren*** → betreffen das allgemeine Umfeld:
   - allgemeine Wohnqualität
   - soziale Betreuungsqualität
   - Zahl und Qualität von Bildungseinrichtungen
   - Qualität des öffentlichen Dienstes
   - Organisationsgrad der Arbeitnehmerschaft
   - Image einer Gemeinde

113. ***Harte Standortfaktoren*** → sind aktiv von der Gemeinde gestaltbar:
   - Qualität der privaten Infrastruktur
   - Verfügbarkeit und Preise erschlossener Gewerbegrundstücke
   - Arbeitskräfte nach Qualität und Zahl
   - Höhe der Löhne und Gehälter
   - Energiekosten
   - Entsorgungskosten
   - Kommunale Hebesätze
   - Sonstige kommunale Gebühren

114. Die ***vier Eckpunkte des „magischen Vierecks“*** sind
   a. Stabilität des Preisniveaus
   b. hoher Beschäftigungsstand
   c. angemessenes Wirtschaftswachstum
   d. außenwirtschaftliches Gleichgewicht

3. Anwendungen sowie Transfer in die volkswirtschaftliche Praxis

3.1 Erste Grundlagen der Volkswirtschaftslehre

Aufgabe 3.1.1

Was versteht man in der Volkswirtschaftslehre unter:
a) Bedürfnis
b) Bedarf
c) dem abnehmenden Grenznutzen eines Gutes?

Erläutern Sie diese Begriffe, und verdeutlichen Sie Ihre Erläuterung mit jeweils einem passenden Beispiel.

Aufgabe 3.1.2

Definieren Sie folgende Begriffe:
a) Güter
b) Produktion
c) Knappheit
d) Arbeitsteilung
e) Kapital
f) Investition

Aufgabe 3.1.3

Diskutieren Sie die Vorteile und Nachteile der Arbeitsteilung.

Aufgabe 3.1.4

Bei der Analyse der Arbeitsmarktentwicklung werden unterschiedliche Quoten als Indikatoren verwendet. Neben der aktuellen Arbeitslosenquote gibt es eine saisonbereinigte Quote und eine normale bzw. natürliche Quote, zuweilen auch als „friktionale Quote" bezeichnet.

a) Erläutern Sie die Berechnung der offiziellen Arbeitslosenquote.
b) Unter welchen Voraussetzungen kann man auch bei einer Quote von 3 bis 5 % noch von einem „hohen Beschäftigungsstand" sprechen?

Aufgabe 3.1.5

Immer neue Änderungen bei der Arbeitsvermittlung und beim Arbeitslosengeld nach den Vorschlägen verschiedener Kommissionen führen bei den deutschen Städten und Gemeinden zur Sorge, dass die Probleme und Lasten der Arbeitslosigkeit in starkem Maße „kommunalisiert“ werden. Erläutern Sie vor diesem Hintergrund,

a) wie man zwischen friktioneller, konjunktureller und struktureller Arbeitslosigkeit unterscheidet,
b) wodurch es am Arbeitsmarkt zu sogenannten „Verfestigungsprozessen“ bei Langzeitarbeitslosen kommt,
c) wodurch sich die **„Nachfragepolitiker“** von den **„Angebotspolitikern“** bei ihren Vorschlägen zur Lösung der Beschäftigungsprobleme unterscheiden.

Aufgabe 3.1.6

Im Zusammenhang mit der staatlichen Bereitstellung „Öffentlicher Güter“ spricht man von sogenannten „Trittbrettfahrerproblemen“ und von möglichen „negativen Anreizwirkungen“, vor allem durch die sozialen Sicherungssysteme.

a) Erläutern Sie die Zusammenhänge!
b) Was versteht man in diesem Zusammenhang unter der sogenannten **„Sozialhilfefalle“**? Wie könnte Abhilfe geschaffen werden?

Aufgabe 3.1.7

Anmerkung: *Bitte kreuzen Sie – unten im „Lösungskasten“ – die richtige Lösung an. Von den sieben Lösungen pro Aufgabe ist stets mindestens eine richtig und mindestens eine falsch. Für angekreuzte richtige Lösungen wird ein Punkt vergeben; für jede falsche Lösung wird ein Punkt abgezogen.*

A) Folgende Theoriegebiete gehören eindeutig zur Makroökonomik (Makroökonomie):
a) Geldtheorie
b) Beschäftigungstheorie
c) Haushaltstheorie
d) Preistheorie
e) Wachstumstheorie
f) Konjunkturtheorie
g) Unternehmenstheorie

B) Ein eindeutiges Kollektivbedürfnis ist der Wunsch nach…
a) einem Rechtsanwalt

b) ärztlicher Behandlung
c) dem Besuch eines Länderspiels
d) Sicherheit im Straßenverkehr
e) Kindern
f) Landesverteidigung
g) Förderschulen

C) Folgende Modelle sind eindeutig volkswirtschaftliche Modelle:
a) Konjunkturmodelle
b) Leidenfrost-Phänomen
c) Arbeitsmarktmodelle
d) Marktmodelle
e) Models auf einer Modenschau
f) Kreislaufmodelle (z. B. Zwei-Sektoren-Modelle)
g) Die Phillips-Kurve

D) Welche der folgenden Geldarten üben neben der Wertspeicherfunktion (Wertaufbewahrungsmittelfunktion) auch eine Tauschmittelfunktion aus?
a) Münzen
b) Termineinlagen bis zu drei Monaten
c) Banknoten
d) Spareinlagen mit vereinbarter Kündigungsfrist
e) Termineinlagen über drei Monate
f) Plastikgeld, hier: eine aufladbare Geldkarte
g) Sichteinlagen

E) Welche der nachstehenden wirtschaftspolitischen Forderungen sind *eindeutig* angebotsorientierter wirtschaftspolitischer Herkunft?
a) Erhöhung der Mobilität der Arbeitnehmer
b) Erhöhung von Subventionen und Sozialhilfe
c) Förderung von Produkt- und Verfahrensinnnovationen
d) Abbau unnötiger Hemmnisse ökonomischer Aktivität durch Bürokratieabbau (Deregulation)
e) Große Zurückhaltung bei staatlichen Eingriffen und hohe Konstanz in der Wirtschaftspolitik, um die unternehmerische Risiko-, Investitions- und Innovationsbereitschaft zu erhöhen
f) Förderung von Existenzgründungen
g) Verringerung des unternehmerischen Risikos durch Investitionssubventionen

In dieser Tabelle bitte durch große Kreuze („X") ausschließlich die *richtigen* Lösungen ankreuzen:

A	a	b	c	d	e	f	g
B	a	b	c	d	e	f	g
C	a	b	c	d	e	f	g
D	a	b	c	d	e	f	g
E	a	b	c	d	e	f	g

Aufgabe 3.1.8

Definieren Sie folgende Begriffe:
a) Fixe Kosten
b) Variable Kosten
c) Stückkosten
d) Opportunitätskosten

Aufgabe 3.1.9

a) In einer sozialen Marktwirtschaft ist es eine vorrangige Aufgabe des Staates, die Bevölkerung mit **Kollektivgütern** und **meritorischen Gütern** zu versorgen. Definieren Sie diese Gütergruppen und geben Sie jeweils ein Beispiel.
b) Erläutern Sie die „Existenzberechtigung" von natürlichen Monopolen im Zusammenhang von Marktversagen.

Lösungen

Zu Aufgabe 3.1.1

a) **Bedürfnis:** das Verlangen oder der Wunsch, einen Mangel zu beseitigen. Menschliche Bedürfnisse sind i. d. R. unbegrenzt. Die Mittel zu ihrer Befriedigung (Güter) sind jedoch begrenzt (knapp), hieraus resultiert die Notwendigkeit zu wirtschaften.
Beispiel: *Das Bedürfnis nach einem neuen Mobiltelefon oder Smartphone oder nach einer Weltreise.*

b) **Bedarf:** das mit Kaufkraft verbundene Bedürfnis. Ein Bedarf setzt voraus, dass jemand zur Bedürfnisbefriedigung Kaufkraft einsetzen will und kann. Tritt dieser Bedarf auf einem Markt auf, so handelt es sich um Nachfrage.
Beispiel: *Das Bedürfnis nach einem neuen Mobiltelefon oder nach einer Weltreise, soweit dafür ausreichende finanzielle Mittel zur Verfügung stehen, wird auf dem Markt als Nachfrage angezeigt.*

c) **Abnehmender Grenznutzen:** Der Konsum eines Gutes stiftet mit zunehmender Menge einen immer geringeren Nutzenzuwachs pro Einheit, d. h. einen abnehmenden Nutzen je zusätzlich konsumierter Einheit (= 1. Gossen'sches Gesetz).
Beispiel: *Der Konsum von Nahrungsmitteln, wo typischerweise Sättigung eintritt. Das erste Glas Bier auf einer Party schmeckt in der Regel besser als das zehnte, und auch der „Durstlöschfaktor" nimmt von Glas zu Glas immer weiter ab.*

Zu Aufgabe 3.1.2

a) Ein **Gut** ist ein Mittel zur Bedürfnisbefriedigung.
b) Als **„Produktion"** bezeichnet man den von Menschen gelenkten Entstehungsprozess von Sachgütern und Dienstleistungen.
c) **„Knappheit"** bedeutet, dass Güter nicht in ausreichendem Maße zur Verfügung stehen, um alle Bedürfnisse zu befriedigen → Wirtschaftlichkeit.
d) Als **„Arbeitsteilung"** bezeichnet man die Auflösung einer Arbeit in Teilverrichtungen. Man unterscheidet häufig zwischen der innerbetrieblichen bzw. technischen Arbeitsteilung, die Arbeitsprozesse zerlegt, und der zwischenbetrieblichen oder gesellschaftlichen Arbeitsteilung, die den gesellschaftlichen Arbeitsprozess nach Produkten gliedert.
e) Das **Kapital** ist einer der volkswirtschaftlichen Produktionsfaktoren; es umfasst den Bestand an produzierten Produktionsmitteln (Maschinen, Gebäude, Infrastruktur).
f) **„Investition"**, auch **„Kapitalanlage"**, ist in der privaten Finanzplanung und der Betriebswirtschaftslehre die Verwendung finanzieller Mittel, um damit Privatvermögen zu vermehren, und ein Teil von Geschäftsprozessen, um die Gewinne eines Unternehmens zu steigern → Erweiterung des Kapitalstocks → Langfristige Bildung finanzieller Mittel in materiellen und in immateriellen Vermögensgegenständen (z. B. Patente, Lizenzen).

Zu Aufgabe 3.1.3

Vorteile:
Arbeitsteilung ermöglicht den Einsatz spezialisierter Maschinen und damit die Produktion in hohen Losgrößen (großen Stückzahlen); die Spezialisierung erhöht die Schnelligkeit und die Geschicklichkeit. Die Arbeitskräfte können entsprechend ihrer Fähigkeiten im Produktionsprozess eingesetzt werden. So können Effizienz und Produktivität gesteigert werden.

Nachteile:
Die Beziehung des Arbeiters zum gefertigten Werkstück geht verloren. Der Arbeitnehmer wird einseitig beansprucht, die Arbeitslust wird gemindert. Es müssen Leistungsanreize geschaffen werden. Es entsteht eine Abhängigkeit der Menschen und Betriebe

voneinander, was in Krisenzeiten zu Versorgungsproblemen führen kann. **Der wesentliche Nachteil der Arbeitsteilung ist also die Verkümmerung der produktiven, selbstbestimmten Fähigkeiten der Menschen.**

Zu Aufgabe 3.1.4

a) Die **Arbeitslosenquote** ist wie folgt definiert:

$$\text{AL-Quote} = \frac{\text{Gemeldete Arbeitslosigkeit}}{\text{Sozialversicherungspflichtig Beschäftigte + Beamte + Selbständige + gemeldete AL}} \times 100$$

b) Die Bewegungen am Arbeitsmarkt sind um ein Vielfaches größer als die Bestandsziffern, die in die Öffentlichkeit gelangen. Viele Stellenwechsel, ob freiwillig oder unfreiwillig, lösen in einer Art Kettenreaktion (ähnlich wie beim Wohnungswechsel) aufeinanderfolgende Stellenwechsel auf vielen anderen Arbeitsplätzen aus. Solange die damit u. U. verbundene Arbeitslosigkeit nur kurzzeitiger Art ist, spricht man von einer (normalen) **„friktionellen“** Übergangsarbeitslosigkeit, die mit dem Strukturwandel in der Wirtschaft untrennbar verbunden ist.
Man kann also sagen, dass sich der Arbeitsmarkt auch dann im Gleichgewicht befindet, wenn es ständig eine gewisse Zahl an vorübergehend Sucharbeitslosen gibt, die aber nach relativ kurzer Zeit eine neue Stelle finden. Hier geht es mithin um die ganz gewöhnliche Fluktuation auf dem Arbeitsmarkt, die durch Stellenwechsel, Wechsel von der Schule in eine Lehre, von der Hochschule auf den Arbeitsmarkt, Versetzungen in den Ruhestand, Unternehmensneugründungen, Unternehmensfusionen etc. ausgelöst wird.

Zu Aufgabe 3.1.5

a) Grundsätzlich muss man zwischen verschiedenen Ursachen der Arbeitslosigkeit unterscheiden, denn ein politischer Handlungsbedarf besteht nach dem Subsidiaritätsprinzip nur bei den Arbeitslosen, die langfristig nicht in der Lage sind, sich selbst zu helfen.
Die **friktionelle Arbeitslosigkeit** beschreibt ein Missverhältnis zwischen der Zahl der angebotenen Arbeitsstellen für Lohnarbeit und der Zahl der Arbeitssuchenden. Die friktionelle Arbeitslosigkeit beschreibt somit dabei eine Form der fehlenden Lohnbeschäftigung, die entsteht, während ein Arbeitnehmer die Arbeitsstelle wechselt.
Bei der **strukturellen Arbeitslosigkeit** sind arbeitsfähige und arbeitswillige Personen arbeitslos, weil das Verhältnis von Angebot und der Nachfrage nach Arbeitskräften auf dem Arbeitsmarkt auf längere Zeit gestört ist, z. B. (auch) durch den Einsatz von Maschinen für menschliche Arbeit.

Die **konjunkturelle Form der Arbeitslosigkeit** wird durch zyklische Schwankungen der gesamtwirtschaftlichen Entwicklung und die dabei auftretenden Nachfrageschwankungen und Produktionsrückgänge verursacht.

b) Hier ist auf sog. **„*Mismatch*-Probleme“** zu verweisen. Das wohl gravierendste Problem in diesem Zusammenhang stellt die „Veralterung“ des Humankapitals (z. B. beruflicher Kenntnisse) dar.
Ein Berufswechsel wird umso schwieriger, je älter ein Arbeitnehmer ist und je länger er arbeitslos ist. Man spricht von (zirkularen) „Verfestigungsprozessen“. Schon ab 40 Jahren (!) sinken die Chancen am Arbeitsmarkt erheblich (bei geringer Qualifizierung noch um Jahre früher!). Nur eine „Scheinlösung“ stellen die Frühverrentung und die Frühpensionierung dar.

c) Nachfragepolitiker argumentieren (kurzfristig) makroökonomisch-konjunkturell und wollen über mehr Nachfrage die Produktion und dadurch die Beschäftigung verbessern. Angebotspolitiker argumentieren (mittel- und langfristig) mikroökonomisch-anreizorientiert und wachstumspolitisch und wollen über die Lösung der strukturellen Arbeitsmarktprobleme (z. B. Lohnnebenkosten, Mindestlöhne, Abstandsgebot, bessere Vermittlung Qualifikation usw.) die Beschäftigung erhöhen.

Zu Aufgabe 3.1.6

a) Aus der Nicht-Anwendbarkeit des Ausschlussprinzips bei **öffentlichen Gütern** folgen **unmittelbar drei (negative) sogenannte „Trittbrettfahrerprobleme“**:

1. Grundsätzlich wünscht die Mehrheit der Bürger die Bereitstellung öffentlicher Güter. Dennoch stellt sich der einzelne Bürger besser, wenn lediglich Andere (!) für deren Finanzierung aufkommen. Der Einzelne verhält sich daher zwar unsozial, aber rational, wenn er selbst nichts oder möglichst wenig zur Finanzierung öffentlicher Güter beiträgt (**erstes Trittfahrerproblem**). Die Auswirkungen zeigen sich im Steuerwiderstand (Vermeidung, Ausweichung, Hinterziehung) und in der rapide steigenden Schattenwirtschaft. Öffentliche Güter lassen sich somit unter Beachtung dieses Trittbrettfahrerproblems nur über Zwangsabgaben für alle Beitragspflichtigen) Steuerzahler finanzieren.
2. Das **zweite Trittbrettfahrerproblem** bezieht sich auf die Inanspruchnahme öffentlicher Güter. Da das Ausschlussprinzip hier nicht greift, besteht tendenziell eine Neigung zur Übernutzung. Man spricht hier auch vom **„Allmendeproblem“**. Es kommt in diesen Fällen zur allgemeinen „vorbeugenden Ausbeutung“ = in Kauf genommener Übernutzung, denn jeder Nutzer will der möglichen Ausbeutung durch „die Anderen“ zuvorkommen!
   Daraus folgt: Wer sich sozial bzw. vernünftig verhält, ist am Ende sehr wahrscheinlich der „Dumme“. Aus eben diesem Grund besteht bei öffentlichen Gütern auch kein Anreiz zur Pflege bzw. zum Erhalt. Eher kommt es zur Zerstörung **(= Zerstörung von Parkbänken und Blumenbeeten, Verschmutzung des öffentlichen Raums, Schädigung oder Zerstörung der Umwelt, Überfischung der Weltmeere usw.)**.

3. Das **dritte Trittbrettfahrerproblem** entsteht über die negativen Anreizwirkungen der „Sozialen Sicherung". Das Wissen, dass im Notfall die Gesellschaft eingreift, kann dazu führen, dass die Hilfsbereitschaft der Gesellschaft ausgenutzt wird. Es kommt zur „Ausbeutung des Staates", verbunden mit einer Verantwortungsdelegation auf den Staat bzw. die Politiker, die an der Verstärkung dieses Trends im Rahmen des politischen Wettbewerbs mitwirken. In Teilbereichen der Sozialsysteme lässt sich durch einen staatlichen Zwang zur Vorsorge die Inanspruchnahme von Hilfe auf wirkliche Notfälle begrenzen und eine Ausbeutung der Gesellschaft vermeiden. Der Zwang zur Vorsorge stellt somit einen Schutz für alle Zwangsversicherten (auch vor sich selbst) dar. Man könnte darin auch eine „meritorische Leistung" sehen.

b) Als **„Sozialhilfefalle"** bezeichnet man den Umstand, dass – trotz Abstandsgebot zwischen Lohn und Sozialhilfe – in der Praxis unter bestimmten Voraussetzungen eine Arbeitsaufnahme nicht lohnend erscheint, weil das verfügbare Einkommen eines Haushalts dadurch nur wenig steigt oder im Extremfall sogar sinkt. Dies betrifft in erster Linie Alleinerziehende mit mehreren Kindern, die nur eine relativ gering bezahlte Beschäftigung aufnehmen können. Arbeitsmarkterfordernisse und Sozialpolitik stehen hier in einem Zielkonflikt zueinander. Als möglicher Ausweg sind Kombilohnmodelle zu erwähnen. Hier leistet der Staat – nicht angerechnete – Zuschüsse, um den Übergang in das Berufsleben zu fördern.

Zu Aufgabe 3.1.7

Angekreuzt sind ausschließlich die eindeutig *richtigen* Lösungen:

A	X	X	c	d	X	X	g
B	a	b	c	X	e	X	g
C	X	b	X	X	e	X	X
D	X	b	X	d	e	X	X
E	X	b	X	X	e	X	g

Zu Aufgabe 3.1.8

a) **Fixe Kosten (K_f)** sind die Kosten der Betriebsbereitschaft und somit unabhängig von der Ausbringungsmenge. Sie stellen den **„Kostensockel"** dar.

b) **Variable Kosten (K_v)** sind abhängig von der Ausbringungsmenge. Die fixen Kosten und die darauf addierten variablen Kosten ergeben in der Summe die **Gesamtkosten: $K_f + K_v = K_{ges}$.**

c) **Opportunitätskosten** sind die Kosten für den entgangenen Nutzen oder Ertrag, der sich bei einem anderen Einsatz eines Gutes oder eines Produktionsfaktors als der tatsächlich gewählten Verwendung ergeben hätte („Alternativkosten"). Ein Unternehmer steht z. B. grundsätzlich vor der Wahl, private Geldbeträge für neue

Maschinen und Ausstattung in seinen Betrieb zu investieren oder diese Beträge am Kapitalmarkt anzulegen und dafür Zinsen zu erhalten. Entscheidet er sich für die betriebliche Investition und nicht für die Anlage am Kapitalmarkt, so entstehen ihm Alternativkosten in Höhe der Zinserträge für die nicht gewählte, alternativ mögliche Anlage des Geldes am Kapitalmarkt.

Zu Aufgabe 3.1.9

a) **Kollektivgüter** können nicht gegen ein spezielles leistungsbezogenes Entgelt angeboten werden. Die Leistung ist nicht individuell zurechenbar. Ferner fehlt das Kriterium der Ausschlussmöglichkeit. Private Anbieter lassen sich für diese Güterart nicht finden.
Beispiel: *Innere Sicherheit. Trittbrettfahrer können nicht von der Leistung ausgeschlossen werden.*

Bei **meritorischen Gütern** fehlt der Nachfragewille. Anbieter würde es schon geben. Ferner fehlt die Rivalität, sich preislich zu überbieten. Also verordnet der Staat die Nachfrage entweder zwingend oder preislich gestützt als Nachfrageanreiz.
Beispiel: *Allgemeine Schulpflicht. Somit kann sich keiner der Nachfrage entziehen. Es ist ausgeschlossen, dass Eltern ihre Kinder nicht an privaten oder öffentlichen Schulen anmelden (Ausnahme z. B. „Corona-Homeschooling").*

b) **Natürliches Monopol**:
- Die gesamte Marktnachfrage kann durch einen Anbieter kostengünstiger angeboten werden als durch mehrere.
- Die Fixkosten sind hoch, die variablen Kosten gering, also sinken die Durchschnittskosten.
- Prinzipiell ist ein Monopol effizienter; die „Monopolprobleme" (des „Marktversagens") bleiben jedoch bestehen.
- Über Ausschreibungen findet ein Wettbewerb um den Markt statt.

3.2 Volkswirtschaftliche Gesamtrechnung

Aufgabe 3.2.1

Einer der wichtigsten gesamtwirtschaftlichen Indikatoren ist das **Bruttoinlandsprodukt (BIP)**. Steuerprognosen, Haushaltspolitik, regionalpolitische Förderung, Geldpolitik, Konjunkturpolitik usw. kommen für ihre Analysen nicht ohne diese Kennziffer aus. Sie beschreibt aber nur das statistisch ermittelte Bruttoergebnis der Jahresleistung einer Nation. Das Nettoergebnis wird enger gefasst.

a) Erklären Sie den Unterschied zwischen **Brutto- und Nettoinlandsprodukt** sowie den Unterschied zwischen **Nettoinlandsprodukt und Nettonationaleinkommen**. Legen Sie dar, was mit dieser Unterscheidung jeweils bezweckt wird.
b) Verdeutlichen Sie andererseits den **Unterschied zwischen *Brutto*- und *Netto*löhnen** und geben Sie an, welche Bestandteile davon in das Nettonationaleinkommen eingehen dürfen.

Aufgabe 3.2.2

Die in der volkswirtschaftlichen Gesamtrechnung verwendeten Größen, wie z. B. das Bruttoinlandsprodukt (BIP) und das Volkseinkommen, werden oftmals als zentrale Kennziffern zur Messung des Wohlstands einer Volkswirtschaft herangezogen.

a) **Nennen** Sie verschiedene Wege zur Berechnung des BIP und erläutern Sie das Berechnungsverfahren für **einen** Weg.
b) Erläutern Sie, inwiefern die Verwendung des BIP als Wohlstandsindikator kritisch hinterfragt werden sollte.

Aufgabe 3.2.3

Das Statistische Bundesamt in Wiesbaden veröffentlicht zur Volkswirtschaftlichen Gesamtrechnung die folgenden, nur leicht gerundeten Werte:

Private Konsumausgaben (C_{pr})	1.400,0 Mrd. €
Konsumausgaben des Staates (C_{St})	452,0 Mrd. €
Bruttoinvestitionen insgesamt (I_{br})	481,0 Mrd. €
Schuldenstand (vorläufiger Wert)	1.520,0 Mrd. €
Finanzierungssaldo	– 4,0 Mrd. €
Außenbeitrag (Ex – Im)	160,0 Mrd. €

a) Berechnen Sie den Wert des **Bruttoinlandsprodukts**. Kommentieren Sie den ermittelten Wert im Hinblick auf den „Stand der Volkswirtschaft".
b) Wie nennt man die von Ihnen angewandte Berechnungsart (Sichtweise der Berechnung) des Bruttoinlandsprodukts? **Nennen** Sie andere Möglichkeiten, das Sozialprodukt zu berechnen.
c) Oft werden die Indikatoren **„Bruttonationaleinkommen"** (BNE), **„Bruttoinlandsprodukt"** (BIP) oder **„BIP pro Kopf"** („Pro-Kopf-Einkommen") bei Ländervergleichen verwendet, um damit die Höhe bzw. Qualität des Wohlstands der dortigen Einwohner miteinander zu vergleichen. Inwiefern ist die Aussagekraft dieser Vergleiche bzw. der Einsatz der Größen „Bruttonationaleinkommen" (BNE) bzw. „Bruttoinlandsprodukt" (BIP) eingeschränkt? Nennen Sie – zur Erläuterung – Beispiele!

d) Für die Bewertung der konjunkturellen Entwicklung sind vor allem die privaten Konsum- und Investitionsausgaben von Bedeutung. Nennen Sie einige Bestimmungsgrößen für die privaten Konsum- und Investitionsausgaben!
e) Der volkswirtschaftliche Indikator „Bruttoinlandsprodukt" (BIP) dient oft als Basis für die Berechnung weiterer Indikatoren. Berechnen Sie folgende Wirtschaftsindikatoren:
   1. die **Defizitquote**
   2. die **Schuldenstandsquote**
f) Inwiefern sind diese Kennzahlen international, insbesondere europaweit, von Bedeutung?
g) Inwiefern ist ein hoher Schuldenstand für die Entwicklung eine Volkswirtschaft ganz grundsätzlich von Nachteil?

Aufgabe 3.2.4

a) Für die Beschreibung der Wirtschaftsleistung in einer Volkswirtschaft wird zum einen die Größe **„Bruttoinlandsprodukt"** und zum anderen die Größe **„Wertschöpfung"** benutzt. Erläutern Sie, für welche Fragestellungen Wirtschaftsanalysten die eine bzw. die andere Größe benötigen.
b) Der Staatskonsum als Teil der durch das Bruttoinlandsprodukt ausgedrückten gesamtwirtschaftlichen Jahresleistung versteht sich im Großen und Ganzen als öffentliche Produktion unentgeltlicher Dienstleistungen in den Bereichen Innere und Äußere Sicherheit, Schule und Ausbildung, Gesundheit, Allgemeine Verwaltung usw. Wie lässt sich – auch bei fehlenden Marktpreisen – für diese öffentlichen Dienstleistungen der Wert des Staatskonsums für die Bruttoinlandsproduktberechnung angeben?

Aufgabe 3.2.5

Das Bruttoinlandsprodukt (BIP) ist einer der wichtigsten Indikatoren in den verschiedensten Bereichen der Wirtschaftspolitik. Es kann nach unterschiedlichen Methoden ermittelt werden. Außerdem unterscheidet man zwischen dem **realen** und dem **nominalen BIP**. Beantworten Sie vor diesem Hintergrund die folgenden Fragen:
a) Für eine mittelgroße Stadt im Bundesland NRW mit 80.000 Arbeitsplätzen wird ein lokales BIP von nominal 2,4 Mrd. Euro ermittelt. Würden Sie diese Stadt als wirtschaftlich „stark", „durchschnittlich" oder „schwach" einschätzen und warum?
b) Wie lässt sich allgemein – ausgehend vom nominalen BIP – das reale BIP pro Beschäftigten (in Deutschland) ermitteln und wie bezeichnet man die Veränderungsrate dieser Kennziffer? Wofür ist letztere Kennziffer von Bedeutung?
c) Ein Elektronik-Handelsbetrieb in einer Stadt weist lt. Umsatzsteuer-Voranmeldung monatliche Umsätze von durchschnittlich 200.000 Euro (ohne MwSt.) und

nachgewiesene Vorsteuern (MwSt.) von monatlich durchschnittlich 19.000 Euro aus. Investitionen fallen nicht an. Mit welcher **jährlichen Wirtschaftsleistung** trägt der Betrieb in der Entstehungsrechnung zum **lokalen BIP** bei?

Aufgabe 3.2.6

Das **Bruttoinlandsprodukt** ist einer der wichtigsten gesamtwirtschaftlichen Indikatoren. Beschreiben und begründen Sie, inwieweit dieser Indikator als Referenzgröße Verwendung findet in der

a) Konjunkturpolitik,
b) Regionalpolitik,
c) Steuer- und Haushaltspolitik (Einnahmen und Ausgaben des öffentlichen Gesamthaushalts),
d) Schuldenpolitik (Defizitkriterien),
e) Geldpolitik!

(***Bearbeitungshinweis:*** Nennen Sie *zunächst* das engere wirtschaftspolitische Ziel des jeweiligen Politikbereichs und fragen Sie *dann*, woran dieses Ziel gemessen wird!)

Aufgabe 3.2.7

Definieren Sie die folgenden Begriffe:

a) Vorleistungen,
b) Abschreibungen,
c) Gütersteuern und Gütersubventionen,
d) Brutto- und Nettowertschöpfung,
e) Nationaleinkommen,
f) Primäre Einkommensverteilung,
g) Sekundäre Einkommensverteilung.

Aufgabe 3.2.8

Eine Erhöhung der **Beamtengehälter** erhöht *ceteris paribus* das **„Nettoinlandsprodukt“**?

Nehmen Sie Stellung zu dieser Behauptung.

Aufgabe 3.2.9

Für eine fiktive Volkswirtschaft sind folgende Daten gegeben:

Daten	Jahr 1	Jahr 2
Privater Verbrauch (in Mrd. Euro)	1409	1162
Staatskonsum (in Mrd. Euro)	451	480
Bruttoinvestitionen (der Unternehmen und des Staates) (in Mrd. Euro)	480	412
Exporte (in Mrd. Euro)	1.180	980
Importe (in Mrd. Euro)	1.025	867
Volkseinkommen (in Mrd. Euro)	1.886	1.815
Arbeitnehmerentgelte (in Mrd. Euro)	1.225	1.224
Erwerbstätige	40.279 Tsd.	40.265 Tsd.
Erwerbspersonen	43.547 Tsd.	43.688 Tsd.
Verbraucherpreisindex (VPI)	106,6	107,0
Bevölkerung	82.120Tsd.	81.851 Tsd.
Preisbereinigte BIP-Veränderungsrate	1,4	–4,5
Schuldenstand des Staates am Jahresanfang (in Mrd. Euro)	1.647	N.N.
Staatliche Einnahmen (in Mrd. Euro)	1.094	1.060
Staatsausgaben (in Mrd. Euro)	1.170	1.205
Bruttokreditaufnahme des Staates (in Mrd. Euro)	368	395
Staatliche Schuldentilgung (in Mrd. Euro)	292	250

Berechnen Sie anhand der oben angegebenen Daten folgende Größen:

1. Das nominelle Bruttoinlandsprodukt für das Jahr 2
2. Die Arbeitslosenquote für die Jahre 1 und 2
3. Die Staatsquote für das Jahr 2
4. Die Lohnquote für die Jahre 1 und 2
5. Beschreiben sie mit Hilfe von vier selbstgewählten Indikatoren (z. B. Löhne, Kapazitätsauslastung) die idealtypischen Phasen des Konjunkturverlaufs.

Aufgabe 3.2.10

Nachfolgend finden Sie Daten eines Industrielandes (in Mrd. Geldeinheiten):

Konsum (privat und staatlich)	C	=	300
Investitionen (brutto)	I_{br}	=	150
Investitionen (netto)	I_n	=	130
Exporte	Ex	=	70
Importe	Im	=	40

Saldo der Primäreinkommen aus der übrigen Welt:

(+) Einkommen der Inländer aus dem Ausland	=	30
(–) Einkommen der Ausländer aus dem Inland	=	20
Produktions- und Importabgaben an den Staat abzüglich Subventionen (T_{ind} – Zu)	=	10
Einkommen aus Unternehmertätigkeit und Vermögen	=	110

a) Berechnen Sie das BIP zu Marktpreisen mit Hilfe der Verwendungsrechnung.
b) Berechnen Sie das Volkseinkommen (auch als „Nettonationaleinkommen zu Faktorkosten" bezeichnet).
c) Berechnen Sie die Lohnquote.
d) Hinterfragen Sie, ob der ermittelte Wert angibt, wie hoch das Einkommen der Arbeitnehmer tatsächlich ist.

Lösungen

Zu Aufgabe 3.2.1

a)	Bruttoinlandsprodukt	→	Jahresleistung einer Volkswirtschaft
./.	Abschreibungen	→	Wertminderung von Produktionsanlagen (AfA)
=	**Nettoinlandsprodukt**		
+	**Saldo der Primäreinkommen aus der übrigen Welt**	→	**NNE**
=	Nettonationaleinkommen	→	Menge × Preis (schon bereinigt um die AfA; s.o.) *Im Preis enthalten sind die Nutzungsentgelte für die Produktionsfaktoren.*
./.	Produktionsabgaben		
+	Subventionen		
=	**Nettonationaleinkommen zu Faktorkosten (NN_F)**		(Kosten der Produktionsfaktoren)

(Das NN_F entspricht dem Volkseinkommen **(VE)** (zu Faktorkosten))
(Siehe auch Folie 11 im Kapitel 1.2)
Beim BIP sind im Produkt aus Menge × Preis im Preis auch die Kosten enthalten, also auch die Abschreibung (AfA → „Absetzung für Abnutzung").
Ersatzinvestition = Reinvestition

Ersatzinvestitionen sind zwar Kosten zur Erhaltung des Produktionsapparats, aber keine Leistungsergebnisse. Ersatzinvestitionen erhöhen nicht das Produktionspotential.

Als Besonderheit zu berücksichtigen: die Auslandsbeziehungen in einer offenen Volkswirtschaft. Nicht erfasst sind bisher die Arbeits- und Vermögenseinkommen, die nicht im Zusammenhang mit dem Export stehen, z. B. Zinseinkommen, Pendlereinkommen.

Grenzüberschreitende Einkommensströme (Saldo der Primäreinkommen aus der übrigen Welt) **unterscheiden das Nettoinlandsprodukt vom Netto-Nationaleinkommen.**

b) Bruttolohn
./. Steuern (direkt)
./. Sozialversicherungsbeiträge → stehen dem Einkommensempfänger nicht direkt zur Verfügung → Umverteilung

Nettolohn

Zu Aufgabe 3.2.2

a) Zu nennen sind die Entstehungs-, Verwendungs- und Verteilungsrechnung. **Eine** dieser Rechnungen sollte hier (als „Lösung") erläutert werden.

b) Erfassung ausschließlich quantitativer (Geld-)Größen; die Wohlfahrt schmälernde Ereignisse – wie Umweltschäden – werden nicht in Abzug gebracht; Reparaturen, die als Folge von erlittenen Schäden (wohlfahrtsmindernde Ereignisse) notwendig werden, erhöhen rechnerisch die Wohlfahrt (also das BIP); nur die Marktleistungen werden erfasst, nicht jedoch die Eigenproduktion privater Haushalte. In der sogenannten **„Schattenwirtschaft"** (Gesamtheit der wirtschaftlichen Aktivitäten wie Schwarzarbeit, Nachbarschaftshilfe u. Ä., die nicht steuerlich erfasst und damit nicht besteuert werden können, weil sie nicht entsprechend deklariert werden), sodass tatsächlich erwirtschaftete Wohlstandsbeiträge ebenfalls nicht erfasst werden.
Ein gesamtgesellschaftlich hohes Wohlfahrtsergebnis auf Basis des BIP oder VE kann auf einer ungleichen Einkommensverteilung beruhen. Viele weitere Argumente sind möglich.

Zu Aufgabe 3.2.3

a) **BIP** = $C_{pr} + C_{St} + I_{br} + (Ex - Im)$ = BIP (in Euro), d. h. also:
BIP = 1.400 Mrd. € + 452 Mrd. € + 481 Mrd. € + 160 Mrd. € = **2.493 Mrd. €**
Hier waren nur die oben angegebenen Größen im Rahmen der Verwendungsrechnung zu addieren, um direkt zur Berechnung des volkswirtschaftlichen Indikators „Bruttoinlandsprodukt" (BIP) zu gelangen.

b) In diesem Teilgebiet des Volkswirtschaftlichen Rechnungswesens bzw. der Volkswirtschaftlichen Gesamtrechnung (VGR) befinden wir uns in der **Verwendungsrechnung.** Daneben kann man das Bruttoinlandsprodukt noch über die **Entstehungs-**

rechnung oder die **Verteilungsrechnung** ermitteln (wenn entsprechende Daten gegeben sind).

c) Zwar lässt eine Beurteilung der Höhe des erwirtschafteten Bruttoinlandsprodukts (auch pro Kopf) erste Rückschlüsse auf die Wohlfahrt (den allgemeinen Wohlstand) eines Landes bzw. eines Volkes zu, doch darf man eine bestimmte Zunahme des realen Bruttoinlandprodukts (das um die Inflationsrate „bereinigte" nominale BIP) – z. B. um 3 % – nicht automatisch als Steigerung der Wohlfahrt der gesamten Bevölkerung in gleicher Höhe interpretieren. Das BIP kann man somit nicht als (alleinigen) Wohlstandsindikator betrachten.

Ein Hauptproblem für die allgemeine und übernationale Aussagekraft dieses Wirtschaftsindikators besteht schon in der Beschränkung der in die Berechnung des BIP einfließenden Güter und Dienstleistungen auf bezahlte Tätigkeiten. Viele, durchaus volkswirtschaftlich nützliche und sich auf den Wohlstand eines Landes auswirkende Tätigkeiten wie z. B.

- ehrenamtliche Tätigkeiten bei einer Freiwilligen Feuerwehr oder im THW,
- Mitarbeit in kirchlichen Einrichtungen (Kindergarten, Jugendgruppen oder Altenpflege „um Gotteslohn"),
- Erbringung handwerkliche Eigenleistungen, Nachbarschaftshilfe aller Art,
- Schwarzarbeit (Schattenwirtschaft),
- vor allem aber auch der große Bereich der häuslichen Arbeiten (unentgeltliche Hausarbeit aller Familienmitglieder) sowie
- fast der gesamte Bereich der Kinderbetreuung und Kinderziehung (in Familien)

gehen nicht in die Berechnung des „Bruttoinlandsprodukt" ein. Somit fehlen in der Betrachtung große Teile wirtschaftlicher Leistungen, die in einem Land erbracht werden.

Auch bestimmte staatliche Dienstleistungen als „Vorleistungen" sind gar nicht erfasst.

Die Schaffung bestimmter Rahmenbedingungen, wie z. B. die Gewährleistung der inneren und äußeren Sicherheit und die Leistungen der öffentlichen Verwaltung, sind eigentlich als „Vorleistung" zu betrachten.

Zu diesen Erfassungsproblemen bzw. vielen fehlenden Erfassungen von Leistungen bei der Berechnung des BIP treten auch Bewertungsprobleme, weil z. B. Leistungen des Staates bzw. der öffentlichen Verwaltung mangels Marktpreisen zu Faktorkosten (i. d. R. an den Faktoreinkommen der im Staatsdienst beschäftigten Personen einschließlich der Sozialabgaben) gemessen werden; mithin führt schon jede Brutto-Besoldungserhöhung eines Beamten rein statistisch zu einer Steigerung des Bruttoinlandsproduktes.

Außerdem werden die Konsumgüterausgaben nicht weiter bzw. nicht hinreichend differenziert. So ist es für die Steigerung des Volkswohlstandes nicht unerheblich, ob die (rein) rechnerische Steigerung des BIP durch Reparaturen von Haushalts- und Gartengeräten oder durch die medizinische Versorgung eines ausländischen Kriegsverwundeten (der danach z. B. in sein Heimatland zurückgeflogen wird) oder z. B. durch Neuinvestitionen für eine Automobilfabrik in einer strukturschwachen Gegend zustande gekommen ist. Hier manifestieren sich sogar wirtschaftsethische Probleme,

denn wer möchte oder könnte wirklich abwägen, was zu mehr Wohlstand führt: die Herstellung eines Autos oder die Versorgung und Heilung eines Schwerkranken?
Auch die Strukturierung der Konsumgüter sowie der Anteil der Konsumgüter am Bruttoinlandsprodukt werden nicht klar erfasst. Doch genau hier wäre der individuelle Wohlstand der Wirtschaftssubjekte eines Landes abbildbar. Dies gilt z. B. bei ständiger Hochrüstungspolitik eines Landes, die dazu führt, dass der erarbeitete Wohlstand nicht in Form von Konsumgütern beim Volk ankommt, sondern sich in Rüstungsgütern manifestiert.
Weitere Schwächungen der Aussagekraft des Bruttoinlandsprodukts als Wohlstandsindikator entstehen durch die fehlende Berücksichtigung der Güterempfänger, wie z. B. in Ländern, in denen viele Güter, vielleicht sogar Grundnahrungsmittel wie Rindfleisch oder Fisch, in den Export gehen (etwa zur Devisenbeschaffung), somit aber nicht bei den Einwohnern des Landes selbst „ankommen". Ähnlich verhält es sich mit der fehlenden Berücksichtigung einer personalen oder regionalen Einkommensverteilung in einem Land, mit der fehlenden Berücksichtigung externer Kosten (vor allem Umweltschäden oder -beeinträchtigungen) und auch mit der Nichtberücksichtigung des weltweiten Rohstoffabbaus, der ebenfalls nicht in der Volkswirtschaftlichen Gesamtrechnung erfasst wird.

d) **Beispiele möglicher Bestimmungsgrößen für private Konsumausgaben:**
- Preise und Preiserwartungen, Preise anderer Güter
- Höhe des Einkommens und des Vermögens
- Verteilung des Einkommens und des Vermögens
- allgemeine wirtschaftliche und politische Lage
- Konsumklima
- Zinsen, Kreditbedingungen
- Bevölkerungs- und Altersstruktur
- soziale und psychologische Faktoren

Beispiele möglicher Bestimmungsgrößen für private Investitionen, also für Investitionen seitens der Unternehmen:
- Gewinne und Gewinnerwartungen
- Zinssätze
- Abschreibungsmöglichkeiten
- technischer Fortschritt
- Wettbewerb
- Kapazität (Kapazitätsauslastung)
- allgemeine wirtschaftspolitische Lage
- allgemeine politische Lage
- Investitionsförderungen (Subventionen).

e) **1. Defizitquote** = 4,0 Mrd. € / 2.493 Mrd. € x 100 = **<u>0,16 %</u>**
(Finanzierungssaldo / BIP aus Aufgabe a))

2. Schuldenstandquote = 1.520,0 Mrd. € / 2.493 Mrd. € x 100 = **<u>60,97 %</u>**
(Schuldenstand lt. SV / BIP aus Aufgabe a)

f) Nach den Konvergenzkriterien des Maastrichter Vertrages der Europäischen Union („**Maastricht-Kriterien**“ der EU) soll die Defizitquote (Verhältnis von staatlichem Defizit zum BIP) nicht mehr als 3 % betragen und die Schuldenstandquote (Schuldenstand eines Staates zum nominalen Bruttoinlandsprodukt) nicht höher als 60 % liegen.
g) Wie auch bei Unternehmen oder privaten Haushalten erkennbar, beeinträchtigt ein hoher Schuldenstand des Staates dessen Handlungsfähigkeit, weil er die Schulden zurückzahlen (tilgen!) und gleichzeitig hohe Zinsleistungen erbringen muss.
Beginnt ein Staat die Tilgung seiner Schulden nicht rechtzeitig und nicht konsequent (z. B. „Tilgung“ und Zinszahlung für Altschulden mit Mitteln aus neuen Schulden), so verschiebt sich diese – auch noch ständig wachsende – Schuldenlast immer weiter in die Zukunft.
Somit wird den nachfolgenden Generationen, die diese Schulden gar nicht verursacht haben (und auch nichts davon hatten!), die Abtragung des Schuldenberges aufgebürdet **(= Verletzung der intergenerativen Gerechtigkeit)**.

Zu Aufgabe 3.2.4

a) Mit dem **Bruttoinlandsprodukt (BIP)** wird gefragt, wofür das erwirtschaftete Jahreseinkommen verwendet wird **(Verwendungsrechnung)** – ob für Konsumzwecke, für den Erhalt und die Aufstockung des Sachanlagevermögens (Investitionen) oder für das Ausland (Außenbeitrag). Über die reale Veränderungsrate der Investitionen lässt sich ermitteln, ob ein Wachstum der Güterproduktion erwartet werden kann.
Folglich dienen die Verwendungsrechnung und die Größe BIP der Wirtschaftsprognose. Aus dieser erschließt sich die Steuerprognose (Entwicklung wichtiger Steuereinnahmen z. B. aus der Mehrwertsteuer und der Lohn- und Einkommensteuer), die Grundlage für die Haushaltsplanung ist.
Da das BIP die Güter der Endnachfrage erfasst, gilt die reale Veränderungsrate des BIP auch als Indikator für die Auslastung der Produktionskapazitäten. Mit ihr lassen sich die Konjunkturschwankungen abbilden.
Die **Bruttowertschöpfung** ist demgegenüber der **Entstehungsrechnung** zuzuordnen. Sie ordnet die Jahresleistung in den Betrieben zu, sektoral oder regional zusammengefasst. Folglich lässt sich mit ihr die regionale Wirtschaftskraft beziffern oder die Wirtschaftsstruktur nach Branchen in tieferer Untergliederung beschreiben. Für die Regionalpolitik und die Wirtschaftsförderung ist diese Größe erforderlich.
Informationen über die gesamte Wertschöpfung eines Landes geben wichtige Hinweise für die Beurteilung der wirtschaftlichen Entwicklung des gesamten Landes. Die regionale Wertschöpfung (bzw. das regionale BIP) bildet die Datengrundlage auf regionaler Ebene, was einerseits Aussagen zur Entwicklung einer konkreten Region ermöglicht, andererseits aber auch Vergleiche zwischen Regionen und damit letztlich Aussagen über die Struktur eines Landes. *Da die Größe von Regi-*

onen unterschiedlich ist, sollten nicht absolute Werte miteinander verglichen werden, sondern die jeweilige Wertschöpfung pro Kopf bzw. das jeweilige regionale BIP je Einwohner (ggf. könnten weitere Ausführungen z. B. zum Unterschied zwischen Wohn- und Arbeitsort oder zum regional verfügbaren Einkommen gemacht werden).

b) Da für öffentliche Produkte oder Dienstleistungen die Marktpreise fehlen, lässt sich der Wert eines öffentlichen Produktes oder einer Dienstleistung aus den entstandenen Kosten der Erstellung schätzen. Der Wert setzt sich somit zusammen aus der Wertschöpfung, den Abschreibungen und den Vorleistungen einschließlich gezahlter Mehrwertsteuer auf die Einkäufe. Die Wertschöpfung selber errechnet sich aus den Arbeitnehmerentgelten (Personalkosten) und dem auf das Sachanlagevermögen bezogenen Entgelt für die Nutzung der Immobilen und Mobilien (Kapitalkosten, ggf. kalkulatorisch).

Zu Aufgabe 3.2.5

a) Auch wenn eine empirische Vergleichskennziffer nicht bekannt sein sollte, müsste doch aufgrund der Kenntnisse der ESVG 95 (Europäisches System Volkwirtschaftlicher Gesamtrechnungen) unter Beachtung von Einkommensgrößen und anderen relevanten Größen eine logische Abschätzung möglich sein.
Das BIP pro Arbeitsplatz beträgt hier 30.000 Euro (2.4 Mrd. Euro / 80.000). Aus diesem Wert müssen nicht nur Arbeitnehmereinkommen, sondern auch z. B. Abschreibungen, Mieten, Zinsen und Gewinne entgolten werden. Also handelt es sich um eine eher „wirtschaftlich schwache“ Gemeinde. **Das BIP pro Arbeitsplatz** liegt im empirischen Vergleich auch weit unter dem deutschen Durchschnittswert von ca. 57.000 Euro.

b) Hinweis auf Deflationsmethode (hierbei steht das reale BIP für das Bruttoinlandsprodukt, das nicht von Deflation oder Inflation beeinflusst wird): Der „Abzug“ des Preisanstiegs erfolgt mittels Indexvergleich/-methode. Das reale BIP pro Beschäftigtem ist der Produktivitätsindikator; die Veränderungsrate zeigt den durchschnittlichen Produktivitätsanstieg. Wichtig für die Ermittlung der „Beschäftigungsschwelle“ und für die Frage der Lohn- und Einkommensentwicklung (siehe auch Tarifverhandlungen).

c) Die Entstehungsrechnung erfasst die Bruttowertschöpfung. Hier liegen die Vorleistungen/Einkäufe des Handelsbetriebs lt. Vorsteuerabzug bei ca. monatlich (netto) 100.000 Euro (19 % von 100.000 Euro = 19.000 Euro). Damit ergibt sich eine monatliche Bruttowertschöpfung von 100.000 Euro (Umsatz minus Vorleistungen) und somit eine Jahresleistung von ca. 1,2 Mio. Euro.

Zu Aufgabe 3.2.6

a) **Konjunkturpolitik**
Ziel: Verstetigung des Wachstums der gesamtwirtschaftlichen Produktion bzw. Verstetigung des Auslastungsgrades der gesamtwirtschaftlichen Kapazitäten im mittelfristigen Zeitablauf.
Anwendung des BIP:
Die Jahresleistung des nationalen Wirtschaftsraums (Euroland) wird mit Hilfe des realen Bruttoinlandsprodukts gemessen, in welches die Güterwerte der Endnachfrage mit ihren inflationsbereinigten Marktpreisen eingehen.
Veränderungen des realen BIP werden in ihrer zeitlichen Reihenfolge von Quartal zu Quartal oder von Jahr zu Jahr dargestellt. Auf- oder absteigende Folgen definieren dann die Konjunkturschwankung. Genauer lässt sich die Konjunkturschwankung am sich ändernden Auslastungsgrad der volkswirtschaftlichen Sachkapazitäten messen. Es wird dann die Differenz zwischen dem tatsächlichen BIP und dem Produktionspotential gemessen.
Die Komponenten des BIP definieren die volkswirtschaftliche Gesamtnachfrage. Ziel der Nachfragepolitik ist es, durch Beeinflussung dieser Komponenten (z. B. der Staatsausgaben, der privaten Investitionen, des privaten Konsums) die periodisch unterschiedlichen Auslastungsgrade der Kapazitäten einem mittelfristig durchschnittlichen Auslastungsgrad zuzuführen.

b) **Regionalpolitik:**
Ziel: Regionen des nationalen Wirtschaftsraumes, die im gesamteuropäischen Vergleich nur unterdurchschnittlich leistungsfähig sind (z. B. Mecklenburg in Deutschland usw.), sollen mit staatlicher Hilfe in ihrer Wirtschaftsentwicklung unterstützt werden.
Anwendung des BIP:
Wichtigster regionaler Leistungsindikator ist das reale ***regionale BIP pro Kopf*** der Bevölkerung.
Da nicht der nationale oder gesamteuropäische Wirtschaftsraum flächendeckend Gegenstand der Förderung ist, geht es nicht um globale Nachfragesteuerung wie in der Konjunkturpolitik, sondern um die Verbesserung der regionalen Standortvoraussetzungen des Wachstums. Wirtschaftspolitische Ansatzpunkte sind demnach die Wachstumsdeterminanten Kapital (inkl. Verkehrsinfrastruktur und Umwelt) und Arbeit, nicht aber die Nachfragedeterminanten Konsum und Investition.

c) **Steuer- und Haushaltspolitik**
Ziel: Haushaltsplanung ist zukunftsbezogen. Die geplanten Ausgaben sind den geschätzten Einnahmen anzupassen (Haushaltsausgleich). Die wichtigsten gesamtwirtschaftlichen Einnahmen sind Steuern und Kredite.
Anwendung des BIP:
Steuerbemessungsgrundlage für die leistungsabhängigen Steuern (insbesondere Einkommensteuer, Körperschaftsteuer, Gewerbesteuer) ist das Nationaleinkommen bzw. das BIP. Die Steuervorausschätzung setzt also eine Prognose des BIP

voraus. Auch die MwSt. als wichtigste indirekte Steuer lässt sich aus dem BIP ableiten.

d) **Schuldenpolitik**
Ziel: Entsprechend dem Stabilitätsanliegen (siehe auch Maastricht-Kriterien) in der Europäischen Wirtschafts- und Währungsunion (Euroland/Eurozone) soll die Staatsverschuldung bis unter ein Höchstmaß abgebaut werden. Antizyklische Defizitpolitik wird als ineffektiv abgelehnt. Langfristiges Ziel ist die Verringerung des Staats- und Abgabenquoten nach der ordnungspolitischen Vorgabe „Weniger Staat, mehr Markt“ (Subsidiaritätsprinzip). Zukünftige Generationen sollen weniger belastet werden, nicht zuletzt in Anbetracht der Bevölkerungsentwicklung (Generationengerechtigkeit). Kurzfristig gilt die Haushaltsvorschrift, wonach bei der Verschuldung die „dauerhafte Leistungsfähigkeit“ der Gebietskörperschaft zu beachten ist.
Anwendung des BIP:
Messlatte ist die Schuldenstandquote, wonach die Gesamtverschuldung der öffentlichen Haushalte jedes Mitgliedsstaats der EU nicht mehr als 60 % seines (nominalen) BIP ausmachen soll. Die Defizitquote, also der jährliche Schuldenzuwachs (Nettokreditaufnahme, Haushaltsdefizit), soll zudem nicht höher als 3 % des (nominalen) BIP ausfallen.

e) **Geldpolitik**
Ziel: Die EZB soll für Preisniveaustabilität in Euroland sorgen (maximal + 2 % jährlicher Anstieg des Preisniveaus bzw. des Verbraucherpreisindex). Wichtigstes Instrument der Geldpolitik ist dabei die mittelfristige Regulierung der Geldmenge über die Offenmarktpolitik.
Anwendung des BIP: Nach der **Quantitätsgleichung** soll die Geldmenge durch eine entsprechende Gütermenge gedeckt sein, da Geld sonst entwertet würde. Referenzgröße ist bei dieser Berechnung vor allem das reale BIP oder eben das mittelfristig ausgerichtete Produktionspotential. Der Zusammenhang zwischen der Preisniveaustabilität (dem Geldwert), der Geldmenge (genauer: Geldangebot und Geldnachfrage) und dem realen BIP ist regressionsanalytisch (Beziehung zwischen einer abhängigen und mehreren unabhängigen Variablen) begründet.

Zu Aufgabe 3.2.7

a) Unter **Vorleistungen** ist der Wert der Güter (Waren und Dienstleistungen) zu verstehen, die inländische Wirtschaftseinheiten von anderen Wirtschaftseinheiten bezogen und im Berichtszeitraum für die Produktion verbraucht haben. In den Vorleistungen sind neben Rohstoffen, Hilfs- und Betriebsstoffen, Brenn- und Treibstoffen auch Bau- und sonstige Leistungen für laufende Reparaturen, Transportkosten, Postgebühren, Anwaltskosten, gewerbliche Mieten und Benutzungsgebühren für öffentliche Einrichtungen enthalten.

b) **Abschreibungen (steuerrechtlich: Absetzung für Abnutzung = AfA)** erfassen den Wertverlust an dauerhaften Produktionsmitteln im Zuge der Produktion.

c) Zu den **Gütersteuern** zählen alle Steuern und ähnlichen Abgaben, die für produzierte und/oder gehandelte Waren oder Dienstleistungen an den Staat zu entrichten sind. Sie umfassen die nichtabziehbare Umsatzsteuer (Teil der Umsatzsteuer, der nicht im Rahmen des Vorsteuerabzugsverfahrens von der geschuldeten Umsatzsteuer abgezogen werden kann), Importabgaben (unter anderem Zölle und Verbrauchsteuern) und sonstige Gütersteuern (Verbrauchsteuern, Vergnügungssteuern, Versicherungssteuer usw.).
   Unter **„Subventionen"** versteht man in den Volkswirtschaftlichen Gesamtrechnungen laufende Zahlungen ohne Gegenleistung, die der Staat oder Institutionen der EU an gebietsansässige Unternehmen leisten, um den Umfang der Produktion dieser Einheiten, ihre Verkaufspreise oder die Entlohnung der Produktionsfaktoren zu beeinflussen. **Gütersubventionen** sind demnach Zuwendungen, die für produzierte oder eingeführte Waren oder Dienstleistungen gezahlt werden.
d) Die **Bruttowertschöpfung** ergibt sich in der VGR, indem vom Produktionswert zu Herstellungspreisen die **Vorleistungen** abgezogen werden. Die **Nettowertschöpfung** ergibt sich, wenn man von der **Bruttowertschöpfung** noch die **Abschreibungen** abzieht.
   → Bruttoproduktionswert – Vorleistungen = Bruttowertschöpfung
   Bruttowertschöpfung – AfA = Nettowertschöpfung
e) Das **Nationaleinkommen** ergibt sich, indem zum Inlandsprodukt die von der übrigen Welt empfangenen Primäreinkommen (Arbeitnehmerentgelte, Vermögenseinkommen, Subventionen) hinzugezählt und die an die übrige Welt geleisteten Primäreinkommen (Arbeitnehmerentgelt, Vermögenseinkommen, Produktions- und Importabgaben) abgezogen werden.
f) Die **primäre Einkommensverteilung** ist diejenige Verteilung der Einkommen, die sich in einer Volkswirtschaft über Produktion und/oder Dienstleistungen ergeben hat, bevor der Staat durch direkte Steuern, Sozialabgaben und Sozialleistungen in den Verteilungsprozess eingreift.
g) Die **sekundäre Einkommensverteilung** stellt auf die verfügbaren Einkommen der Wirtschaftseinheiten oder Sektoren ab, berücksichtigt also insbesondere die Einkommen- und Vermögensteuern, die Sozialabgaben und die Sozialleistungen.

Zu Aufgabe 3.2.8

Für die Bestimmung der Höhe des staatlichen Konsums gibt es keine Marktpreise, da diese Güter nicht verkauft, sondern vom Staat „unentgeltlich" zur Verfügung gestellt werden. Der Wert der staatlichen Dienstleistungen (also der Beamtengehälter) wird durch Addition der Kosten ihrer Produktion ermittelt, also der Wertsumme der vom Staat in Anspruch genommenen Vorleistungen, der gezahlten Löhne und Gehälter und der Abschreibungen auf staatliches dauerhaftes Sachvermögen. **Somit erhöhen höhere Beamtenbesoldungen das Nettoinlandsprodukt.**

Zu Aufgabe 3.2.9

(Nominales) BIP für das Jahr 2

Privater Verbrauch		1.162 €
+	Staatskonsum	480 €
+	Bruttoinvestitionen	412 €
+	(Export – Import)	113 €
=	**Bruttoinlandsprodukt**	**2.167 €**

Arbeitslosenquote für die Jahre 1 und 2

	Jahr 1	**Jahr 2**
Erwerbspersonen (EP)	43.547	43.688
Erwerbstätige	40.279	40.265
Arbeitslose (AL)	3.268	3.423
Quote (AL/EP) × 100	**7,505**	**7,835**

Staatsquote für das Jahr 1
Staatsquote = Staatsausgaben / BIP × 100
Staatsquote = 1.205 / 2.167 × 100 = 55,60 %

Lohnquote für die Jahre 1 und 2
Lohnquote = Arbeitnehmerentgelte / Volkseinkommen × 100
Jahr 1: 1.225 / 1886 × 100 = 64,95 %
Jahr 2: 1.224 / 1815 × 100 = 67,43 %

Beschreibung der Konjunkturverläufe

Aufschwung: Der Auslastungsgrad der Produktionskapazitäten steigt, das Sozialprodukt wächst. Gleichzeitig sinkt die Arbeitslosenquote, weil die Unternehmen mehr Arbeitnehmer einstellen. Die Preise steigen aufgrund der anziehenden Nachfrage leicht (eine steigende Inflationsrate ist zu beobachten).

Boom: Die Produktionskapazitäten sind voll ausgelastet, der Wert des Sozialproduktes erreicht einen Höhepunkt, die Arbeitslosenquote ist deutlich zurückgegangen und die Inflation hat zugenommen.

Abschwung: Die Nachfrage lässt nach, die Kapazitätsauslastung geht zurück, das Wachstum des Sozialproduktes sinkt und wegen des Überangebotes sinkt auch die Inflationsrate wieder; zugleich nimmt die Arbeitslosigkeit zu.

Rezession: Hier erreicht die Arbeitslosigkeit aufgrund der stark gesunkenen Produktion ihren Höhepunkt, das Sozialprodukt schrumpft, die Kapazitätsauslastung ist gering, die Inflationsraten entsprechend niedrig.

Zu Aufgabe 3.2.10

Berechnung des BIP über die **Verwendungsrechnung:**
BIP = C + Ibr + Ex – Im
BIP = 300 + 150 + 70 – 40
BIP = 480

Berechnung des Volkseinkommens:

Bruttoinlandsprodukt	**480**
+ Einkünfte der Inländer aus dem Ausland	30
– Einkünfte der Ausländer aus dem Inland	20
Bruttonationaleinkommen (BNE = früheres BSP)	**490**
– (Bruttoinv. – Nettoinv. = 150 – 130 → AfA)	20
– (T_{ind} – Zu)	10
Nettonationaleinkommen (NNE = VE)	**460**

$$\textbf{Lohnquote} = \frac{\text{Einkommen aus Arbeitnehmertätigkeit}}{\text{Volkseinkommen}}$$

Einkommen aus Arbeitnehmertätigkeit = VE – Einkommen aus Unternehmertätigkeit
460 – 110 = **350**

$$\textbf{Lohnquote}\ (\text{Arbeitnehmerentgelte / Volkseinkommen}) = \frac{350}{460} \times 100 = \mathbf{76{,}1\ \%}$$

Die Aussage, dass dieser Wert angibt, wie hoch der Einkommensanteil der Arbeitnehmer ist, lässt sich mit Hilfe der Lohnquote nicht treffen. Arbeitnehmerhaushalte beziehen zumeist auch Einkommen aus Vermögen (= Zinsen aus Sparverträgen, Dividenden, Erträge aus Lebensversicherungen, Einkommen aus Vermietung, Verpachtung, etc.). Der tatsächliche Anteil der Arbeitnehmer am Volkseinkommen ist daher höher als die Lohnquote es widerspiegelt.

Die Lohnquote informiert lediglich über den Einkommensanteil des Produktionsfaktors „Arbeit“, aber nicht über den Einkommensanteil der Personengruppe „Arbeitnehmer“.

Veränderungen der Lohnquote können zum einen auf Veränderungen der Einkommen, zum anderen aber auch auf die Veränderung der Zahl von Arbeitnehmern und von Empfängern von Unternehmens- und Vermögenseinkommen zurückgeführt werden.

3.3 Markt und Preisbildung

Aufgabe 3.3.1 (Preis-Mengen-Diagramm)

Die staatliche Unterstützung von Windkraftanlagen zählt zu den Maßnahmen der deutschen Umweltpolitik. Hiernach werden die Stromnetzunterhalter – größtenteils traditionelle Stromproduzenten – verpflichtet, den Windkraftanlagenbetreibern eine unbegrenzte Menge Strom zu einem festgesetzten Bezugspreis („Garantiepreis“) abzukaufen: 8,2 Cent/kWh (Stand Januar 2023).

a) Erklären Sie graphisch im Preis-Mengen-Diagramm und verbal, inwieweit sich auf dem so definierten Bezugsmarkt für Strom aus Windkraftanlagen die Nachfrage- und die Angebotsfunktion gegenüber dem klassischen Verlauf von Angebot und Nachfrage auf freien Märkten unterscheiden.
b) Zeigen Sie für den Strommarkt **auf der Endverbraucherstufe**, wie sich bei **unelastischer** Nachfrage der Endabnehmer die Maßnahme auf das Marktgleichgewicht, den Preis und die umgesetzte Menge auswirken wird. Erläutern Sie dies verbal *und* im Preis-Mengen-Diagramm, indem Sie die Situation *vor* und *nach* Durchführung der Maßnahme miteinander vergleichen!

Aufgabe 3.3.2 (Marktpreis)

Die von deutscher Seite anfangs kritisch eingeordnete Einführung von Emissionsrechten (CO_2-Zertifikate) für den Ausstoß von Kohlendioxid in den Industriebranchen Energieversorgung, Stahl, Zement, Glas, Papier, Karton und Ziegeleien ist nunmehr europaweit beschlossene Sache. Emissionsrechte, mit welchen die Industrie (die wichtig für die Volkswirtschaft ist) zunächst kostenlos ausgestattet wird, werden nun in Zertifikatsform gehandelt. Am 5. Oktober 2021 startete der Verkauf der sogenannten „nEHS-Zertifikate“ auf einer Verkaufsplattform, die von der Leipziger Energiebörse, der European Energy Exchange (EEX), bereitgestellt wird. In den Monaten Oktober bis Dezember 2021 wurden dabei insgesamt rund 287 Millionen nEHS-Zertifikate zu einem Festpreis von 25 Euro je Zertifikat im Gesamtwert von rund 7,2 Milliarden Euro an der EEX veräußert. Die durch den Zertifikatverkauf generierten Einnahmen werden zur Förderung von Klimaschutzmaßnahmen und zur anteiligen Stabilisierung der Strompreise genutzt (Umweltbundesamt).

a) Beschreiben Sie unter Bezugnahme auf den Markt für Emissionsrechte, wie sich Anbieter und Nachfrager **normalerweise** verhalten und weshalb sie das tun.
b) Erklären Sie, weshalb es unter diesen Voraussetzungen zu einem „markträumenden Preis“ kommt.
c) Nennen Sie die allokativen (verteilungswirksamen) und innovativen Vorteile des Emissionshandels.

Aufgabe 3.3.3 (Marktmechanismus und externe Kosten)

Gemäß § 9 Abs. 1 Satz 4 Kreislaufwirtschaftsgesetz für das Land Nordrhein-Westfalen (Landeskreislaufwirtschaftsgesetz – LKrWG) sollen bei der Gebührenbemessung wirksame Anreize zur Vermeidung, Getrennthaltung und Verwertung von Abfall geschaffen werden. Mögliche Maßnahmen sind z. B. die Erfassung der Abfallmengen nach Gewicht und Volumen oder das Erheben von Starkverschmutzerzuschlägen.

Nicht zulässig ist dagegen eine Überwälzung der volkswirtschaftlichen (oder „sozialen" oder „externen") Kosten der Umweltbelastung auf den Abfallverursacher durch Weitergabe dieser Kosten in der Abfallgebühr, weil der engere Kostenbegriff des Kommunalabgabengesetzes dem entgegensteht.

Der Marktmechanismus wird in zweifacher Weise wirksam: auf den Märkten der Güter der Endnachfrage und auf den Faktormärkten für Arbeit und Kapital.

a) Erklären Sie, weshalb der Marktmechanismus bei vollständiger Konkurrenz knappe volkswirtschaftliche Ressourcen im Allgemeinen schont.
b) Begründen Sie, weshalb demgegenüber die Umweltressource in vielen Bereichen des Wirtschaftens nicht geschont wird. Argumentieren Sie auf der Grundlage des Begriffs der volkswirtschaftlichen (sozialen, externen) Kosten.

Aufgabe 3.3.4 (Subventionen)

Seit vielen Jahren wird die Einrichtung von Solaranlagen von staatlicher Seite durch Fördermittel unterstützt.

a) Stellen Sie in einem Preis-Mengen-Diagramm dar, weshalb unter der Voraussetzung vollständiger Konkurrenz die Förderung der Nachfrageseite mit staatlichen Zuschüssen *ceteris paribus* zu höheren Preisen der Solaranlagen führen müsste. Begründen Sie Ihre Darstellung!
b) Weshalb könnten nach Aufhebung der *Ceteris paribus*-Bedingung die Preise für Solaranlagen letztendlich doch fallen? Ergänzen Sie insoweit das Diagramm.

Aufgabe 3.3.5

Wodurch ist der vollkommene Markt gekennzeichnet? Nennen Sie die Kriterien, die erfüllt sein müssen, damit ein idealtypischer Markt gegeben ist.

Aufgabe 3.3.6

Der Staat (hier: die EU-Kommission) führt einen **Mindestpreis** für Milch ein. Stellen Sie mit Hilfe einer Grafik die Auswirkungen des Mindestpreises auf den Milchmarkt dar.

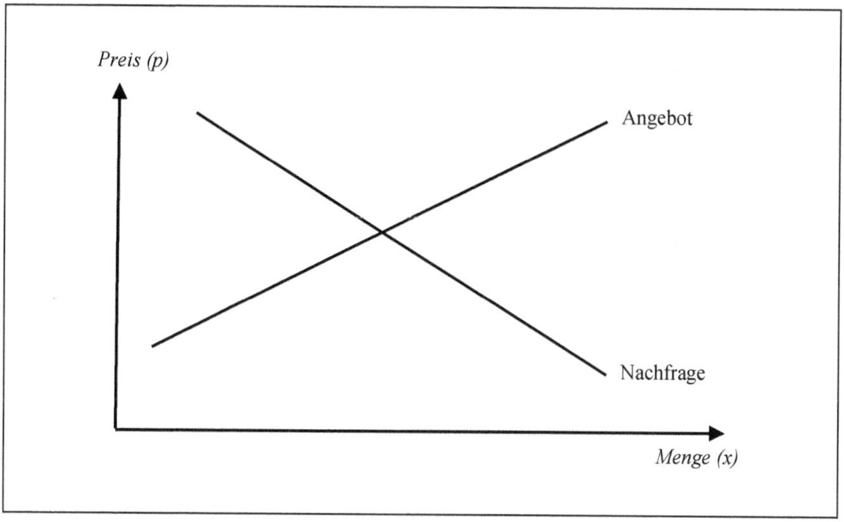

Aufgabe 3.3.7

Der Staat führt einen **Höchstpreis** für Wohnungen ein. Stellen Sie mit Hilfe einer Grafik die Auswirkungen des Höchstpreises auf den Wohnungsmarkt dar.

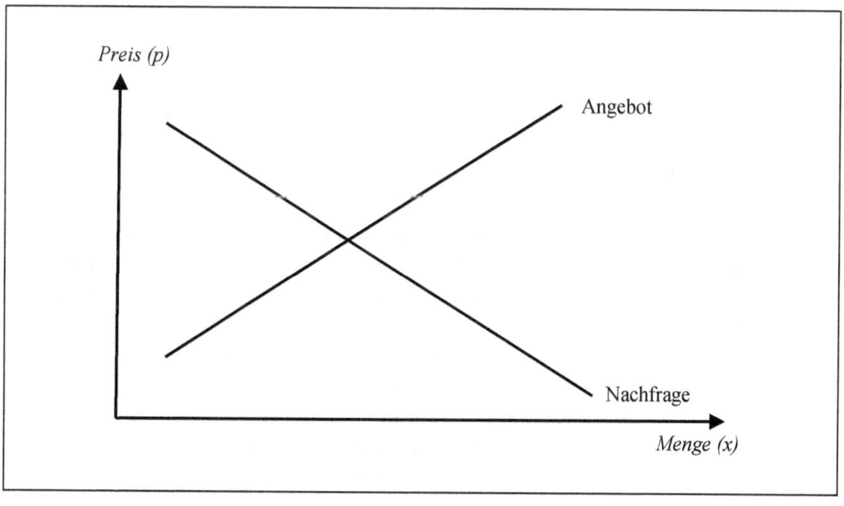

Lösungen

Zu Aufgabe 3.3.1

a) Im Normalfalle würde gelten: **Je höher der Preis, desto geringer die Nachfragemenge** (normal elastische Nachfrage). Das ist hier nicht so. Die unbegrenzte Abnahmeverpflichtung begründet eine unendlich elastische Nachfrage der Netzbetreiber, die zudem bei einem Preis ansetzt, der höher ist als der Marktpreis auf der Endverbraucherstufe. Die Nachfragekurve verläuft im Preis-Mengen-Diagramm der vollkommenen Konkurrenz also parallel zur Mengenachse.
Das Angebot verhält sich demgegenüber wie im Normalfall: je höher der Preis, desto höher die Angebotsmenge. Unterschiedliche Kostenstrukturen der Betreiber von Windkraftanlagen begründen unterschiedlich hohe, jeweils kostendeckende Preisforderungen.
Das **Marktgleichgewicht** stellt sich bei der zum Festpreis angebotenen Menge im Schnittpunkt von horizontaler Nachfragefunktion und steigender Angebotsfunktion ein. Ein Angebotsüberschuss oder ein Nachfragüberhang ist nicht gegeben. Markträumung ist gewährleistet.

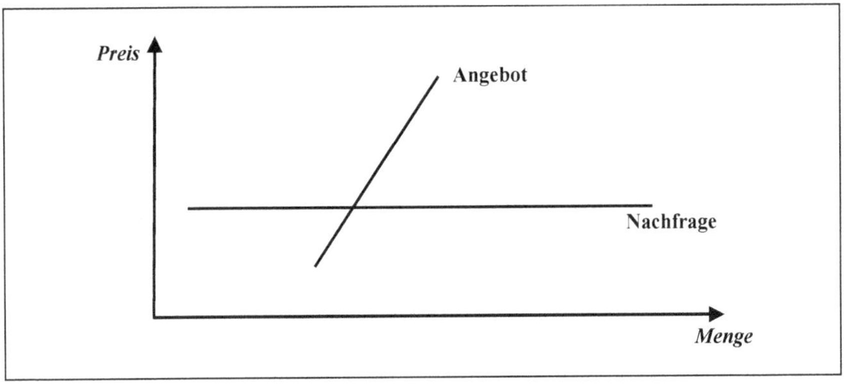

b) Nachfrage und Angebot werden hier auf einen anderen Markt bezogen. Demzufolge liegen andere Preis-Mengen-Koordinaten vor als auf dem Bezugsmarkt von Windkraftenergie. Insbesondere kommt das Marktgleichgewicht auf dem Strommarkt bei einem niedrigeren Preis zustande als auf dem Markt für Windkraftenergie.
Bei unelastischer Nachfrage ist der Endabnehmer (Stromverbraucher) gewillt, mehr oder weniger jeden Preis zu zahlen. Die Nachfrage **verläuft im Extremfalle** völlig starr und somit parallel zur Preisachse.
Die Angebotskurve der Stromnetzbetreiber verläuft dagegen – wie im Normalfall – preiselastisch. *Nach* Durchführung der Maßnahme wird sie sich in Richtung der Preisachse nach oben verschieben, weil die Kosten des Stromeinkaufs gestiegen sind. Somit wird *ceteris paribus* der Gleichgewichtspreis steigen. Da sich zudem

die Nachfragemenge nicht (oder nur unwesentlich) mit dem Preis verändert, wird auch der Umsatz (als Preis mal Menge) steigen.

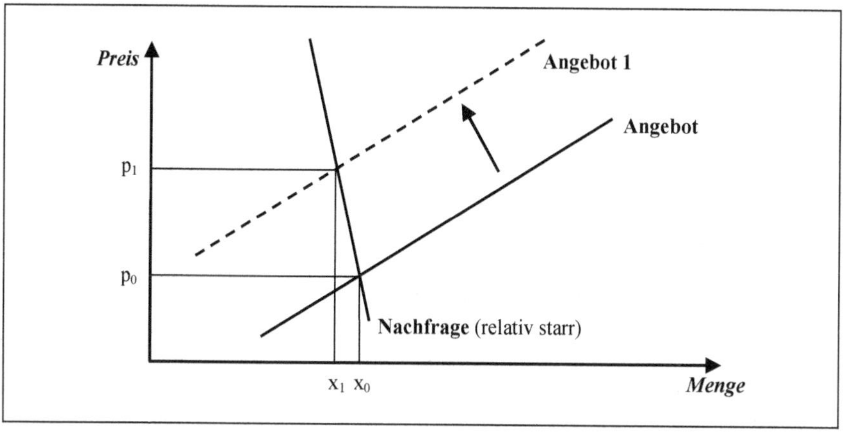

Zu Aufgabe 3.3.2 (Marktpreis)

a) Freie Güter werden hier durch staatliches Dekret zu Wirtschaftsgütern deklariert. Durch die Erstausstattung einiger Unternehmen der emittierenden Industrie mit Emissionsrechten wird ein Markt konstituiert, auf dem Emissionsrechte gehandelt werden. Ein Markt ist immer produktbezogen definiert, hier also in Bezug auf das Recht, Kohlendioxid ausstoßen zu dürfen.
Nachfrageverhalten: Nachfrager sind die Industrieunternehmen, deren Produktionsanlagen mehr Schadstoff ausstoßen als ihnen nach Erstausstattung mit Emissionsrechten zusteht.
Sie stehen vor der Wahl, die Anlagen zu modernisieren oder Emissionsrechte zu kaufen. Sie haben als Käufer ein Interesse daran, möglichst billig einzukaufen, weichen also auf diejenigen Anbieter aus, die am billigsten abgeben. Andererseits werden sie nicht mehr zahlen wollen als die Umstellung auf neue, emissionssparende Anlagen kosten würde.
Anbieterverhalten: Die Anbieter sind Unternehmen, die sich ausgerechnet haben, dass eine Modernisierung für sie kostengünstiger ist als der Zukauf von Emissionsrechten. Sie können also nach vollzogener Modernisierung Emissionsrechte abgeben und werden als Verkäufer dafür einen möglichst hohen Preis verlangen.
b) **Markträumung:** Bei einem Angebotsüberschuss werden die Anbieter nicht auf unverkauften Rechten sitzenbleiben wollen und werden sich deshalb preislich solange unterbieten, bis die gegenteilige Situation eintritt, nämlich eine Angebotslücke oder ein Nachfrageüberhang. Umgekehrt werden Nachfrager nicht auf den Rechteerwerb verzichten wollen, solange dieser billiger ist als ihre Umstellungskosten. Sie werden sich daher gegenseitig überbieten, wenn zu wenig Rechte an-

geboten werden. Das müssen sie aber nur solange, wie Verkäufer nicht auf ihren Rechten sitzen bleiben. Letztlich setzt sich also **derjenige** Preis durch, bei dem angebotene und nachgefragte Mengen übereinstimmen.

c) Nur die Anbieter, die am wenigsten verlangen, kommen zum Zuge. Es sind dies solche Unternehmen, denen die Umstellung auf umweltfreundliche Techniken am kostengünstigsten gelungen ist. Die Emissionseinsparung erfolgt also dort, wo sie die geringsten Kosten verursacht, und nicht pauschal dort, wo ein unverhältnismäßig großer Aufwand zur Erfüllung der Umweltschutznorm betrieben werden müsste. Umgekehrt erhalten die Käufer, die sich vor Umweltschutzinvestitionen drücken, nichts geschenkt. Nur die, die einen angemessen hohen Preis zahlen, kommen in den Genuss der Rechte. Es sind dies jene Unternehmen, deren Umstellung unverhältnismäßig viel kosten würde; der gleiche Umweltschutzeffekt kann insoweit mit einem viel geringeren Aufwand erreicht werden, weil die Umstellung nunmehr dort vorgenommen wird, wo sie weniger kostet. Im Ganzen erfolgt die Umstellung also dort, wo sie am kostengünstigsten ist.
Unter den vorgenannten Bedingungen sind zusätzliche Umweltbelastungen z. B. aufgrund einer industriellen Expansion immer nur möglich, wenn an anderer Stelle der Wirtschaft verstärkt Emissionen eingespart und daher Emissionsrechte verkauft werden. Das fördert den Innovationswillen der emittierenden Industrie. Innovatives Verhalten wird belohnt und fällt nicht mehr als externer, uneigennütziger Nutzen an, sondern zahlt sich in barer Münze aus.

Zu Aufgabe 3.3.3

a) Vollständige Konkurrenz ist vorausgesetzt:
   - Es werden billigere Produkte gekauft;
   - daraufhin werden Mitkonkurrenten versuchen, die Kosten zu senken, um billiger anbieten zu können;
   - geringerer Einsatz von Faktormengen + billigere Produktionsfaktoren, denn nur jener Produktionsfaktor ist billig, der reichlich vorhanden ist;
   - der Preis fungiert als Knappheitsindikator.

b) Es werden nur jene Kosten berücksichtigt, die effektiv anfallen („Umwelt besitzt – jedenfalls zunächst – keinen Preis").
   - Da der Gleichgewichtspreis zu niedrig ist, wird ein „falsches" bzw. ein irreführendes Signal ausgesandt:
     → gesellschaftliche Kosten (z. B. bei Kollektivgütern);
   - *externe Kosten*: Kosten, die nicht im Marktpreis enthalten sind, weil sie nicht vom eigentlichen Verursacher getragen werden
   - Um einen Preis festlegen zu können, muss der Ressourcenverbrauch bzw. die Umweltbelastung festgestellt werden (können)
   - Meist nicht möglich → wegen (zu hoher) Belastung der Allgemeinheit
   - *Alternativ*: Produktsteuer; diese soll den „Verursacher" bewegen, „Vermeidungstechnologien" einzusetzen

Zu Aufgabe 3.3.4

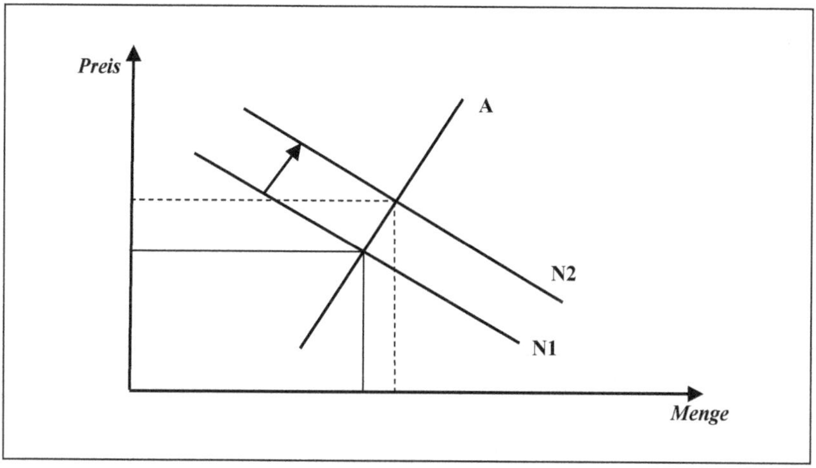

a)

- Nur begrenzte Geldmittel für die Nachfrage
- Nicht jede Preishöhe wird akzeptiert

  → Subventionierung der Nachfrage:
  - Auch Grenznachfrager (und sogar neue Nachfrager) treten jetzt auf dem Markt auf;
  - N1 verschiebt sich nach N2;
  - von der Nachfrage/den Nachfragern wird auch ein höherer Preis akzeptiert;
  - Angebotsmenge erhöht sich; Grenzanbieter ergänzen das Angebot.

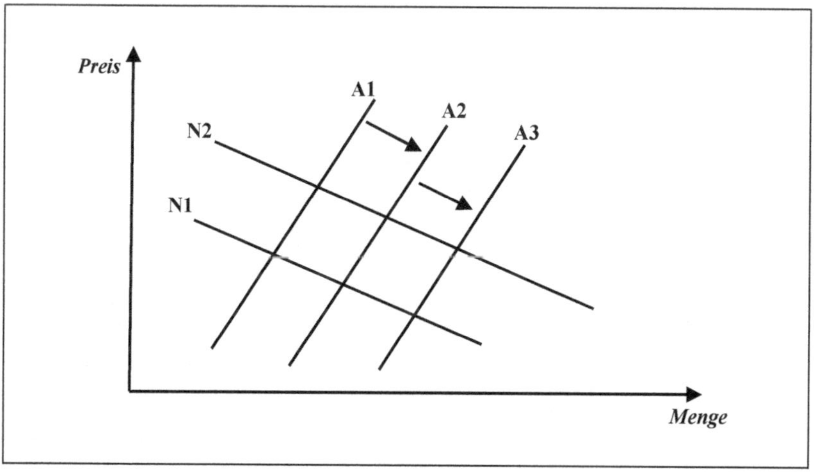

b)

Basis ist die Grafik oben:

- Der höhere Preis verspricht eine höhere Rendite für das Angebot;

- die Angebotsmenge weitet sich von A1 nach A2 aus;
- die Preise fallen wieder;
- noch weitere Preissenkungen sind möglich, wenn weitere Anbieter (Grenzanbieter) auf den Markt drängen (A3).

Zu Aufgabe 3.3.5

Der vollkommene Markt, auch „vollständige Konkurrenz" (*perfect competition*) oder „Polypol" genannt, ist dadurch gekennzeichnet, dass der Preis überall gleich hoch ist.

Jeder Anbieter kann auf diesem „vollkommenen Markt" nur als Mengenanpasser reagieren, weil der Preis ja gegeben ist.

Die Kriterien des idealtypischen Marktes sind:

- Fehlen räumlicher Präferenzen
- Fehlen zeitlicher Präferenzen
- Fehlen persönlicher Präferenzen
- Gleichartigkeit der Güter (Homogenität)
- Unendlich schnelle Reaktionsgeschwindigkeit aller Marktteilnehmer
- Keine Marktzutrittsbeschränkungen (freier Marktzugang)
- Markttransparenz

Zu Aufgabe 3.3.6

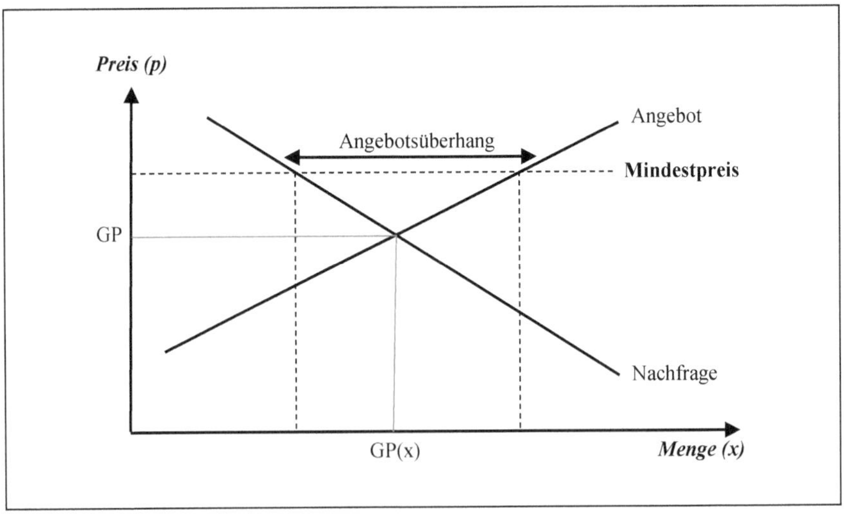

Zu Aufgabe 3.3.7

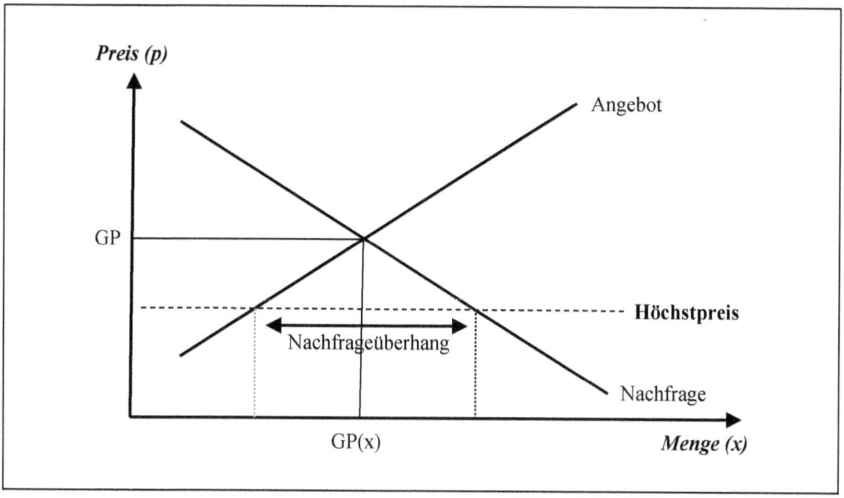

3.4 Geld- und Währungswesen

Aufgabe 3.4.1

Erläutern Sie **kurz** die Funktionen des Geldes.

Aufgabe 3.4.2

Stellen Sie die Geldschöpfungsmöglichkeiten einer privaten Geschäftsbank dar.

Aufgabe 3.4.3

Nennen und erläutern Sie kurz das geldpolitische Instrumentarium der Europäischen Zentralbank (EZB).

Aufgabe 3.4.4

Wie wirkt sich eine expansive (kontraktive) Offenmarktpolitik auf die Zentralbankgeldmenge im Geschäftsbankensektor aus?

Aufgabe 3.4.5

Welche geldpolitische Strategie verfolgt die Europäische Zentralbank?

Aufgabe 3.4.6

a) Unterscheiden Sie Inflationstypen nach dem Grad der Gefährlichkeit bzw. nach der Höhe der Geschwindigkeit der Geldentwertung.
b) In der Regel unterscheidet man mögliche Ursachen der Inflation grob in „monetäre" und „nicht monetäre" Ursachen. Bei einer Differenzierung werden unter anderem „nachfrageorientierte Ursachen" und auch „Inflation als Ergebnis eines Verteilungskampfes" genannt.
Beschreiben Sie **kurz** (mindestens) vier nachfrageorientierte Ursachen und erläutern Sie, was mit der Idee der „Inflation als Ergebnis eines Verteilungskampfes" gemeint ist.

Aufgabe 3.4.7

a) Definieren Sie den Begriff „Inflation".
b) Wie wird die Inflationsrate ermittelt?
c) Zeigen Sie die Probleme einer Inflation auf und benennen Sie die „Gewinner" und die „Verlierer" einer hohen Inflationsrate.

Aufgabe 3.4.8

a) Definieren Sie, was man in der Volkswirtschaftslehre bzw. in der Geldtheorie unter dem Begriff „Geld" versteht. Nennen Sie konkrete Beispiele für die Erscheinungsformen von Geld.
b) Beschreiben Sie die wichtigsten Geldeigenschaften und erläutern Sie kurz fünf wichtige Geldfunktionen.
c) Grenzen Sie die wichtigsten Geldmengen ab (übliche Geldmengenabgrenzungen der Zentralbanken) und beschreiben Sie, mit welcher Geldmenge die meisten Zentralbanken der Erde in der geldpolitischen Praxis (Geldmengensteuerung zur Inflationsprävention) arbeiten.
d) Erläutern Sie – mit Hilfe der Quantitätsgleichung des Geldes – den allgemeinen Zusammenhang zwischen Inflation, Geldmenge und Gütermenge.

Aufgabe 3.4.9

Zeigen Sie mit Hilfe einer Grafik, wie sich der Zins entwickelt, wenn die Notenbank – bei unveränderter Geldnachfrage – das Geldangebot verringert.

Aufgabe 3.4.10

Wie wirkt sich eine Energiekrise auf das Preisniveau aus?
Erstellen Sie eine entsprechende Grafik und begründen Sie kurz.

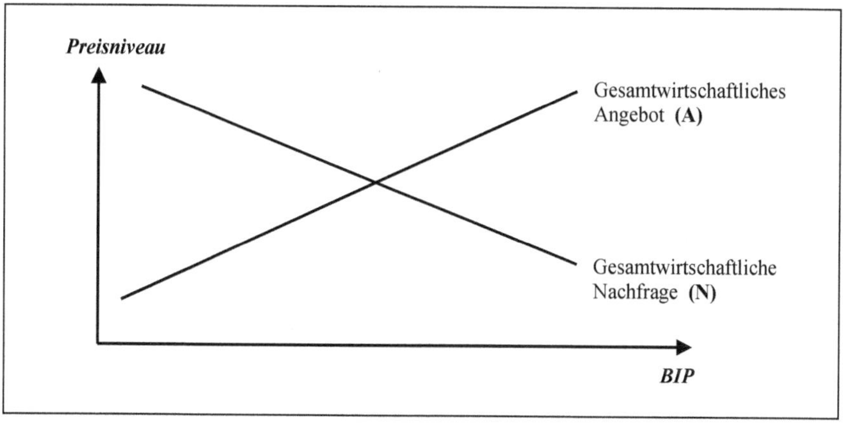

Lösungen

Zu Aufgabe 3.4.1

Laut der **Deutschen Bundesbank** werden als Funktionen des Geldes genannt:

- Tauschmittel- und Zahlungsmittel
  → Der Warenaustausch wird erleichtert.
  → Auch Kreditvergaben sind möglich.
- Recheneinheit
  → Güterwerte lassen sich in einer Bezugsgröße ausdrücken und vergleichen. Geld fungiert als Wertmaßstab.
- Wertaufbewahrungsmittel
  → Gelderwerb und Geldausgabe können zeitlich auseinanderfallen.
  → Sparen ist möglich.

Zu Aufgabe 3.4.2

Eine Geschäftsbank kann Giralgeld schaffen, indem sie **Aktiva (Währungsreserven; Wertpapiere) von einer Nichtbank** (private Haushalte, Unternehmen, Staat und das Ausland) **einen Kredit** gewährt und damit **ein Sichtguthaben einräumt** (hier gilt, dass es sich bei einer Kreditgewährung strenggenommen ebenfalls um den Erwerb eines Aktivums handelt). In diesem Fall spricht man von einer „aktiven Giralgeldschöpfung". Auf diesem Weg wird von der Geschäftsbank Geld in den „Geldkreislauf" eingebracht. Die Möglichkeiten dieser Form der Giralgeldschöpfung der Geschäftsbanken sind eng begrenzt.

Zu Aufgabe 3.4.3

Die geldpolitischen Instrumente sind:

- **die Offenmarktpolitik:**
  Sie spielt in der Geldpolitik der EZB eine wichtige Rolle bei der Steuerung der Zinssätze, der Kontrolle der Liquiditätslage am Geldmarkt und als Signal des geldpolitischen Kurses.
  In erster Linie wird *via* Offenmarktpolitik die Geldmenge bestimmt. Hierzu setzt die Zentralbank vor allem das Instrument der Hauptrefinanzierung (Pensionsgeschäfte in wöchentlichem Abstand und mit einer Laufzeit von zwei Wochen) sowie längerfristige Refinanzierungsgeschäfte (Pensionsgeschäfte mit einer Laufzeit von drei Monaten) ein.
  Daneben erfolgen Feinsteuerungsoperationen (Reaktionen auf unerwartete marktmäßige Liquiditätsschwankungen und deren Wirkung auf die Zinssätze) sowie strukturelle Operationen (die die grundsätzliche Finanzposition des Finanzsektors beeinflussen sollen).
- **die Politik der ständigen Fazilitäten („betraglich begrenzten Möglichkeiten"):**
  Die ständigen Fazilitäten dienen dazu, (den Geschäftsbanken) Übernachtliquiditäten zur Verfügung zu stellen oder zu absorbieren. Sie setzen Signale bezüglich des allgemeinen Kurses der Geldpolitik und stecken die Ober- und die Untergrenze der Geldmarktsätze für Tagesgelder ab.
  Zum einen wird der Zinssatz für die **Spitzenrefinanzierungsfazilität** festgelegt (hier können die Geschäftsbanken ihren kurzfristigen **Liquiditätsbedarf decken**), und zum anderen wird der Zinssatz für die **Einlagefazilität** festgelegt (hier kann überschüssige **Liquidität kurzfristig angelegt** werden).
  Der Satz für Einlagefazilitäten beträgt seit 22.3.2023 3,5 % und für Spitzenrefinanzierungsfazilitäten 3,75 %.
- **die Mindestreservepolitik:**
  Im Rahmen der Mindestreservepolitik wird in erster Linie **das Geldschöpfungspotential der Geschäftsbanken beeinflusst**. Geschäftsbanken müssen hier für den größten Teil ihrer Verbindlichkeiten – insbesondere kurzfristige Einlagen, Schuldverschreibungen und Geldmarktpapiere – in Höhe von derzeit 1 % Mindestreser-

ven beim ESZB halten. Die Mindestreserveguthaben werden bei den nationalen Zentralbanken gehalten und zum durchschnittlichen Zinssatz der Hauptrefinanzierungsgeschäfte verzinst.

Zu Aufgabe 3.4.4

Bei der expansiven (kontraktiven) Offenmarktpolitik kauft (verkauft) die Zentralbank Wertpapiere von (an) Geschäftsbanken. Hierdurch steigt (sinkt) die Zentralbankgeldmenge im Geschäftsbankensektor, weil die EZB Zentralbankgeld in Umlauf bringt (weil die Geschäftsbanken mit Zentralbankgeld zahlen müssen). Der Kreditschöpfungsspielraum der Geschäftsbanken steigt (fällt).

Zu Aufgabe 3.4.5

Um das primäre Ziel der Geldwertstabilität zu erreichen, setzt die EZB in Ihrer geldpolitischen Strategie auf eine „Zwei-Säulen-Strategie".

Die **Zwei-Säulen-Strategie** des Eurosystems zur geldpolitischen Analyse bezeichnet die umfassende Analyse von Indikatoren, die den geldpolitischen Entscheidungen des EZB-Rats zugrunde liegen. Die Analyse bezieht sich auf Indikatoren, die auf Risiken für Preisstabilität hinweisen und geldpolitischen Handlungsbedarf anzeigen können.

Die „zwei Säulen" bilden die **„wirtschaftliche Analyse"** und die **„monetäre Analyse"**. In die wirtschaftliche Analyse werden kurz- bis mittelfristige, realwirtschaftliche Indikatoren (z. B. Produktionspotential, Lohnentwicklung), in die monetäre Analyse längerfristige, monetäre Indikatoren (z. B. Wachstum der Geldmenge) einbezogen.

Um zu verhindern, dass relevante Informationen übersehen werden, sieht die Zwei-Säulen-Strategie eine wechselseitige Überprüfung der aus den beiden „Säulen" stammenden Informationen vor, das sogenannte ***„Cross-Checking"***.

Die EZB hat also bei der Formulierung ihrer Politik (d. h. der Festlegung der entsprechenden Maßnahmen) neben der Geldmengenentwicklung auch die konjunkturelle Entwicklung, die Lohnabschlüsse in den Mitgliedsländern und auch die Wechselkursentwicklung im Blick.

Im Rahmen der geldpolitischen Strategie der EZB wird im Wesentlichen eine (quantitative) Geldmengensteuerung verfolgt. Für das Wachstum der Geldmenge M3 wird jährlich ein fester Referenzwert – keine Bandbreite – festgelegt. Diese Festlegung orientiert sich gemäß der Quantitätstheorie an der Wachstumsrate des BIP und an der Veränderung der Umlaufgeschwindigkeit des Geldes. Als „Preisstabilität" wird auch noch ein mittelfristiger Anstieg des harmonisierten Verbraucherindex im Eurosystem von unter 2 % definiert.

Zu Aufgabe 3.4.6

a) Wie gefährlich Inflationen werden können, zeigen gleich mehrere, stets scheinbar harmlos gestartete Inflationen mit zunächst geringer, langsamer Geldentwertung bzw. geringen Geldentwertungsraten, z. B. 1 bis 3 %, die dann im Zeitverlauf immer schneller wurden und irgendwann, oft schon nach einigen Monaten, staatlicherseits bzw. seitens der Zentralbanken einfach nicht mehr gebremst werden konnten, wie gleich mehrere Hyperinflationen während der letzten zwei Jahrhunderte beweisen.
Nach dem Grad der Geschwindigkeit der Geldentwertung und damit auch der Gefährlichkeit unterscheidet man allgemein:
- die (durchaus schon gefährliche – siehe Vorgaben der EZB) **schleichende Inflation** (bis maximal 5 % p. a.),
- die (noch schneller werdende) **trabende Inflation** (5 bis 20 % p. a.),
- die **galoppierende Inflation** (etwa zwischen 20 und 50 % p. a.)
- und die **rasende Inflation** (z. B. **Hyperinflationen** mit mehr als 50 % p. a.).

Zwar kann man für die Geldentwertungsgeschwindigkeiten keine universell geltenden Werte angeben, doch jeder inflationäre Prozess führt de facto unausweichlich stets weitgehend zur Enteignung aller Geldeigentümer bzw. Geldgläubiger.

b) Während bei den monetären Inflationsursachen vor allem Kontrollmängel bei der Primargeldschöpfung (Münzen und Banknoten) und bei der Giralgeldschöpfung sowie eine Erhöhung der Umlaufgeschwindigkeit des Geldes (Verkürzung der Kassenhaltungsdauer) als Ursachen zu nennen wären, sind bei den nicht-monetären Inflationsursachen vor allem Faktoren wie „Kostendruck" (z. B. Lohndruck *(wage push)*, Steuerdruck *(tax push)* oder Gewinndruck *(profit push)*, Nachfrageverschiebungen *(demand shift)* oder auch die missbräuchliche Ausnutzung von „Marktmacht" (wie z. B. Monopolmacht) oder Staatsmacht (z. B. staatlich administrierte Höchst- oder Mindestpreise, wie etwa „Mietendeckel") zu nennen.
Bei einer angebotsinduzierten Inflation *(supply push inflation)* wird die Geldentwertung bzw. Steigerung des Preisniveaus durch steigende Kosten *(cost push inflation)* oder durch Gewinnerhöhungen *(profit push inflation)* verursacht.
Steigt in einem Währungsgebiet die monetäre Nachfrage bei konstantem Güterangebot, so können die Preise durch einen Nachfragesog nach oben „gezogen" werden *(demand pull inflation)*, soweit die Notenbank jede gewünschte Geldmenge (bei gleichbleibender Gütermenge bzw. geringer als die Geldmenge wachsender Gütermenge!) zur Verfügung stellt bzw. falls die Zentralbank Geld- bzw. Kreditschöpfung der Geschäftsbanken in erheblichem Umfange zulässt.
Denn ohne Steigerung der Geldmenge und/oder (gleichzeitige) Erhöhung der Umlaufgeschwindigkeit des Geldes (also einer Zunahme der marktwirksamen Geldmenge) wird es keine Inflation geben.

Beispiele für nachfrageinduzierte Inflationsarten sind:

(1) ***Fiskalinflation*** *(erhöhte Nachfrage des Staates): Lassen die verantwortlichen Politiker ständig zu, dass die Ausgaben eines Staates seine Einnahmen über-*

steigen, so wird diese Haushaltslücke in der Regel durch Neuverschuldung (weitere Kreditaufnahmen) „geschlossen" und Staatsausgaben werden mit Schulden „fremdfinanziert" **(Deficit Spending)**, *die zu einer Steigerung des Preisniveaus führen dürften.*

(2) ***Nachfragesog-Inflation*** *(Unternehmen): Falls bei einem hohen volkswirtschaftlichen Beschäftigungsgrad bzw. bei Vollbeschäftigung Unternehmer mehr investieren wollen als Sparguthaben/Eigenkapital zur Verfügung stehen (ist also die Investitionsgüternachfrage größer als die zur Verfügung stehende Geldmenge), so führt die dann folgende Kreditschöpfung der Geschäftsbanken dazu, dass die Investitionsgüternachfrage größer wird als das Investitionsgüterangebot. Durch diesen Nachfragesog entstehen Preissteigerungen im Produktionsgüterbereich* **(demand pull inflation)**.

(3) ***Inflation durch erhöhte Konsumgüternachfrage*** *(private Haushalte): Durch Lohnerhöhungen (mit höherer Steigerung der Einkommen als es dem Produktivitätsfortschritt entspricht), Auflösung von Sparguthaben zu Konsumzwecken und Konsumentenkredite erhöht sich die Konsumgüternachfrage. Wird dieser Nachfragesog nicht durch eine gleichzeitig steigende Güterproduktion gedeckt, führt dies stets zu einem steigenden Konsumgüterpreisniveau.*

(4) ***Vermögenspreisinflation*** *(Kreditblasenfinanzierte Inflation/Asset Price Inflation): Wenn – z. B. als Folge einer zu starken Geldmengenerhöhung – die Preise für Immobilien und Wertpapiere stärker steigen als der Index der Verbraucherpreise, so kann man von einer Vermögenspreisinflation (Asset Price Inflation) ausgehen. Dies konnte man z. B. in den Jahren 2009 und 2010 auf dem nordamerikanischen Immobilienmarkt sehen. Nach gewaltigen Preissteigerungen „stürzten" die Preise ab und viele US-amerikanische Familien kostete dies ihr Heim, weil die zu hohen Zinsen und Tilgungsleistungen für inzwischen viel billiger zu habenden Immobilien viel zu hoch waren und die Familien überforderten.*

(5) ***Inflation durch erhöhte Nachfrage des Auslandes oder importierte Inflation****:* *Starke Erhöhung ausländischer Nachfrage im Inland wirkt stets „preistreibend". Eine importierte Inflation kann z. B. entstehen, wenn auf internationalen Rohstoffmärkten (etwa für Mineralöl und Erdgas) die Preise steigen und die inländischen Unternehmen ihre gestiegenen Produktionskosten als Preiserhöhungen an die Verbraucher weitergeben.*

Abschließend soll noch darauf hingewiesen werden, dass inflatorische Prozesse häufig als Ergebnis eines Verteilungskampfes zwischen privaten Haushalten, den Unternehmungen und dem Staat (Anspruchsinflation) interpretiert werden. Aufgrund eines solchen Verteilungskampfes zwischen Arbeitgebern (vertreten durch Arbeitgeberverbände) und Arbeitnehmern (vertreten durch Gewerkschaften) spricht man – je nach Sichtweise – auch von einer „Lohn-Preis-Spirale" (aus der Sicht der Arbeitgeber bzw. der Arbeitgeberverbände) oder von einer „Preis-Lohn-Spirale" (aus der Sicht der Arbeitnehmer bzw. der Gewerkschaften).

Zu Aufgabe 3.4.7

a) **„Inflation“** ist der andauernde, deutliche Anstieg des allgemeinen Preisniveaus. Dadurch verringert sich die Kaufkraft des Geldes.
b) Die **„Inflationsrate“** bezeichnet zunächst die Veränderungsrate des Preisniveaus. Sie wird mit Hilfe eines Warenkorbs ermittelt. Der Warenkorb umfasst ca. 650 Waren aus allen Nachfragebereichen. Der Wert eines Warenkorbs wird zu einem bestimmten Zeitpunkt – der Basis (Wert =100) – ermittelt und dann mit dem (errechneten) Wert des Messzeitpunkts verglichen. Der gebräuchliche Index ist der VPI (Verbraucherpreisindex). Der Warenkorb wird in der Regel alle fünf Jahre hinsichtlich seiner Zusammensetzung überprüft und somit auf eine neue Grundlage gestellt.
c) **„Gewinner“ und „Verlierer“ einer hohen Inflationsrate:**
   - Umverteilung vom Gläubiger zum Schuldner
   - Vermögen verliert; Umverteilung von Arbeitnehmern zu Arbeitgebern; ein inflationsbedingter Lohnausgleich findet – wenn überhaupt – erst mit einem gewissen *time lag* (= zeitliche Verzögerung) statt (siehe auch Tarifverhandlungen im gesamten Jahr 2023)
   - Umverteilung vom Bürger zum Staat; einerseits Progression bei Steuern, andererseits Realwertverluste bei Sozialleistungen, Renten und Pensionen

Zu Aufgabe 3.4.8

a) Geld ist ein knappes, im Idealfall nicht leicht zu vermehrendes Medium, welches Geldfunktionen wahrnimmt (siehe Aufgabe 3.4.1) und als solches allgemein akzeptiert wird (Beispiele: Warengeld, Münzgeld, Banknoten, Buchgeld).
b) Zu den wichtigsten Geldeigenschaften gehört die oben schon erwähnte allgemeine Akzeptanz als „Geld“, die Möglichkeit der Teilbarkeit in kleinere und kleinste Einheiten, die Möglichkeit, es leicht zu transportieren, und die Wertbeständigkeit im Zeitverlauf.
   Nur auf der Basis der Erfüllung der Geldeigenschaften können auch die wichtigsten **Funktionen des Geldes** in der Praxis erfüllt werden:
   - Tauschmittelfunktion
   - Wertspeicherfunktion/Wertaufbewahrungsmittel
   - Zahlungsmittelfunktion/Schuldentilgungsmittelfunktion (ges. Zahlungsmittel)
   - Allgemeine Recheneinheit und Wertmaßstab (Wertmessfunktion) – Geld wird gerne als Wertmaßstab und als allgemeiner Vergleichsmaßstab genommen (man bewertet, misst und vergleicht in Geldeinheiten!)
   - Geld als Instrument behördlicher Kontrolle (z. B. Geldstrafen während der Corona-Pandemie)

   Neben diesen *wichtigsten* Funktionen werden in der Literatur noch andere Funktionen genannt, z. B. die Funktion eines „sozialen Geltungsmittels“.
c) Internationalen Gepflogenheiten folgend, haben die Europäische Zentralbank (EZB) wie die Deutsche Bundesbank verschiedene engere und weitere Geldmengenbe-

griffe (von M1 bis M3, selten auch von M0 bis M4 oder sogar bis M7) voneinander abgegrenzt:

d) **M1 =** **Umlaufendes Bargeld plus** täglich fällige Einlagen (Sichteinlagen)

M2 = M1 + **Geldmenge M1 plus** Einlagen mit vereinbarter Laufzeit von bis zu zwei Jahren (Termineinlagen) sowie Einlagen mit einer vereinbarten Kündigungsfrist von bis zu drei Monaten (Spareinlagen)

M3 = M2 + **Geldmenge M2 plus** Anteile an Geldmarktfonds u. a. Geldmarktpapiere sowie Pensionsgeschäfte und Schuldverschreibungen mit einer Ursprungslaufzeit von bis zu zwei Jahren

e) Die **Quantitätsgleichung** des Geldes lautet:

M • U = H • P *mit* M = Geldmenge
U = Umlaufgeschwindigkeit (kurzfristig konstant)
H = Handelsvolumen (Gütermenge)
P = Preisniveau

Unter der Prämisse der kurzfristigen Konstanz der Umlaufgeschwindigkeit U wird deutlich: Steigt die Geldmenge M schneller als die Gütermenge H, so ist ein Anstieg des Preisniveaus unvermeidlich.

Zu Aufgabe 3.4.9

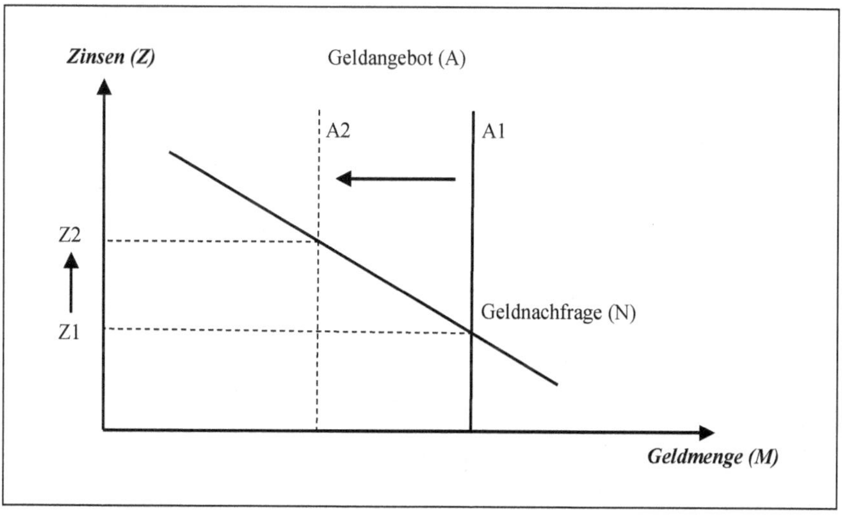

Die Zinsen steigen von Z1 auf Z2.

Zu Aufgabe 3.4.10

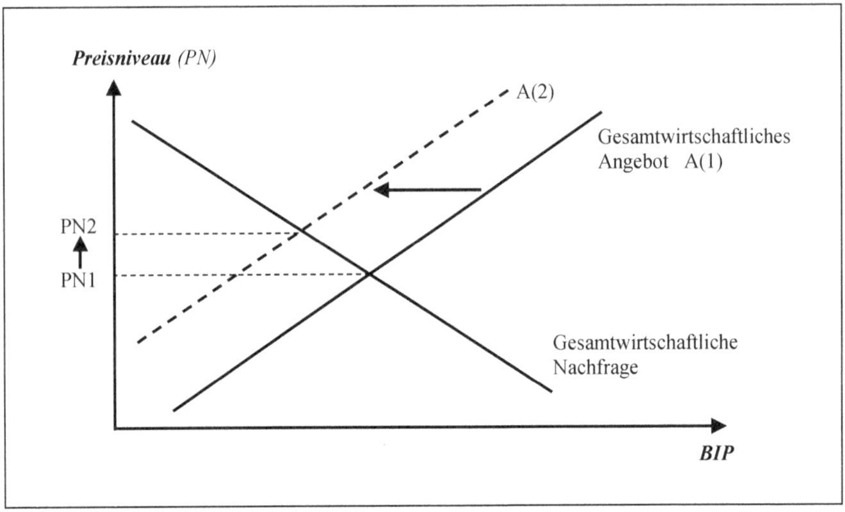

Das Preisniveau steigt; somit entsteht eine Inflation.

3.5 Wirtschaftsordnungen und Wirtschaftssysteme

Aufgabe 3.5.1

Nach dem Ende des II. Weltkriegs sind zwei deutsche Staaten entstanden, welche politisch und gerade auch wirtschaftspolitisch sehr unterschiedliche Wege gegangen sind.

Schildern Sie in groben Zügen das Wirtschaftssystem der Bundesrepublik Deutschland und gehen Sie hierbei mindestens auf folgende Punkte ein:

- die Abgrenzung vom System der freien („reinen“) Marktwirtschaft (völlig liberaler Prägung),
- die besondere Situation der jungen Bundesrepublik Deutschland nach dem Ende des II. Weltkriegs,
- das „Menschenbild“ der Sozialen Marktwirtschaft,
- die grundgesetzliche „Unterstützung" und „Bekräftigung“ der Sozialen Marktwirtschaft,
- den erkennbaren Erfolg der Sozialen Marktwirtschaft in den ersten Jahrzehnten nach seiner Einführung.

Aufgabe 3.5.2

Fast drei Jahrzehnte nach dem Bau der innerdeutschen „Mauer“ ging Ende der 1980er Jahre der real existierende Sozialismus bzw. die sozialistische Planwirtschaft („Zentralverwaltungswirtschaft“) der Deutschen Demokratischen Republik (DDR) unter.

Die jahrzehntelang anders verlaufene wirtschaftliche und politische Entwicklung hatte – wie man nach dem Zusammenbruch der Mauer und im Verlaufe des mit einer eigenen neuen Steuer finanzierten Wiederaufbaus und sozio-ökonomischen Integration der Neuen Bundesländer sehen und erleben konnte – weitreichende negative Folgen.

Geben Sie eine kurze Zustandsbeschreibung der Situation der Neuen Bundesländer, welche u. a. zur Einführung des Solidaritätszuschlages (auch genannt: „Aufbauhilfe Ost“) als Steuer bzw. Zuschlag auf die Einkommensteuer geführt hat.

Lösungen

Zu Aufgabe 3.5.1

Die Idee der Sozialen Marktwirtschaft im Sinne eines sorgfältigen Gleichklangs von Wettbewerbs- und Sozialpolitik stammt von dem Nationalökonomen Professor *Alfred Müller-Armack* (1901–1978). Aus der Zeit des untergegangenen Nationalsozialismus hatten er und mit ihm viele weitere zeitgenössische Wirtschafts- und Sozialwissenschaftler gelernt, wie wichtig freiheitliche Elemente einer Wirtschafts- und politischen Ordnung sind.

Gemeinsames Anliegen aller „Väter der Sozialen Marktwirtschaft“ war es, einen „sozialen Ausgleich“ mit der „Freiheit auf dem Markte“ zu verbinden. Gerade Prof. ***Müller-Armack*** dachte sich Soziale Marktwirtschaft nicht nur als eine wettbewerbswirtschaftlich ausgerichtete Marktordnung, sondern als eine nach dem II. Weltkrieg die verschiedenen gesellschaftlichen Gruppen und ihre Weltanschauungen versöhnende Idee und eine Sozialpolitik, die vor allem der „Hilfe zur Selbsthilfe“ des Individuums und dem **Subsidiaritätsprinzip** (der Staat greift erst dann ein, wenn die untergeordneten Einheiten nicht ausreichen, um formulierte Ziele zu erreichen) der christlichen Soziallehre verpflichtet bleibt.

Der Sozialen Marktwirtschaft in der Bundesrepublik Deutschland liegt mithin ein **dualistisches Menschenbild** zugrunde, in welchem der Mensch sowohl als zu achtendes Individuum als auch als Gemeinschaftswesen gesehen wird.

Der spätere Wirtschaftsminister und Bundeskanzler Professor *Ludwig Erhard* war der Verantwortliche für die wirtschaftspraktische Umsetzung des Wirtschaftssystems der jungen Bundesrepublik Deutschland. Diese Umsetzung geschah zunächst gegen den ausdrücklichen Willen der drei westlichen Besatzungsmächte und gegen den erklärten Willen des Vorsitzenden der Sozialdemokratischen Partei Deutschlands (SPD), *Dr. Kurt Schumacher*, der zwar – wie die Befürworter der Sozialen Marktwirtschaft – ebenfalls ein erklärter Gegner des Nationalsozialismus, aber auch Freund eines

„freiheitlichen Sozialismus“ war und sich – gemeinsam mit den Gewerkschaften – zunächst gegen die Einführung der Sozialen Marktwirtschaft wandte.

Erst viele Jahre später, nach Jahren des „Wirtschaftswunders“ bzw. des erkennbaren Erfolgs der Sozialen Marktwirtschaft, bekannte sich die SPD (v. a. mit dem „Godesberger Programm“, welches von 1959 bis 1989 das Parteiprogramm der SPD war) und mit ihr auch die Gewerkschaften zur Sozialen Marktwirtschaft als wirtschaftspolitischem „Leitmodell“ für die Bundesrepublik Deutschland.

Das Grundgesetz für die Bundesrepublik Deutschland (GG) des Jahres 1949 enthält weder einen Artikel, der eine bestimmte Wirtschaftsordnung vorschriebe, noch eine ausdrückliche Erwähnung oder einen direkten Hinweis auf die Soziale Marktwirtschaft oder einen klaren Hinweis auf eine ausdrücklich wettbewerbsorientierte Wirtschaftsordnung. Dennoch lassen sich mehrere Artikel des Grundrechtekatalogs (= Art. 1 bis 19 GG) und der Art. 20 GG als bewusst gewolltes Fundament einer sozial-marktwirtschaftlichen Ordnung interpretieren, so z. B. Art. 2 (Freiheit der Person), Art. 9 (Koalitionsfreiheit), Art. 12 (Freiheit der Berufs- und Arbeitsplatzwahl), Art. 14 (Recht auf Privateigentum) und Art. 20 GG (Sozialstaatsprinzip/Rechtsstaatprinzip: „Die Bundesrepublik ist ein demokratischer und sozialer Rechtsstaat“) .

Mit der **Sozialen Marktwirtschaft** soll das Prinzip der Freiheit (mit einem optimal funktionierenden Wettbewerb) mit dem Grundsatz eines sozialen Ausgleichs bzw. der sozialen Gerechtigkeit verbinden. Jeder unverschuldet in Not geratene Mitbürger soll sozial aufgefangen werden („soziales Netz“); gleichzeitig soll das Subsidiaritätsprinzip gerade auch als Zeichen gegen das Gesellschaftsbild in nationalsozialistischen und kommunistischen, faschistischen und „(rein) kapitalistischen“ Staaten gelten.

Zu Aufgabe 3.5.2

Zu den langfristigen erkennbaren Folgen der Zentralverwaltungswirtschaft in der untergegangenen DDR, insbesondere im Vergleich zum erkennbaren höheren Grad an Wohlstand und wirtschaftlicher wie politischer Freiheit der Bevölkerung der (alten) Bundesrepublik Deutschland (im „Westen“) seit dem Kriege, gehörten z. B.

- eine **mangelhafte und jahrzehntelang nicht hinreichend gepflegte und ausgebaute Infrastruktur** (öffentliche Gebäude, Brücken, Eisenbahnen, Telekommunikation, Wasser- und Energieversorgung);
- eine Landschaft mit wenig gepflegten, ja heruntergekommenen Dörfern und Städten mit **verfallen Innenstädten**, und auch **heruntergekommene Industriebetriebe** mit jahrzehntelang nicht mehr renovierten Verwaltungs-, Produktions- und Lagergebäuden sowie Maschinen;
- eine **geringe Arbeitsproduktivität** (Ende der 1980er Jahre lag die Arbeitsproduktivität der DDR im Vergleich zu jener der Bundesrepublik Deutschland bei nur bei etwa 20 %) und – ganz allgemein – eine **geringere Wirtschaftlichkeit**, eine geringe Nachfrage- und Kundenorientierung und – wegen fehlenden Wettbewerbs – oft genug eine geringere Qualität sowie weniger Innovation;

- eine unwirtschaftliche und wettbewerbswidrige **Dauer-Subventionierung** insbesondere solcher Güter, die sich zum täglichen (Einkaufs-)Bedarf zählen lassen, etwa Lebensmittel und Energie;
- eine besonders hohe **Umweltverschmutzung**;
- ein erkennbarer besonderer **Hang zur Günstlings- und Vetternwirtschaft** (wegen der dauerhaften Mangelsituation bzw. der „Mangelverwaltung") und auch ein besonderer **Hang zur Hortung von Produktionsfaktoren und Gütern (v. a. mit Anderen tauschbaren Gütern)** sowie zur **Korruption**;
- eine am Ende **demoralisierte Bevölkerung**, insbesondere die Altersgruppe zwischen etwa 16 und 46, die wegen des Wohlstandsgefälles und der mangelnden Freiheit auf allen Gebieten (z. B. Berufswahl, Konsumentenfreiheit, Freizügigkeit) nach 1989 in Scharen gen Westen, in die westlichen Bundesländer zog und dort auch gut bezahlte Arbeit und besser ausgestattete Wohnungen und Häuser fand.

3.6 VWL und Wirtschaftspolitik, v. a. Konjunkturtheorie und Fiskalpolitik

Aufgabe 3.6.1

a) Prüfen Sie anhand der nachfolgenden Daten (für eine beliebige Volkswirtschaft), ob die gesamtwirtschaftlichen Ziele gemäß § 1 StabG (hoher Beschäftigungsstand, stetiges und angemessenes Wirtschaftswachstum, Preisstabilität) erreicht sind. Begründen Sie Ihre Antwort.
(Sämtliche Daten außer Indexzahlen in Millionen Euro)

	Indikator	Bezugsjahr	Vorjahr
1	Beschäftigte Beamte	0,4	0,5
2	Preisindex des Bruttoinlandsproduktes	259,6	252,1
3	Außenhandelssaldo	80.000	90.000
4	Gemeldete Arbeitslose	1,6	1,8
5	Abhängig Beschäftigte	29,5	29,2
6	Selbständige	1,8	1,7
7	Saldo der Dienstl.- und Übertr.-Bilanz	–60.000	–55.000
8	BIP in Preisen des jeweiligen Jahres	3.180.000	3.000.000
9	Preisindex der Lebenshaltungskosten	218,9	211,5
10	Nettokreditaufnahme des staatlichen Sektors	90.000	75.000
11	Gesamte staatliche Investitionsausgaben	90.000	80.000

b) Die Regierung plant für das laufende Jahr, zwecks Abbaus der Arbeitslosigkeit, im Rahmen eines kreditfinanzierten Konjunkturprogramms die staatlichen Investitionen um 20 Mrd. € zu erhöhen. Halten Sie diese Maßnahme für sinnvoll und zulässig?

Begründen Sie Ihre Antwort. Orientieren Sie sich bei der Beantwortung an den gesetzlichen Vorgaben in Deutschland einschließlich der Ihnen bekannten Bestimmungen des Maastrichter Vertrages, der Konvergenz-Kriterien.

c) In der o. a. Volkswirtschaft sollen die Löhne und Gehälter laut Forderungen der Einzel-Gewerkschaften und des DGB im laufenden Jahr nominal um durchschnittlich 6 % erhöht werden. Wie beurteilen Sie diese Forderung vor dem Hintergrund der o. a. Daten?

Aufgabe 3.6.2

Im Rahmen des umstrittenen „Einstiegs in eine ökologische Steuerreform" (1999) stießen *Pro* und *Contra* sehr heftig aufeinander. Erläutern Sie den inhaltlichen Aufbau bzw. die Stichhaltigkeit der folgenden Argumente.

a) Es wurde argumentiert, dass steigende Energiepreise beschäftigungsfördernde Investitionen im Inland auslösen könnten.
b) Es wurde behauptet, die Energiepreise seien generell zu niedrig, weil sie die indirekt verursachten Umweltschäden nicht berücksichtigten.

Aufgabe 3.6.3

Nach Art. 109 GG in Verbindung mit § 1 des Stabilitätsgesetzes müssen Bund und Länder (mittelbar auch die Sozialversicherungen) bei ihrer Haushaltswirtschaft die Erfordernisse des gesamtwirtschaftlichen Gleichgewichts beachten. Außerdem ist der Staat bei der Kreditaufnahme an Art. 115 GG und an die Vorschriften des Amsterdamer Vertrags (Nachfolgevertrag/Ergänzungsvertrag des Maastrichter Vertrags) gebunden.

Gegeben sind folgende Daten für eine beliebige Volkswirtschaft *(Daten in Millionen Euro, sofern nicht anders gekennzeichnet)*:

Nr.	Indikator	Berichtsjahr	Vorjahr
1	Selbständige	1,5	1,5
2	Preisindex des BIP	142,6	139,1
3	Gemeldete Arbeitslose	2,6	2,8
4	Sozialvers.-pfl. Beschäftigte	29,5	29
5	Beschäftigte Beamte	1,8	1,7
6	BIP in Preisen des jew. Jahres	1.850.000	1.740.000
7	Staatliche Bruttoinvestitionen	45.000	45.000
8	Preisindex der Lebenshaltung	146,9	140,5
9	Nettokreditaufn. d. staatl. Sektors	60.000	40.000

Prüfen Sie vor diesem Hintergrund

a) ob die binnenwirtschaftlichen Ziele des gesamtwirtschaftlichen Gleichgewichts erreicht oder gefährdet sind, wobei Sie bitte auch – soweit aus dem Sachverhalt erkennbar – auf mögliche Ursachen und Folgen bei Abweichungen von diesen Zielen eingehen sollten.
b) ob und in welcher Höhe eine staatliche Kreditaufnahme zulässig ist (erläutern Sie in diesem Zusammenhang auch den Sinn der Verschuldungsvorschriften).
c) mit welcher normalen Entwicklung der gesamten Steuereinnahmen (in Prozent) im Berichtsjahr voraussichtlich zu rechnen ist. Erläutern Sie in diesem Zusammenhang, welche Einflussgrößen für die Entwicklung der Einkommensteuer und der Mehrwertsteuer von Bedeutung sind.
d) Gehen Sie abschließend auf die möglichen Ursachen (!) des Haushaltsdefizits laut Sachverhalt ein und erläutern Sie in diesem Zusammenhang die Begriffe „normales", „konjunkturelles" und „strukturelles Haushaltsdefizit".

Aufgabe 3.6.4

Gegeben seien die nachstehenden Jahreswirtschaftsdaten für eine Volkswirtschaft im Norden Europas:

Indikator	**Größe**
Erwerbstätige	30,1 Mio.
Arbeitslose (gemeldet)	3,3 Mio.
Verbraucherpreisindex des Berichtsjahres	112,1
Verbraucherpreisindex des Vorjahres	110,0
Veränderungsrate des Preisniveaus des BIP (gegenüber Vorjahr)	3,60 %
Veränderungsrate des nominalen BIP (gegenüber Vorjahr)	3,30 %
Arbeitnehmerentgelt	1.700 Mrd. €
Reales (inflationsbereinigtes) BIP des Berichtsjahres	2.600 Mrd. €

a) Prüfen Sie, ob die binnenwirtschaftlichen Ziele gemäß § 1 des (deutschen) Stabilitätsgesetzes erreicht worden sind. Berechnen Sie hierfür die einschlägigen Kennziffern.
b) Berechnen Sie die Lohnstückkosten und erklären Sie, welche wirtschaftspolitische Bedeutung diese Größe für eine Volkswirtschaft hat.
c) Geben Sie an und begründen Sie, in welche Richtung (größer, kleiner, unverändert) sich die nachstehenden Kennziffern rein rechnerisch ändern, und zwar **losgelöst** von den Zahlen des oben genannten Sachverhalts:
   – die Lohnstückkosten, wenn die Arbeitsproduktivität weniger stark wächst als der Durchschnittslohn (Arbeitnehmerentgelt je Erwerbstätiger);

- die Arbeitslosenquote, wenn die Arbeitsproduktivität im gleichen Ausmaße ansteigt wie die (reale) Wachstumsrate des Bruttoinlandsprodukts, konstante Erwerbsquote unterstellt;
- der positive Außenbeitrag, wenn Exporte und Importe um den gleichen Prozentsatz (nicht: um den gleichen Betrag!) steigen;
- die nach dem Arbeitnehmerentgelt berechnete Lohnquote, wenn das Arbeitslosengeld gekürzt wird, unveränderte Höhe der Sozialversicherungsbeiträge der Arbeitnehmer und Arbeitgeber unterstellt;
- das Arbeitnehmerentgelt, wenn die Einkommensteuersätze angehoben werden.

Aufgabe 3.6.5

Für eine beliebige Volkswirtschaft liegen folgende Daten vor:

Nr.	Indikator	Jahr 1	Jahr 2	Jahr 3
1	Selbständig (Mio.)	3,6	3,9	4,1
2	Soz. Vers.-Pfl. Beschäftigte (Mio.)	39,5	39,8	40,8
3	Beschäftigte Beamte (Mio.)	1,8	1,9	2,0
4	Gemeldete Arbeitslose (Mio.)	3,6	3,5	3,0
5	Preisindex des Bruttoinlandsproduktes	150,6	152,1	156,4
6	Preisindex der Lebenshaltungskosten (VPI)	127,9	130,0	135,8
7	BIP in Preisen des jeweiligen Jahres (Mrd. €)	2.300	2380,0	2540,0

a) Prüfen Sie, ob die binnenwirtschaftlichen Ziele des (deutschen) Stabilitätsgesetzes im Jahr 2 und im Jahr 3 erreicht werden.

b) Kennzeichnen Sie die konjunkturelle Entwicklung der Volkswirtschaft von Periode 2 zu Periode 3.

Aufgabe 3.6.6

In einem fiktiven Industrieland der nördlichen Halbkugel liegen folgende gesamtwirtschaftlich relevanten Daten des nationalen Amtes für Statistik vor:

Jahr	Jahr 1	Jahr 2
Nominales BIP	2.495,8 Mrd. €	2.407,2 Mrd. €
Volkseinkommen	1.886,0 Mrd. €	1.815,0 Mrd. €
Arbeitnehmerentgelte	1.225,1 Mrd. €	1.223,9 Mrd. €
Erwerbstätige	40.279 Tsd.	40.265 Tsd.
Registrierte Arbeitslose	3.268 Tsd.	3.423 Tsd.
Verbraucherpreisindex (2011 = 100)	106,6	107,0

Jahr	Jahr 1	Jahr 2
Bevölkerung	82.120 Tsd.	81.815 Tsd.
Preisbereinigte BIP-Veränderungsrate	1,30%	–5%
Schuldenstand des Staates	1.646,2 Mrd. €	1.762,2 Mrd. €
Staatliche Einnahmen	1.091,8 Mrd. €	1.066,0 Mrd. €
Staatliche Ausgaben	1.090,7 Mrd. €	1.145,3 Mrd. €

a) Errechnen Sie für die Jahre 1 und 2 die Unternehmens- und Vermögenseinkommen. Ermitteln Sie die Lohnquote und die Gewinnquote für beide Jahre auf der Basis der Daten in der obenstehenden Tabelle und interpretieren Sie Ihre Ergebnisse.
b) Inwieweit ist die Aussagefähigkeit der Lohnquote begrenzt?

Aufgabe 3.6.7

a) Prüfen Sie **mit Hilfe der Daten in der Tabelle aus Aufgabe 3.6.6,** ob die binnenwirtschaftlichen Ziele des Stabilitäts- und Wachstumsgesetzes vom 8. Juni 1967 im Jahr 2 erreicht sind. Erläutern bzw. begründen Sie Ihr Ergebnis.
b) Im Rahmen des europäischen Stabilitäts- und Wachstumspaktes gelten die sogenannten „Maastricht-Kriterien“ bezüglich der Finanzlage der öffentlichen Hand. Prüfen Sie, ob diese im Jahr 2 eingehalten werden.
c) Inwiefern ist eine hohe Staatsverschuldung nachteilig für eine Volkswirtschaft?
d) Mit einer „Schuldenbremse“ soll ein weiteres Ansteigen der Schulden verhindert werden. Art. 109 und Art. 115 GG sind dementsprechend verändert worden. Nach einer Übergangsfrist (für den Bund bis 2016, für die Länder bis 2020) soll folgendes gelten:
„Die Haushalte von Bund und Ländern sind grundsätzlich ohne Einnahmen aus Krediten auszugleichen. Bund und Länder können Regelungen zur – im Auf- und Abschwung symmetrischen – Berücksichtigung der Auswirkungen einer von der Normallage abweichenden konjunkturellen Entwicklung sowie eine Ausnahmeregelung für Naturkatastrophen oder außergewöhnliche Notsituationen, die sich der Kontrolle des Staates entziehen und die staatliche Finanzlage erheblich beeinträchtigen, vorsehen“ (Art. 109 Abs. 3 GG).

   Erörtern Sie das Für und Wider einer solchen Schuldenbremse für die Bundesrepublik Deutschland.
   (Anm.: Die Schuldenbremse ist 2020 wegen der Corona-Pandemie bis auf weiteres außer Kraft gesetzt worden; sie soll – so Finanzminister Lindner – 2023 wieder in Kraft gesetzt werden).

Aufgabe 3.6.8

Zeigen Sie mit Hilfe einer Grafik am Beispiel des Arbeitsmarktes, wie sich eine Störung der konjunkturellen Entwicklung bei gleichzeitig starren Löhnen auf das Beschäftigungsniveau auswirkt.

Erläutern Sie die Zusammenhänge, die in der Grafik dargestellt sind.

Aufgabe 3.6.9

Was versteht man unter einer „antizyklischen“ Konjunkturpolitik?

Lösungen

Zu Aufgabe 3.6.1

a) **(Hoher) Beschäftigungsstand:**

1. Insgesamt leichte Zunahme der Gesamtbeschäftigung um 300.000 bzw. rd. 1 % von 31,4 auf 31,7 (= Zeilen 1 + 5 + 6).
2. Die **offizielle Arbeitslosenquote** ist wie folgt definiert:

$$\textbf{AL-Quote} = \frac{\text{Gemeldete Arbeitslose (AL)}}{\text{Sozialversicherungspf. Beschäftigte + Beamte + Selbständige + Gem. AL}} \times 100$$

Hier ergibt sich für das laufende Jahr ein Wert von 4,8 % gegenüber 5,42 % im Vorjahr.

$$\textbf{AL-Quote}\text{ (Bezugsjahr)} = \frac{1{,}6}{0{,}4 + 29{,}5 + 1{,}8 + 1{,}6} \times 100 = \underline{\underline{\mathbf{4{,}8\ \%}}}$$

$$\textbf{AL-Quote}\text{ (Vorjahr)} = \frac{1{,}8}{0{,}5 + 29{,}2 + 1{,}7 + 1{,}8} \times 100 = \underline{\underline{\mathbf{5{,}42\ \%}}}$$

Es ergibt sich für das laufende Jahr ein Wert von **4,8 %** gegenüber **5,42 %** im Vorjahr

Bewertung:
***Arbeitslosenquote*:** Sie ist nicht sehr hoch, weil auch die friktionale Quote zu berücksichtigen ist. Im internationalen Vergleich schwankt diese „Quote“ zwischen 1,5 und 4 %.
Preisniveaustabilität: **(218,9 / 211,5 × 100) – 100 =** $\underline{\underline{\mathbf{3{,}5\ \%}}}$

oder: $$\frac{\mathbf{218{,}9 - 211{,}5}}{\mathbf{211{,}5}} \times \mathbf{100 = 3{,}4988\ \% \rightarrow} \underline{\underline{\mathbf{3{,}5\ \%}}}$$

Eine **Preisniveaustabilität** ist somit nicht gegeben, weil ein Anstieg mit 3,5 % über dem Maximalwert von 2 % liegt (ggf. gerne auch Erläuterung, *warum* 2 %!).

Wachstum: **(3180000 / 3000000 × 100) – 100 = 6 % (nominell)**

BIP-Deflator: **(259,6 / 252,1 × 100) – 100 = 2,98 % → 3 %**

Hier ergibt sich lt. Zeile 8 ein nominaler BIP-Anstieg um 6 %. Dieser entspricht – abzüglich des Preisanstiegs, berechnet mit den Werten aus Zeile 2 in Höhe von 3 % – einem Realwachstum von ebenfalls 3 %.

Bewertung:
Werte ab 2,5 % gelten als „gutes“ Wachstum. Dies würde auch mit der leichten Beschäftigungszunahme von 1 % übereinstimmen, denn die Pro-Kopf-Produktivitätszunahme liegt dann bei 2 % (wichtig für die spätere Erörterung der Lohnforderung unter Aufgabe c).

Gesamtbewertung:
Insgesamt liegt eine positive Wirtschaftslage mit – leichter – Inflation (als Negativfaktor) vor.

b) Die gegenwärtig noch gültigen Vorschriften (Art. 115 GG und z. B. auch Art. 83 der Landesverfassung des Bundeslandes Nordrhein-Westfalen) binden die Nettokreditaufnahme vor allem an die öffentlichen Investitionen. Die Vorschrift ist lt. Sachverhalt in beiden Jahren erfüllt; dies gilt auch für das beabsichtigte Programm. Die Defizitquote (laut Maastrichter Vertrag: 3 %) würde allerdings von 2,5 % ((75.000 / 3.000.000) × 100 = 2,5 %) im Vorjahr auf 3,5 % ((90.000 + 20.000) / 3.180.000) × 100 = 3,5 %) des BIP im Bezugsjahr steigen! Eine Überschreitung des Maximalwerts von 3 % wäre hier wohl unzulässig, weil keine Wachstumsabschwächung vorliegt. Die Maßnahme ist auch mit Verweis auf die Inflation nicht sachgerecht.
Insgesamt also: abzulehnen!

c) Die Realforderung beträgt 6 % minus 3,5 % (Preisniveausteigerung), also **2,5 %.** Bei unterstellter (!) Arbeitszeitverkürzung läge die Forderung aber etwa im Rahmen der Entwicklung der Stundenproduktivität, ist somit aus Sicht der Produktivitätstheorie stückkostenneutral und deshalb eine begründbare und zulässige Forderung. Eine Einschränkung ist allerdings wegen der Inflationsrate angebracht, weil hier die Gefahr einer Preis-Lohn-Spirale besteht. Fraglich ist auch, ob hier durch Lohnzurückhaltung ein Betrag zur Inflationsdrosselung geleistet werden könnte – immerhin ein Aspekt, der zu erörtern und zu beachten ist.

Zu Aufgabe 3.6.2

a) Aus investitionstheoretischer Sicht ergibt sich bei steigenden Energiepreisen in der Zukunft und möglichen Einsparungen durch Energiesparinvestitionen ein umso höherer Kostenersparnisbarwert, je stärker die Energiepreise steigen (und umgekehrt). Investitionen amortisieren sich also schneller, die Rendite ist höher. Aus dieser Sicht ist das Argument zutreffend. Beschäftigungseffekte wären ebenfalls zu erwarten. Allerdings muss auch die Gegenrechnung beachtet werden: Kommt es zu Produktionsverlagerungen ins billigere Ausland, so gehen Investitionen verloren (siehe die Konkurrenz aus China bei Solaranlagen).

b) Aus allokationstheoretischer Sicht stellen zu niedrige Energiepreise, welche die globalen, negativen externen Effekte (also die, die den Verursachern nicht zugerechnet werden können) des Energieverbrauchs nicht berücksichtigen, eine „verzerrte" Preisstruktur dar. Kompensationsansprüche „zukünftiger Generationen" sind in den gegenwärtigen Energiepreisen ebenso wenig enthalten wie Kompensationsansprüche der von der Energienutzung beim Wohnen, beim Verkehr und beim Produzieren negativ Betroffenen. Sämtliche Energienutzer (und somit CO_2- Erzeuger) betreiben somit eine Art „Raubbau". Durch eine Steigerung der Energieeffizienz (via Investitionen und via Energiepreissteigerung) ließen sich die vermuteten bzw. nachgewiesenen Negativeffekte reduzieren.
Das Argument ist tendenziell richtig. Die (quantitative) Beweislage ist allerdings schwierig. Außerdem stünden auch andere, administrative Instrumente zur Einschränkung negativer Effekte zur Verfügung.
06. Mai 2021: Umwelt- und Finanzministerium legen einen Gesetzentwurf vor
Das Paket sieht unter anderem vor, dass sich Deutschland erstmals dazu verpflichtet, bis zum Jahr 2045 (das „Zieljahr" wurde von Anfang an diskutiert) klimaneutral zu werden. Das teilten die Ressortminister auf einer kurzfristig einberufenen Pressekonferenz mit. „Klimaneutralität" bedeutet, nur noch so viele Treibhausgase auszustoßen, wie auch wieder gebunden werden können.

Zu Aufgabe 3.6.3

a) Nach § 1 Stabilitätsgesetz (StabG) sind Bund, Länder und Gemeinden verpflichtet, ihre Maßnahmen so zu treffen, dass sie im Rahmen der marktwirtschaftlichen Ordnung **gleichzeitig** zur Stabilität des Preisniveaus, zu einem hohen Beschäftigungsstand (...) und zu einem stetigen und angemessenen Wirtschaftswachstum beitragen. Man bezeichnet dies als das **„magische Dreieck"** der Wirtschaftspolitik. Geprüft werden sollen hier nur die binnenwirtschaftlichen Ziele.
Das Ziel des stetigen Wachstums bezieht sich auf die Vermeidung kurzfristiger stärkerer Schwankungen des BIP mittels Konjunkturpolitik.
Da hier nur ein Zuwachswert vorliegt, kann der konjunkturelle Verlauf nicht überprüft werden. Zu ermitteln ist allerdings die Höhe des **realen** BIP-Zuwachses.
Der Wert ergibt sich aus dem nominalen Zuwachs des BIP in Zeile 6:
$(1850 / 1740) \times 100 - 100 = 6{,}3\ \%$
Abzüglich des BIP-Deflators, ermittelt mit dem Wert aus in Zeile 2:
$(142{,}6 / 139{,}1) \times 100 - 100 = 2{,}5\ \%$.
Also ergibt sich ein realer Zuwachs im Berichtsjahr von
6,3 % – 2,5 % = <u>3,8 %.</u>

Dieser Wert liegt über dem oberen Sollwert für das reale Wachstum von etwa 3,5 %. Die Volkswirtschaft befindet sich somit in einer (konjunkturellen?) Überauslastungsphase, die lt. Sachverhalt durch ein staatliches *„Deficit Spending“* ausgelöst worden sein könnte.
Mit 3,8 % liegt somit ein zu starkes reales Wachstum vor, welches die Wirtschaft im Regelfall überfordert, denn schließlich soll die Wirtschaft inflationsfrei und kontinuierlich wachsen. Dieses Argument ergibt sich auch aus dem Begriff des „angemessenen Wachstums“ laut StabG.
„Angemessen“ ist das Wachstum dann, wenn es mit den übrigen Zielen des StabG harmoniert und einen bestimmten Trendverlauf (Kontinuität) ausweist. Das Wachstum der Wirtschaft darf also wegen des Ziels der Preisniveaustabilität einerseits nicht zu stark ausfallen und andererseits wegen des trendmäßigen Anstiegs der Produktivität im Hinblick auf das Beschäftigungsziel nicht zu gering sein, denn sonst erhöht sich die Arbeitslosigkeit (bei Wachstumsraten unter 2 bis 2,5 % p. a. = Beschäftigungsschwelle).
Die Preisentwicklung ergibt sich aus der prozentualen Indexveränderung in Zeile 8:

$$(146{,}9 / 140{,}5) \times 100 - 100 = 4{,}6\ \%$$

Mit einem Anstieg 4,6 % ist das Ziel der Geldwertstabilität deutlich verletzt.
Zur Ermittlung der Arbeitslosenquote erfasst man die Arbeitslosigkeit im Zähler und das Arbeitskräftepotential im Nenner, etwa wie folgt: AL-Quote = Gemeldete AL / geteilt durch (Sozialversicherungspflichtig Beschäftigte + Beamte + Selbständige + Gemeldete AL).
Also lt. Sachverhalt:

$$\text{Arbeitslosenquote (Vorjahr)} = \frac{2{,}8}{29 + 1{,}7 + 1{,}5 + 2{,}8} \times 100 = \underline{\underline{\mathbf{8\ \%}}}$$

$$\text{Arbeitslosenquote (Berichtsjahr)} = \frac{2{,}6}{29{,}5 + 1{,}8 + 1{,}5 + 2{,}6} \times 100 = \underline{\underline{\mathbf{7{,}3\ \%}}}$$

Wichtig: Die gemeldeten Arbeitslosen müssen auch im Nenner der Quotenermittlung enthalten sein, da sie ja zum Arbeitskräftepotential gehören!
Für den Sachverhalt ergeben sich AL-Quoten von **8 %** im Vorjahr und **7,3 %** im Berichtsjahr. Problematisch ist die Bewertung dieser Quoten ohne weitergehende Informationen. Allerdings würde man das AL-Niveau im Sachverhalt generell als zu hoch bezeichnen, auch wenn man bereit ist, eine relativ hohe „natürliche“ oder „normale“ AL-Quote von etwa 5 % zu akzeptieren.
Konjunkturelle AL liegt wegen der Überauslastung keinesfalls vor. Somit verbleibt als AL-Erklärung die strukturelle ***„Mismatch*-Arbeitslosigkeit**“.
Die Ursachen für diesen **„Mismatch“** können in beruflichen, sektoralen oder regionalen Problemen begründet sein.

b) Aus der **EU-Verschuldungsgrenze von maximal 3 % des BIP** ergibt sich für das Vorjahr ein Maximalwert von 1 740 000 × 3 % = **52,2 Mrd. Euro** und für das Berichtsjahr von 1 850 × 3 % = **55,5 Mrd. Euro.** Die staatliche Nettokreditaufnahme lt. Zeile 9 des Sachverhalts liegt somit im Vorjahr unter der EU-Verschuldungsgrenze, überschreitet im Berichtsjahr allerdings den Wert erheblich, was Konsequenzen im Rahmen des EU-Sanktionssystems auslösen sollte. Zur Erklärung der 3%-Grenze: Es handelt sich primär um eine politische Kennziffer, die zur fiskalischen Absicherung des Eurosystems in den verschiedenen Ländern dient. Zu hohe Neuschulden in der Eurozone sollen erschwert werden. Tendenziell wirkt diese Begrenzung „entlastend", wenn man die 60%-Quote für die Gesamtverschuldung und den nominalen BIP-Anstieg (auf mittlere Sicht eher bei nominal +4 bis +5 % p. a.) berücksichtigt.

Zu prüfen ist weiter, ob der Verschuldungsrahmen lt. GG und den entsprechenden Artikeln der Landesverfassungen eingehalten wird (siehe auch Schuldenbremse). Die Vorschriften (Art. 115 GG und z. B. Art. 83 Landesverfassung NW, §§ 76, 85 Gemeindeordnung NW) binden die Netto-Kreditaufnahme an die öffentlichen Bruttoinvestitionen; Stichworte „*Pay-as-you-use*-Prinzip" und „Intergenerative Lastenverteilung". Die Kreditfinanzierung öffentlicher Investitionen (!) wird unter dem Gesichtspunkt einer gerechten Lastenverteilung (!) als zulässig erachtet, denn unter dem Gesichtspunkt der Zumutbarkeit und der Belastbarkeit der Einwohner ist es nicht einzusehen, dass die gegenwärtig Abgabepflichtigen erhebliche Belastungen (Steuern usw.) tragen obwohl die künftigen Generationen noch einen Nutzen von diesen Investitionen haben. So übernehmen künftige Generationen zuvor angehäufte Schulden und Zinsverpflichtungen, aber auch – wie in einer Bilanz – die entsprechenden Gegenwerte, nämlich das öffentliche Sach- und Finanzvermögen – und das in einer erheblichen Größenordnung. Im Sachverhalt wird diese Verschuldungsvorschrift zwar im Vorjahr eingehalten, im Berichtsjahr dagegen unzulässiger Weise überschritten.

c) Das Wachstum der nominalen und realen Wirtschaftsleistung (= nominales und reales BIP) bestimmt das Wachstum der Steuereinnahmen. Normalerweise hat das deutsche Steuersystem eine sogenannte „Aufkommenselastizität" von etwa 1. Das bedeutet: Steigt das nominale Bruttoinlandsprodukt (BIP) um 1 %, dann legt auch das Steueraufkommen um 1 % zu. Hier würde man wegen des starken BIP-Anstieges von nominal 6,3 %, der hohen Inflation und des Progressionseffekts bei der Einkommensteuer eher mit einem etwa stärkeren Steuerzuwachs von etwa 7 % bis 8 % rechnen.

   Zu den Einflussfaktoren: Gegenstand der Einkommensteuer ist das Einkommen der natürlichen Personen, wobei sämtliche Einkommensarten – nicht nur das Einkommen aus unselbständiger Arbeit – der progressiven Besteuerung unterliegen. Einkommen entsteht im Zuge der wirtschaftlichen Leistung bzw. Wertschöpfung, ist also an die nominale BIP-Entwicklung gekoppelt. Weitere Bestimmungsfaktoren für die Lohnentwicklung sind der Preisanstieg – hier hoch – und die Produktivitätsentwicklung. Mit der Mehrwertsteuer sind (nur) der private Verbrauch und Teile des Staatsverbrauchs belastet. Die Entwicklung ist wertabhängig, sie korreliert aber mit dem (hier) hohen BIP-Wachstum.

d) Die hohe Nettoverschuldung im Sachverhalt überrascht, weil die Steuereinnahmen – wie erläutert – normalerweise deutlich zunehmen würden und bei den Ausgabenpositionen des Staates lt. Sachverhalt keine großen Zuwächse zu verzeichnen sind:

Die Bruttoinvestitionen sind gleichbleibend, die Beamtenbeschäftigung steigt nur um 100.000 Personen bzw. 0,5 %.
Wie lässt sich dieser Sachverhalt erklären? Entweder ist es hier zu willkürlichen Steuerentlastungen im Sinne eines *„Deficit Spending"* gekommen, die das starke Wachstum erklären könnten, oder zu einem Anstieg der (hier nicht sichtbaren) staatlichen Transferleistungen – mit gleicher Wirkung. Das zulässige staatliche Normaldefizit (bei konjunktureller Normallage!) wird unterschiedlich hoch gesehen. Mittelfristig wird im Sinne des EU-Stabilitätspakts inzwischen auch in Deutschland ein Abbau des staatlichen Defizits (über alle Ebenen) auf *„close to zero"* angestrebt! Die sogenannte „Schwarze Null" wurde im Bund erstmals im Jahr 2014 erreicht und hatte bis 2019 Bestand. Danach begann der Bund, sich zur Finanzierung der Folgen der Corona-Pandemie hoch zu verschulden.
Selbst wenn man – wie z. B. der Sachverständigenrat – bereit wäre, auch einen (etwas) höheren Wert von etwa 1 % des BIP für alle (!) staatliche Ebenen zu akzeptieren, so dürfte das Normaldefizit im Sachverhalt nun weit weniger als die Hälfte des Ist-Defizits im Berichtsjahr betragen, weil hier eine konjunkturelle Überhitzung mit einem konjunkturellen Überschuss (!) vorliegt.

Zu Aufgabe 3.6.4

a) **Kennziffern:**

Preisniveaustabilität:
SOLL (Norm): Veränderungsrate des Verbraucherpreisindex
IST (Tatbestand): (112,1 / 110) × 100 – 100 = **+1,9 %**
→ Ziel ist **nicht verletzt**, kein Handlungsbedarf

Angemessenes und stetiges Wirtschaftswachstum
SOLL: Veränderungsrate des realen BIP ca. + 3 % jährlich
IST: + 3,3 % nominale Veränderung (lt. SV)
– (+ 3,6 % Preisniveauanstieg des BIP) = **–0,3 %**
→ **gravierende Zielverletzung**

Stetiges Wachstum:
Der Wachstumspfad von + 3 % sollte in der Zeitfolge möglichst weder über- oder unterschritten werden, das Wachstum sollte nicht sprunghaft verlaufen.

Hoher Beschäftigungsstand:
SOLL: Arbeitslosenquote ca. 3 % bis 4 %, eher weniger.
IST: 3,3 / (3,3 + 30,1) × 100 = **+1,9 %** (Arbeitslosenquote)
→ **gravierende Zielverletzung**, es besteht dringender Handlungsbedarf

***Lohnstückkosten*:**
Definition:
Lohnstückkosten = nominales Arbeitnehmerentgelt / reales BIP

Berechnung: 1.700 Mrd. EUR / 2.600 Mrd. EUR = 0,65 EUR je 1 EUR Wirtschaftsergebnis
(*Alternativberechnung:* Arbeitnehmerentgelt je Beschäftigtem / reales BIP je Beschäftigtem)
Lohnstückkosten zeigen an, wie hoch der Anteil des Arbeitnehmerentgelts am Preis des verkauften Produktes ist.
Je höher dieser Anteil, desto niedriger ist der Anteil, mit dem die Kapitalgeber und die unternehmerische Tätigkeit entlohnt werden.
Der Unternehmer vergleicht: Entlohnungsanteil < Verzinsung am Kapitalmarkt
→ **Geldanlage im Betrieb lohnt nicht mehr**
- Verlagerung des Betriebes, evtl. sogar ins Ausland
- Aufgabe des Betriebes
- Preiserhöhungen

→ **Folgen:**
- Inflation
- Arbeitsplatzverluste

Langfristbetrachtung:
- Veränderungsrate der Lohnstückkosten = 0
- „Produktivitätsorientierte, kostenneutrale Lohnpolitik“
- Nominaler Lohnanstieg ist gedeckt durch entsprechenden Anstieg der Arbeitsproduktivität
- Den erhöhten Kosten stehen dann erhöhte Einnahmen gegenüber.

b) **Änderung der Kennziffern:**
- **Lohnstückkosten steigen**
  Begründung:
  Die Lohnstückkosten sind das Verhältnis von Durchschnittslohn zu Arbeitsproduktivität.
  Steigt der Durchschnittslohn stärker als die Arbeitsproduktivität, müssen die Lohnstückkosten folglich steigen.
  Gegenprobe: Durchschnittslohn + 1,03 geteilt durch Arbeitsproduktivität
  + 1,01 = 1,02 → **+2 %** Anstieg der Lohnstückkosten.
- **Die Arbeitslosenquote bleibt unverändert**
  Begründung:
  Arbeitsproduktivität = reales BIP / Anzahl der Erwerbstätigen
  → also die Jahresleistung eines Beschäftigten in Euro
  BIP wächst; Arbeitsproduktivität konstant → Nachfrage nach Arbeitskräften
- **Der Außenbeitrag nimmt zu**
  Begründung:
  Ausgangsbeispiel (Ex 200 – Im 100) = +100 Außenbeitrag
  Nunmehr Anstieg beider Komponenten um +10 %.
  Ergebnis: (Ex 220 – Im 110) = **+110**
  Die Lohnquote bleibt unverändert.

Begründung:
Lohnquote = Arbeitnehmerentgelte / Volkseinkommen
Arbeitnehmerentgelt = Bruttolohn (einschließlich Arbeitnehmerbeitrag zur Sozialversicherung)
Arbeitnehmerbeitrag zur Sozialversicherung (Lohnnebenkosten)
Das Arbeitslosengeld stellt lediglich eine Umverteilung bereits bezogener Einkommen dar: Die vom öffentlichen Gesamthaushalt eingenommenen Sozialversicherungsbeträge werden wieder verausgabt, u. a. an die Arbeitslosengeldempfänger.

– **Die Höhe des Arbeitnehmerentgelts ändert sich nicht.**
  Begründung:
  Die Einkommensteuer stellt eine Abgabe auf das Einkommen (hier: das Arbeitnehmerentgelt abzüglich der Sozialversicherungsbeiträge) dar. Folglich bleibt die Höhe des Entgelts selbst unberührt.

Zu Aufgabe 3.6.5

Ziele nach Stabilitätsgesetz (hier: nur binnenwirtschaftliche Ziele und ohne das übergeordnete Ziel der „marktwirtschaftlichen Ordnung")

a) **Kenndaten**
– ***„Stabiles Preisniveau"***
  Indikator: Veränderungsrate des Verbraucherpreisniveaus (Verbraucherpreisindex, VPI)
  SOLL: nach Vorgabe der EZB knapp unter +2 % jährlich
  IST: → im Jahr 02 (130 / 127,9) × 100 = 101,64 → **+1,6 %**
  ***Also*: Ziel erfüllt, kein Handlungsbedarf**
  → im Jahr 03 (135,8 / 130) × 100 = 104,46 → **+4,5 %**
  ***Also*: gravierende Zielverletzung, dringender Handlungsbedarf**
– ***„Angemessenes Wachstum"***
  Indikator: Veränderungsrate des realen Bruttoinlandsprodukts
  SOLL: nach Maßgabe der Wachstumsmöglichkeiten des Produktionspotenzials, d. h. ca. +2 % bis +3 % jährlich
  IST: → im Jahr 02 (2380 / 152,1) / (2300 / 150,6) × 100 = 102,46 → **+2,5 %**
  (**oder**: 2380 / 2300 × 100 = 3,5 %)
  Deflator: (152,1 / 150,6) × 100 – 100 = 1 % → 3,5 % – 1 % = **2,5 %**
  ***Also*: Ziel noch erfüllt**
  → im Jahr 03 (2540 / 156,4) / (2 380 / 152,1) = 103,79 → **+3,9 %**
  (**oder**: 2540 / 2380 × 100 = 6,72 %)
  Deflator: (156,4 / 152,1) × 100 – 100 = 2,82 % → 6,72 % – 2,82 % = **3,9 %**
  ***Also*: Ziel verfehlt, Überauslastung der Kapazitäten**

- ***„Stetiges Wachstum"***
  SOLL: Die Wachstumsraten sollten sich nicht sprunghaft entwickeln, sondern in Nähe des Wachstumspfades von +3 % bleiben (konstantes Wachstum).
  IST: Die Wachstumsrate springt von +2,5 % auf +3,8 % im Folgejahr
  ***Also:* Zielverletzung, wenn auch hinnehmbar**
- ***„Hoher Beschäftigungsstand"***
  Indikator: Arbeitslosenquote (nach Bundesanstalt für Arbeit); hier: Arbeitslosenquote
  SOLL: in Nähe von 3 % bis 4 %
  IST: → im Jahr 02 3,5 / (3,5 + 3,9 + 39,8 + 1,9) × 100 = **7,1 %**
  ***Also*: Zielverletzung**
  → im Jahr 03 3,0 / (3,0 + 4,1 + 40,8 + 2,0) × 100 = **6,0 %**
  ***Also*: Arbeitsmarktlage hat sich zwar verbessert, aber immer noch zu hohe Arbeitslosigkeit (Zielverletzung)**

b) **Konjunkturelle Entwicklung**
Die Wachstumsrate hat die wünschenswerte Marke von +3 % verlassen und zeigt bereits eine Überauslastung der Kapazitäten an. Die sprunghaft gestiegene Inflationsrate wird auch auf die überdurchschnittlich gute Auftragslage zurückzuführen sein. Die Zahl der Erwerbstätigen ist gestiegen. Ergebnis: Die Wirtschaft befindet sich in einem konjunkturellen Hoch.

Zu Aufgabe 3.6.6

a) Das Volkseinkommen setzt sich aus den Arbeitnehmerentgelten und den Unternehmens- und Vermögenseinkommen zusammen. Gewinn- (und Lohn-)quote sind aus der Verteilungsrechnung der Volkswirtschaftlichen Gesamtrechnungen im Verhältnis zum Volkseinkommen zu errechnen. Gewinnquote und Lohnquote addieren sich zu 100 Prozent.
Die sogenannte **„Gewinnquote"** ist der Anteil der Unternehmens- und Vermögenseinkommen am Volkseinkommen; die **Lohnquote** der Anteil der Arbeitnehmerentgelte am Volkseinkommen.
Unternehmens- und Vermögenseinkommen im Jahr 01: 660,9 Mrd. €;
im Jahr 02: 591,1 Mrd. €.
Lohnquote (L):
Arbeitnehmerentgelte / Volkseinkommen × 100
Gewinnquote (G):
Unternehmens- und Vermögenseinkommen / Volkseinkommen × 100
Jahr 1: Lohnquote = (1.225,1 Mrd. € / 1.886,0 Mrd. €) × 100 = **64,96 %**
Jahr 2: Lohnquote = (1.223,9 Mrd. € / 1.815,0 Mrd. €) × 100 = **67,43 %**
Die Lohnquote ist im Jahr 02 um 3,81 % (2,47 Prozentpunkte) gestiegen.
Jahr 1: Gewinnquote = 100,00 % – 64,96 % = **35,04 %**
Jahr 2: Gewinnquote = 100,00 % – 67,43 % = **32,57 %**
Die Gewinnquote ist im Jahr 2 um 7,06 % (bzw. um 2,47 Prozentpunkte) gesunken.

b) **Gewinnquote und Lohnquote** werden oftmals als Indikatoren für die Einkommensverteilung, d. h. die Verteilung des Volkseinkommens auf die originären Produktionsfaktoren und das „Kapital“ herangezogen. Die Lohnquote bezieht sich nur funktional auf die Einkommen aus Arbeitnehmertätigkeit und nicht auf das Einkommen von Arbeitnehmern oder der Arbeitnehmerhaushalte, die ausschließlich vom Nettolohn leben müssen; auch Arbeitnehmer können neben ihrem Gehalt Einkommen aus Geld- und Sachvermögen (Zinsen, Dividenden, Mieten usw.) beziehen. In den Arbeitnehmerentgelten sind auch die Gehälter und Boni von gut verdienenden Managern enthalten, während zu den Unternehmenseinkommen auch die Gewinne von kleinen Handwerksbetrieben gehören.
Die Aussagefähigkeit der Lohnquote ist insofern begrenzt; sie lässt keinen (eindeutigen) Rückschluss auf die soziale Gerechtigkeit zu.
Außerdem bezieht sich die Lohnquote auf die primäre Einkommensverteilung. Erst wenn man die sekundäre Einkommensverteilung miteinbezieht, erlaubt dies ein Urteil über die Disparität der verfügbaren Einkommen.
Wenn die Lohnquote im Jahr 2 gestiegen ist, so erlaubt dies keinen (eindeutigen) Rückschluss auf die Entwicklung des sozialen Ausgleichs in der Gesellschaft. Hierzu bedürfte es noch einer detaillierten zusätzlichen Analyse der primären und sekundären Einkommensverteilung.

Zu Aufgabe 3.6.7

a) **Binnenwirtschaftliche Ziele:**

1. ***Angemessenes und stetiges Wirtschaftswachstum:***
   Die reale Zunahme des Bruttoinlandsprodukts soll bei 2 % bis 3,5 % liegen.
   Die preisbereinigte BIP-Veränderungsrate beträgt –5 %. (lt. Sachverhalt).
   Dies bedeutet, dass das reale BIP um 5 % gesunken ist; auch eine Stetigkeit des Wachstums ist nicht gegeben, weil noch im Jahr 1 ein reales BIP-Wachstum von 1,3 % erzielt worden ist. Das Ziel ist demnach nicht erreicht.
2. ***Stabilität des Preisniveaus:***
   Die Preissteigerungsrate soll nicht mehr als 2 % betragen.
   Veränderung des Verbraucherpreisindex im Jahr 2
   (107,0 / 106,6) × 100 – 100 = **0,38 %**
   Die Preissteigerungsrate liegt deutlich unter 2 %. Damit ist dieses Ziel erreicht.
3. ***Hoher Beschäftigungsstand:***
   Die Arbeitslosenquote soll zwischen 3 und 4 % betragen.
   Arbeitslosenquote (Jahr 2):
   Registrierte Arbeitslose / (Erwerbstätige + Registrierte Arbeitslose) × 100 =
   3.423 Tsd. / (40.265 Tsd. + 3.423 Tsd.) × 100 – 100 = **7,8 %**
   (Vorjahr: 7,5 %)
   Die Arbeitslosenquote ist deutlich höher als der angestrebte Wert. Damit ist dieses Ziel nicht erreicht.

Während im Krisenjahr 2 die Preise annähernd unverändert geblieben sind, ist das BIP um 5 % gesunken. Die Arbeitslosenquote ist mit rd. 7,84% – gemessen an der Vorgabe von 3 bis 4 % – relativ hoch gewesen.

b) **Maastricht-Kriterien bezüglich der Finanzlage der öffentlichen Hand:**
Die Defizitquote des öffentlichen Gesamthaushalts soll nicht mehr als 3 % des BIP betragen.
(Staatliche Ausgaben – staatliche Einnahmen) / BIP × 100
(1.145,3 Mrd. € – 1.066,0 Mrd. €) / 2.407,2 Mrd. € × 100 = **3,294 %**
Die Regel wird nicht eingehalten!
Der Schuldenstand der öffentlichen Gesamthaushalte soll nicht mehr als maximal 60 % betragen.
Schulden der öffentlichen Haushalte / BIP × 100
1.762,2 Mrd. € / 2.407,2 Mrd. € × 100 = **73,205 %**
Diese Regel wird ebenfalls nicht eingehalten!

c) **Nachteile hoher Staatsverschuldung**:
- Begrenzung des wirtschafts- und finanzpolitischen Spielraums durch steigende Zinslast der öffentlichen Haushalte,
- Abhängigkeit von den Gläubigern,
- abnehmende Kreditwürdigkeit,
- Crowding-out (Verdrängung privater Kreditnachfrage),
- Belastung zukünftiger Generationen (Verstoß gegen intergenerative Gerechtigkeit),
- zunehmende Gefahr eines Staatsbankrotts,
- Gefahr sozialer Unruhen.

d_1) **Argumente für die Schuldenbremse gemäß Art. 109 Abs. 3 GG:**
- Förderung der Haushaltsdisziplin,
- Sanierung der öffentlichen Haushalte wird erzwungen,
- Sparmaßnahmen können realisiert werden,
- in Verbindung mit dem buchhalterischen Nachweis (Kontrollkonto) der
- Rückführung der asymmetrischen Verschuldung und der Einrichtung des Stabilitätsrates erstmals Regelungen, die zur Beachtung der kontraktiven Seite der antizyklischen Budgetpolitik zwingen.

d_2) **Argumente gegen die Schuldenbremse gemäß Art. 109 Abs. 3 GG:**
- Öffentliche Investitionen unterbleiben, auch wenn ihr Nutzen größer ist als die Kosten der Finanzierung,
- Wachstumspotentiale werden eventuell gar nicht genutzt,
- Einhaltung der Schuldenbremse ist realitätsfremd, weil ja schon die Maastricht-Kriterien des EU-Stabilitäts- und Wachstumspaktes und die bisherige Regel nach Art. 115 GG nicht durchgesetzt werden konnten,
- Ausnahmeregelungen weichen die gesetzliche Vorschrift auf,
- niemand weiß genau, in welcher Konjunkturphase man sich gerade tatsächlich befindet; die Haushaltsautonomie der Bundesländer wird ausgehöhlt.

Zu Aufgabe 3.6.8

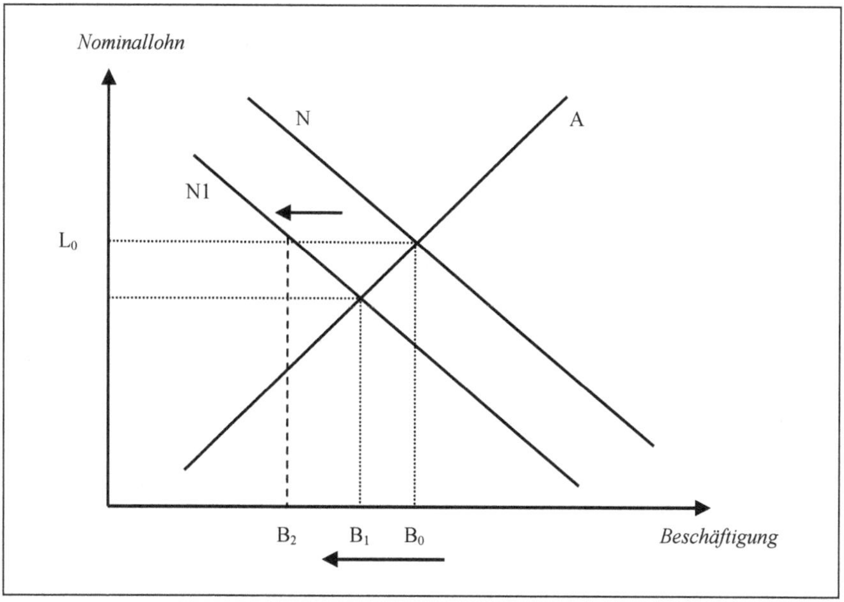

Nach einem Rückgang der Nachfrage nach dem Produktionsfaktor Arbeit aufgrund eines Konjunkturabschwungs würde sich bei flexiblen Löhnen das neue Gleichgewicht auf das Beschäftigungsniveau B_1 und einem entsprechend niedrigerem Nominallohn einpendeln.

Da aber bei nach unten starren Löhnen das Niveau des Nominallohnes nicht oder nur mit Verzögerung sinkt, stellt sich das neue Gleichgewicht auf dem Arbeitsmarkt über eine entsprechend größere Mengenanpassung ein. Das Beschäftigungsniveau geht auf B_2 zurück.

Daraus resultiert eine deutlich höhere Arbeitslosigkeit als bei flexiblen Löhnen.

Diese Zusammenhänge verstärken die Konjunkturschwankung.

Zu Aufgabe 3.6.9

Im Rahmen einer antizyklischen Konjunkturpolitik bemühen sich die Regierung und die Zentralbank, durch aktive Maßnahmen die Konjunkturschwankungen zu glätten.

„Antizyklisch" bedeutet, dass die Akteure in Zeiten eines konjunkturellen Aufschwungs restriktive Maßnahmen ergreifen, so dass die Wirtschaft nicht überhitzt.

Andererseits wird in Zeiten eines konjunkturellen Abschwungs durch Regierung und Zentralbank eine expansive Fiskal- und Geldpolitik betrieben, um die gesamtwirtschaftliche Nachfrage wieder anzukurbeln.

4. Volkswirtschaftliche Anteile von Semesterabschluss- bzw. Modulabschlussklausuren

4.1 Erste Klausur *(Bearbeitungsanteil VWL ca. 60 % – von insgesamt 180 Minuten Klausurzeit)*

Aufgabe 1

1.1 Grenzen sie Kollektivgüter und Meritorische Güter gegeneinander ab. Formulieren Sie je ein Beispiel.

1.2 Wovon hängt die Qualität des Produktionsfaktors Arbeit ab?

1.3 Benennen Sie die wesentlichen Arten von Arbeitslosigkeit und geben sie je ein Beispiel.

Aufgabe 2

Vom statistischen Bundesamt werden für ein Jahr folgende (gerundeten) Werte (in Millionen Euro) angegeben.

Privater Konsum	1.572
Staatlicher Konsum	534
Bruttoinvestitionen	471
Export	1.382
Import	1.216
Saldo der Primäreinkommen übrige Welt	63
Abschreibungen	409
Saldo aus Prod. u. Importabg. u. Subv.	285
Arbeitnehmerentgelte	1.417
Erwerbstätige (in Tsd.)	42.050
Gemeldete Arbeitslose (in Tsd.)	3.140

2.1 Berechnen Sie
- das Bruttoinlandsprodukt
- die Arbeitslosenquote
- die Lohnquote
- die Gewinnquote

2.2 Kommentieren Sie die Qualität der Aussagefähigkeit der Lohnquote.

Aufgabe 3

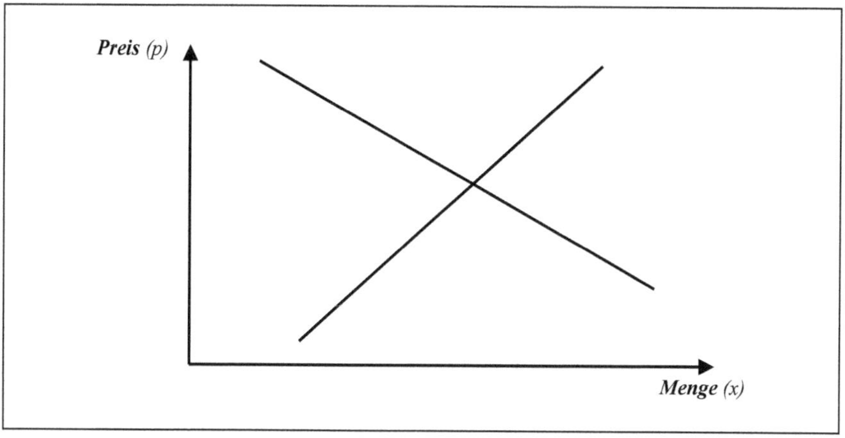

3.1 Kennzeichnen Sie im Preis-Mengen-Diagramm die wesentlichen „Erklärungsmerkmale“ und erläutern Sie diese.

3.2 Im Rahmen der Energiewende wurden zwischenzeitlich die Subventionen für regenerative Energiequellen gekürzt.
Stellen Sie die Auswirkungen für die Nachfrager nach z. B. Windkraftanlagen im Preis-Mengen-Diagramm dar. Kommentieren sie die Veränderungen auf diesem Markt.

3.3 Tragen sie eine elastisch verlaufende Nachfragekurve in das System ein und erläutern Sie die Bedeutung einer „elastischen Nachfrage“ für die Marktteilnehmer.

Aufgabe 4

4.1 Definieren Sie den Begriff „Inflation“.

4.2 Zu unterscheiden sind angebotsinduzierte und nachfrageindizierte Inflationsursachen.
Benennen Sie die nachfrageinduzierten Inflationsursachen und erläutern Sie diese jeweils in einem kurzen Statement.

Aufgabe 5

Die Verschuldung von Bund, Ländern, Gemeinden und Gebietskörperschaften belief sich im Jahr 2022 auf circa 2.527 Mrd. Euro (*destatis*).

5.1 Welche Nachteile können sich aus einer solch hohen Staatsverschuldung ergeben?

5.2 Formulieren Sie Ihre Meinung zur beschlossenen Schuldenbremse (Art. 109 Abs. 3 GG) für den Bund in 2016 und die Länder in 2020.

4.2 Zweite Klausur (Bearbeitungsanteil VWL ca. 40 %)

Aufgabe 1

1.1 In einer sozialen Marktwirtschaft ist es eine vorrangige Aufgabe des Staates, die Bevölkerung mit Kollektivgütern und meritorischen Gütern zu versorgen: Definieren Sie diese Gütergruppen und nennen Sie jeweils ein Beispiel.

1.2 Erläutern Sie die „Existenzberechtigung" natürlicher Monopole im Zusammenhang mit Marktversagen.

1.3 Wodurch wird die private Nachfrage weitgehend bestimmt?

Aufgabe 2

2.1 Definieren Sie den Begriff „Inflation".

2.2 Wie wird die Inflationsrate ermittelt?

2.3 Zeigen Sie die Probleme einer Inflation auf und benennen Sie die „Gewinner" und „Verlierer" einer hohen Inflationsrate.

Aufgabe 3

3.1 Erläutern Sie die Probleme, die sich aus einer hohen Staatsverschuldung ergeben.

3.2 Ermitteln Sie aus den vorliegenden Beispiel-Werten des Jahres 2022, ob die Kriterien aus den „Maastricht-Verträgen" eingehalten werden.

BIP Land in Mrd. €	Gesamtverschuldung in Mrd. €	Budgetdefizit in Mrd. €	BIP in Mrd. €
Griechenland	357	10	182
Deutschland	2.527	66	3.571
Finnland	189	7	253

4.3 Dritte Klausur (Bearbeitungsanteil VWL ca. 50 %)

Aufgabe 1

Ein gänzlich freier Markt führt nicht immer zu ökonomisch optimalen und gesellschaftlich erwünschten Ergebnissen. In diesen Fällen spricht man von „Marktversagen".

Erläutern Sie für die drei folgenden Grundbegriffe zunächst, worin das wirtschaftspolitische Problem bzw. das **„Marktversagen"** besteht. Führen Sie dann aus, was der Staat gegen dieses Marktversagen unternehmen sollte. Illustrieren Sie Ihre Ausführungen mit einem Beispiel aus der volkswirtschaftlichen oder betriebswirtschaftlichen Praxis.

1.1 Externe Effekte
1.2 Natürliches Monopol
1.3 Öffentliche Güter

Aufgabe 2

Aktuelle Umfragen in der deutschen Bevölkerung zeigen, dass das Vertrauen in unsere Wirtschaftsordnung – die Soziale Marktwirtschaft – in den vergangenen Jahren stark abgenommen hat. Kinderarmut, schlechte Bildungschancen und eine hohe steuerliche Belastung des Mittelstandes einerseits sowie Millionenboni mancher Manager und Milliardenrettungsschirme für Banken andererseits lassen viele Bürger an der langfristigen Tragfähigkeit und Gerechtigkeit unserer Wirtschaftsordnung zweifeln.

2.1 Machen Sie zunächst kurz deutlich, worin die zentralen konzeptionellen Unterschiede zwischen der Sozialen Marktwirtschaft, einer Zentralverwaltungswirtschaft und einer (absolut) freien Marktwirtschaft bestehen.
2.2 Zeigen Sie auf, welche grundsätzlichen Vorteile eine Wirtschaftsordnung bietet, die eine freie Preisbildung und einen freien Wettbewerb ermöglicht.
2.3 Erläutern Sie kurz, wie sich eine Zentralverwaltungswirtschaft auf das tägliche Leben, den Lebensstandard und die Versorgung der Bevölkerung auswirken kann.

Aufgabe 3

3.1 Definieren Sie, was man in der Volkswirtschaftslehre bzw. in der Geldtheorie unter dem Begriff „Geld" versteht.
3.2 Beschreiben Sie die wichtigsten Geldeigenschaften und erläutern Sie kurz fünf wichtige Geldfunktionen.
3.3 Grenzen Sie die Geldmengen ab (übliche Geldmengenabgrenzungen der Zentralbanken) und beschreiben Sie, mit welcher Geldmenge die meisten Zentralbanken der Erde in der geldpolitischen Praxis (Geldmengensteuerung zur Inflationsprävention) arbeiten.
3.4 Erläutern Sie mit Hilfe der Quantitätsgleichung des Geldes den allgemeinen Zusammenhang zwischen Geldmenge, Gütermenge und Inflation.
3.5 Erläutern Sie, welche Probleme eine hohe Inflationsrate mit sich bringt. Gehen Sie dabei auch auf Gewinner und Verlierer einer (hohen) Inflation ein.

4.4 Vierte Klausur (Bearbeitungsanteil VWL 60 %)

Aufgabe 1

„Die Europäische Zentralbank (EZB) sorgt sich um die steigende Inflation in der Euro-Zone und denkt daher offenbar über eine Zinserhöhung nach. [...] Ersten Berechnungen des statistischen Bundesamtes zufolge zog die Inflation im Januar um 1,9 Prozent an und stieg im Februar schon auf 2,1 Prozent [...]. Mit Sorge wird gesehen, dass wirtschaftliche starke Euro-Länder wie Deutschland zwar eine Zinserhöhung vertragen könnten, die wackeligen Schuldensünder der Europeripherie dadurch aber weitere bekommen würden. Denn steigende Zinsen würden die ohnehin schwache Konjunktur abwürgen".

(Aus „Furcht vor der Inflation": J. Dams, O. Gersemann, M. Greive, N. Lossau und K. Seibel, in: Die Welt, Berlin, 28. Januar 2011.)

***Zu bedenken*: Dieser Artikel stammt aus 2011! 2023 bestehen noch größere Probleme bezüglich der Inflationsrate und der Zinshöhe.**

1.1 Nennen und erläutern Sie das Hauptinstrument, mit dem die EZB den Zins beeinflusst.

1.2 Stellen Sie allgemein das Instrumentarium der EZB vor und erläutern Sie die Wirkungsweise der einzelnen Instrumente.

1.3 Erläutern Sie die Zusammenhänge, die im 2. Abschnitt des Sachverhaltes angesprochen sind.

Aufgabe 2

2.1 Erläutern Sie, warum der Marktmechanismus bei vollständiger Konkurrenz knappe volkswirtschaftliche Ressourcen im Allgemeinen schont.

2.2 Begründen Sie, warum gerade die Ressource Umwelt in vielen Bereichen des Wirtschaftens nicht geschont wird. Argumentieren Sie auf der Grundlage der volkwirtschaftlichen (sozialen, externen) Kosten.

Aufgabe 3

Nach den Ereignissen in Japan (größte technische Probleme in der Kernkraftanlage in Fukushima in den Jahren 2011 ff.) und den verstärkten Diskussionen um die Kernkraft in der Bundesrepublik sind regenerative Energieträger stärker in den Fokus gerückt. So will der Staat die Errichtung von Windkraftanlagen verstärkt fördern.

Die Stromnetzunterhalter werden verpflichtet, von den Betreibern der Windkraftanlagen unbegrenzte Mengen Strom zu einem festgesetzten Bezugspreis (Garantiepreis) abzukaufen.

3.1 Erklären Sie – auch mit Hilfe eines Preis-Mengen-Diagramms – wie sich auf dem so definierten Bezugsmarkt für Strom aus Windkraftanlagen die Angebots- und Nachfragekurve gegenüber dem klassischen Verlauf von Angebot und Nachfrage auf freien Märkten unterscheiden.

3.2 Zeigen Sie für den Strommarkt auf der Endverbrauchsstufe, wie sich bei unelastischer Nachfrage der Endabnehmer die Maßnahmen auf das Marktgleichgewicht, den Preis und die umgesetzte Menge auswirken wird. Vergleichen Sie die Situation vor und nach Durchführung der Maßnahme miteinander.

4.5 Fünfte Klausur (Bearbeitungsanteil VWL 50 %)

Aufgabe 1

1.1 Definieren Sie, was man in der Volkswirtschaftslehre unter dem Begriff „Geld" versteht. Nennen Sie konkrete Beispiele für die Ausprägung von Geld.

1.2 Beschreiben Sie die wichtigsten Geldeigenschaften und erläutern Sie kurz fünf wichtige Geldfunktionen.

1.3.1 Erläutern Sie, was man unter „Inflation" versteht und warum – aus verteilungspolitischer Sicht – Inflation „selektiv" wirkt.

1.3.2 Erläutern Sie in diesem Zusammenhang folgende Begriffe:

a) Warenkorb
b) Wägungsschema
c) (harmonisierter) Verbraucherpreisindex (VPI)
d) Inflationsrate
e) gefühlte Inflation

1.3.3 Bisweilen wurde über „das Abgleiten in eine Deflation" diskutiert (2015 und 2016 lag die Inflationsrate bei jeweils 0,5%). Erläutern Sie mögliche Gefahren einer Deflation.

Aufgabe 2

Eine fiktive Volkswirtschaft liefert folgende Kennzahlen:

Kennzahl	**Vorjahr**	**Berichtsjahr**
Erwerbstätige	34,2	33,9
Erwerbslose	1,7	1,9
Empfangene Primäreinkommen aus dem Ausland	110	100
Geleistete Primäreinkommen ans Ausland	70	50
Privater Konsum	1512	1510
Staatlicher Konsum	847	1012
Bruttoinvestitionen	423	398

Kennzahl	**Vorjahr**	**Berichtsjahr**
Exporte	680	672
Importe	662	692
Preisindex Bruttoinlandsprodukt	115,4	117,1
Preisindex Verbraucherpreise	107,3	109,2

Im Rahmen der Volkswirtschaftlichen Gesamtrechnung (VGR) kommt dem **„Bruttoinlandsprodukt"** (BIP) eine zentrale Stellung zu.

2.1 Erläutern Sie, was man unter dem „Bruttoinlandsprodukt" (BIP) versteht, und berechnen Sie es für das Berichtsjahr.

2.2 Bestimmen Sie den Wert des Bruttonationaleinkommens für das Berichtsjahr und erläutern Sie die Aussagekraft dieser Kennzahl im Vergleich zum BIP.

Aufgabe 3

3.1 Was versteht man unter einer „Abgabenquote", und wie hoch ist diese (etwa) in der Bundesrepublik Deutschland und in vergleichbaren Industrieländern?

3.2 Erläutern Sie, was man unter der „Preiselastizität der Nachfrage" versteht.

3.3 Erläutern Sie (kurz) die Bestimmungsfaktoren (Determinanten) des Angebotes.

4.6 Sechste Klausur (Bearbeitungsanteil VWL 66 % – 120 von 180 Minuten)

1. Volkswirtschaftliche Grundbegriffe *(15 Minuten)*

1.1 a) Definieren Sie „Preiselastizität der Nachfrage".
b) Skizzieren Sie den Verlauf einer Nachfragefunktion im Preis-Mengen-Diagramm.
c) Formulieren Sie ein Anwendungsbeispiel.

1.2 Was versteht man unter
- „Steuern",
- „Gebühren",
- „öffentlich-rechtlichen Beiträgen"?

1.3 Worauf ist die Entstehung des Crowding-out-Effekts zurückzuführen?

2. Makroökonomische Analyse *(30 Minuten)*

Eine Volkswirtschaft zeichnet sich durch folgende Daten aus:

Kennzahl oder Recheneinheit	**Vorjahr**	**laufendes Jahr**
Preisindex Verbraucherpreise	112,5	115,1
Preisindex BIP	121,8	125,4

Kennzahl oder Recheneinheit	Vorjahr	laufendes Jahr
$BIP_{nominal}$ Mrd. €	3.521	3.734
Exporte Mrd. €	1.145	1.256
Importe Mrd. €	925	998
Außenbeitrag Mrd. €	220	258
Bruttoinvestitionen Mrd. €	890	912
Privater Konsum Mrd. €	1.058	1.070
Arbeitnehmer Mio.	40,52	40,78
Beamte Mio.	10,53	11,87
Selbständige Mio.	8,25	8,30
Erwerbslose Mio.	4,19	4,24

Teil I: Geld und Inflation

a) Berechnen und beurteilen Sie die Höhe der Inflationsrate.

b) Erläutern Sie, welche negativen Folgen dauerhaft hohe Inflationsraten haben können.

Teil II: Wachstum und Konjunktur

c) Berechnen und beurteilen Sie die Wachstumsrate des realen Bruttoinlandsproduktes.

d) Erläutern Sie Funktionsweise und Probleme einer (keynesianisch geprägten) antizyklischen Konjunkturpolitik.

Teil III: Arbeit und Beschäftigung

e) Berechnen und beurteilen Sie die Arbeitslosenquoten für das laufende Jahr und das Vorjahr.

3. Der gesetzliche Mindestlohn (MiLoG) (Politische Preisbildung) ***(30 Minuten)***

Erstmals gilt in Deutschland ab dem 1. Januar 2015 ein gesetzlicher Mindestlohn von 8,50 Euro. Die Bundesregierung hatte im April ein entsprechendes Gesetz auf den Weg gebracht. Nach Verabschiedung im Bundestag hat nun auch der Bundesrat zugestimmt.

„Es ist nicht übertrieben, zu behaupten: Wir setzen heute einen Meilenstein in der Arbeits- und Sozialpolitik der Bundesrepublik Deutschland", sagte Bundesarbeitsministerin Andrea Nahles bei der abschließenden Beratung des Gesetzes im Bundestag. (Die Bundesregierung; Freitag, 11. Juli 2014)

3.1 Stellen Sie die Einordnung des Mindestlohns mit Hilfe eines Preis-Mengen-Diagramms dar.

3.2 Skizzieren Sie die Entstehungsgeschichte des Mindestlohns.

3.3 Erläutern Sie die Vor- und Nachteile eines gesetzlich-flächendeckenden Mindestlohns.

4. Geld / Geldwert ***(30 Minuten)***
4.1 Definieren Sie den Begriff „Geld".
4.2 Erläutern Sie kurz die wesentlichen Funktionen des Geldes.
4.3 Was versteht man unter „Kaufkraft" und wie wird sie gemessen?
4.4 Bei einer Inflationsrate von 0,8 % (BRD 12/2014) kann man fast schon von einer „beginnenden Deflation" sprechen.
4.4.1 Wie kann es zu einer solch deflationären Tendenz kommen?
4.4.2 Was sind die Gefahren/Auswirkungen einer Deflation?

5. Konjunkturtheorie und Konjunkturpolitik ***(15 Minuten)***
5.1 Nennen und erläutern Sie kurz die nationalökonomischen Bestimmungsgrößen für den Konjunkturverlauf.
5.2 Was versteht man unter „Progression" bei der deutschen Einkommensteuer?
5.3 Erläutern Sie die in diesem Zusammenhang auftretende „kalte Progression".

Lösungen

Zu 4.1 – Erste Klausur

1.1) **Kollektivgüter** (Gegensatz: Individualgüter) sind Güter, die von mehreren Wirtschaftssubjekten genutzt werden können. Sie werden meist von der öffentlichen Hand bereitgestellt und über Abgaben finanziert. Sie weisen folgende Merkmale auf:
- **Nicht-Anwendbarkeit des Ausschlussprinzips:** Die Nutzung des Kollektivguts kann nicht von der Zahlung eines Entgelts abhängig gemacht werden.
- **Nichtrivalisierender Konsum:** Der Nutzen aus dem Kollektivgut ist unabhängig von der Anzahl seiner Nutzer.

Synonym zu Kollektivgütern wird häufig der Begriff „öffentliche Güter" verwendet (Gegensatz: private Güter), welcher stärker auf die Bereitstellung als auf die Nutzung des Gutes fokussiert.
Beispiele: *Landesverteidigung, Straßenbeleuchtung, Leuchtturm.*

Der Begriff **„Meritorische Güter"** geht auf *Richard A. Musgrave* zurück. Es handelt sich um Güter, bei denen die Nachfrage der Privaten hinter dem (politisch) gesellschaftlich gewünschten Ausmaß zurückbleibt. Das Gut könnte grundsätzlich auch über den Markt (also von Privaten) angeboten werden, da Rivalität im Konsum und Ausschließbarkeit der Nutzung gegeben sind. Bei privaten Angeboten kommt es aber zu einem politisch unerwünschten Ausmaß (hier: einer Angebotslücke) des Güterangebots. Somit werden staatliche Eingriffe erforderlich.
Beispiele: *Bildungs-, Gesundheits- und Wohnungswesen.*

1.2)

1.2.1 Die Qualität des Produktionsfaktors Arbeit hängt ab von
- Bevölkerungs- und Altersstruktur,
- Bildungsstand,
- Leistungsbereitschaft.

1.2.2 Arten von Arbeitslosigkeit:
- Saisonale → Beschäftigung ist z. T. abhängig von der Jahreszeit
- Technologische → Arbeitskräfte werden durch technischen Fortschritt/Rationalisierung freigesetzt
- Friktionelle/Reibungs-/Sucharbeitslosigkeit → Arbeitnehmer gehen von einem Beruf in einen anderen über
- Strukturelle → Schwächen in der Wirtschaftsstruktur; siehe Ruhrgebiet
- Konjunkturelle → Einflüsse durch Konjunkturschwankungen

2.1) Bruttoinlandsprodukt:

BIP = $C_{pr} + C_{St} + I_{br} + (Ex - Im)$

BIP = 1.572 + 534 + 471 + (1.382 – 1.216)

= **2.743 Euro**

Arbeitslosenquote:

ALQ = (Gemeldete Arbeitslose / Erwerbstätige) × 100

ALQ = 3.140 / (42.050 + 3.140)

= **6,95 %**

Lohnquote:

→ zunächst Berechnung des Volkseinkommens:

VE = BIP + Saldo der Primäreinkommen übrige Welt – Abschreibungen + Saldo aus Import- und Produktionsabgaben und Subventionen

VE = 2.743 + 63 – 409 – 285

= **2.112 Euro**

Lohnquote = Arbeitnehmerentgelte / Volkseinkommen × 100

= 1.417 / 2.112 × 100

= **67,09 %**

Gewinnquote = 100 % – Lohnquote %

= 100 % – 67,09 %

= **32,91 %**

2.2) Aussagefähigkeit der Lohnquote:
- Jegliche unentgeltliche Tätigkeit (z. B. im Haushalt) wird nicht mit einbezogen
- Macht sich im Berechnungszeitraum ein Arbeitnehmer selbstständig, dann „verschwindet" er aus der gesamtwirtschaftlichen Lohnquote

- Sie ist kein Indiz für die Gleichmäßigkeit der Einkommensverteilung
- Haushalte können auch aus anderen Quellen Einkommen beziehen (Kapitalanlagen, Miete)
- Siehe auch Lorenz-Kurve

3.1) Angebotskurve; Nachfragekurve

Gleichgewichtspreis (GP) im Schnittpunkt der Angebots- und Nachfragekurve: Die angebotene Menge wird kaufkräftig nachgefragt.

Angebotsüberhang: liegt oberhalb des GP; die angebotene Menge ist größer als die nachgefragte.

Nachfrageüberhang: liegt unterhalb des GP; die nachgefragte Menge ist größer als die angebotene.

Grenzanbieter: im GP; der Anbieter, der gerade noch zum Zuge kommt. Sinkt der Preis, scheidet er vom Markt aus.

Grenznachfrager: im GP; der Nachfrager, der gerade noch zum Zuge kommt. Steigt der Preis, so scheidet er vom Markt aus.

Produzentenrente: liegt unterhalb des GP; es handelt sich um die positive Differenz zwischen dem vom Anbieter kalkulierten und dem erzielten GP.

Konsumentenrente: liegt oberhalb des GP; die positive Differenz zwischen dem Preis, den der Nachfrager zu zahlen bereit ist und dem GP („eigentlich keine Rente“).

3.2)

Die Nachfragekurve verschiebt sich parallel nach links. Somit sinkt die Nachfrage nach regenerativen Energiequellen. Es sinken auch die Preise, was zu Auswirkungen auf das Angebot führen kann, da z. B. Grenzanbieter zum jetzt niedrigeren Preis nicht (mehr) anbieten können.

3.3)

Eine elastische Nachfragekurve verläuft im Koordinatensystem flach (von links oben nach rechts unten). Das heißt, eine nur geringe Preisänderung führt zu einer überproportionalen Mengenänderung. Befinden sich also Anbieter auf einem Markt mit elastischer Nachfrage, müssen sie recht genau austarieren, welche Auswirkungen auch nur geringe Preisveränderungen haben.

4.1)

Eine Inflation liegt vor bei einer stetigen und anhaltenden Geldentwertung (siehe auch „Warenkorb“). Es handelt sich um einen Kaufkraftverlust. Die Geldmenge steigt, während die Gütermenge zunächst unverändert bleibt.

4.2)

Es handelt sich um vier nachfrageinduzierte Inflationsarten:

- *Erhöhte **Konsumgüternachfrage** der privaten Haushalte*
  Diese kann ausgelöst werden durch eine Lohnerhöhung (zu beachten: Lohnsteigerung < Produktivitätsfortschritt), durch Auflösung von Sparguthaben oder durch

eine erhöhte Inanspruchnahme von Konsumkrediten. Es kommt somit mehr Nachfragesumme in den Markt, der zunächst eine nicht ausreichende Gütermenge entgegensteht.

- *Erhöhte **Investitionsgüternachfrage** der Unternehmen*
  Das Volumen der geplanten Investitionen ist größer als das für Investitionszwecke zur Verfügung stehende Eigenkapital.
  Die Unternehmen fragen Kredite nach. Es erfolgt eine Geldschöpfung seitens der Geschäftsbanken.
  Wenn nun auch noch die Investitionsgüternachfrage größer ist als das Investitionsgüterangebot, kommt es auf diesem Markt zu einer Preissteigerung.
  Der Nachfrageeffekt kommt vor dem Kapazitätseffekt.
- *Erhöhte **Nachfrage des Staates** (Fiskalinflation)*
  Die Staatsausgaben sind größer als die Einnahmen.
  Die Finanzierungslücke wird durch Kredite ausgeglichen (*Deficit Spending*)
  Auch hier gilt: Der erhöhten Geldmenge steht zunächst keine entsprechende Warenmenge gegenüber.
- *(Erhöhte) **Nachfrage durch das Ausland***
  Übertragung von Preisniveausteigerungen aus dem Ausland in das Inland; Preissteigerungen bei Importgütern (z.B. Mineralöl) führen direkt zu höheren Inlandspreis, vor allem dann, wenn man nicht auf Substitute ausweichen kann.
  Eine Variante: Steigende Preise auf wichtigen Exportmärkten veranlassen inländische Produzenten, die im Inland zu fordernden Preise an die im Ausland zu erzielenden anzupassen.

5.1)

Nachteile einer zu hohen Staatsverschuldung:

- Begrenzung des Handlungsspielraums durch zu hohen Schuldendienst der öffentlichen Hände
- Crowding out → Auswirkungen auf die Privatwirtschaft, da potentielle Investoren „sich die hohen Zinsen nicht leisten können"
- Generationenproblematik → nachfolgende Generationen werden mit den Schulden, die jetzt gemacht werden, belastet (intergenerative Ungerechtigkeit)
- Gefahr sozialer Unruhen (Verteilungsproblematik)
- Gefahr eines Staatsbankrotts
- Abhängigkeit von Gläubigern

5.2)

Pro:

- Eine Sanierung der öffentlichen Haushalte wird erzwungen
- Sparmaßnahmen können/müssen realisiert werden
- Es werden genaue Regeln vorgegeben, wie die Haushalte zu gestalten sind
- Es erfolgt eine größere Transparenz bei Einnahmen und Ausgaben

Contra:
- Öffentliche Investitionen unterbleiben, auch wenn ihr Nutzen unbestritten ist
- Wachstumspotentiale werden eventuell nicht genutzt
- Realitätsfremd → siehe Maastricht-Kriterien; 3%- und 60%-Klauseln
- Ausnahmeregelungen (z. B. bei Naturkatastrophen – oder aktuell (2023/2024) durch die Corona-Pandemie und den Ukraine-Konflikt) weichen die Vorschriften auf
- Festlegung, wann eine Notlage eingetreten ist oder in welcher konjunkturellen (stützungswürdigen) Lage sich die Wirtschaft befindet, ist sehr schwierig

Zu 4.2 – Zweite Klausur

Aufgabe 1

1.1) Kollektivgüter können nicht gegen ein spezielles leistungsbezogenes Entgelt angeboten werden. Die Leistung ist nicht individuell zurechenbar. Ferner fehlt das Kriterium der Ausschlussmöglichkeit. Private Anbieter lassen sich für diese Güterart nicht finden.

Beispiel: *innere Sicherheit – Trittbrettfahrer können nicht von der Leistung ausgeschlossen werden.*

Bei **meritorischen Gütern** fehlt der Nachfragewille. Anbieter würde es schon geben. Ferner fehlt die Rivalität, sich preislich zu überbieten. Also verordnet der Staat die Nachfrage entweder zwingend oder preislich gestützt als Nachfrageanreiz.

Beispiele: *allgemeine Schulpflicht – somit kann sich keiner der Nachfrage entziehen, oder auch: das Gesundheitswesen.*

1.2) Natürliches Monopol:
- Die gesamte Marktnachfrage kann durch einen einzigen Anbieter kostengünstiger bedient werden als durch mehrere.
- Die Fixkosten sind hoch, die variablen Kosten gering, also fallen die Durchschnittskosten.
- Prinzipiell ist ein Monopol effizienter; die „Monopolprobleme" („Marktversagen") bleiben jedoch.
- Über Ausschreibungen findet ein Wettbewerb um den Markt statt; ferner findet ein Wettbewerb im Markt statt.

1.3) Bestimmungsgrößen der privaten Nachfrage – Höhe des verfügbaren Einkommens
- Veränderungen der Sparneigung
- Erwartete Einkommensentwicklung
- Einkommensverteilung (zweite Einkommensverteilung)
- Werbung
- Kreditmöglichkeiten (Kreditkosten)
- Erwartete Erträge aus angelegtem Vermögen

Im weiteren Sinne auch möglich: Bestimmungsgrößen für private Investitionen

- Gewinne und (bloße) Gewinnerwartungen
- Zinssätze
- Abschreibungsmöglichkeiten
- Qualität des Wettbewerbs
- Kapazitätsauslastung
- Allgemeine wirtschaftliche Lage

Aufgabe 2

2.1) Inflation ist der andauernde, deutliche Anstieg des allgemeinen Preisniveaus. Dadurch verringert sich die Kaufkraft pro Geldeinheit.

2.2) Die Inflationsrate bezeichnet zunächst die Veränderungsrate des Preisniveaus. Sie wird mit Hilfe eines Warenkorbes ermittelt. Der Warenkorb umfasst ca. 650 Waren aus allen Nachfragebereichen. Der Wert eines Warenkorbes wird zu einem bestimmten Zeitpunkt – der Basis – ermittelt und dann mit dem Wert des Messzeitpunktes verglichen. Der gebräuchliche Index ist der VPI (Verbraucherpreisindex). Der Warenkorb wird in der Regel alle fünf Jahre in seiner Zusammensetzung überprüft und somit auf eine neue Basis gestellt.

2.3) „Gewinner“ und „Verlierer“ einer hohen Inflationsrate:

- Umverteilung vom Gläubiger zum Schuldner; der reale Wert einer Schuld verliert mit zunehmender Zeit an Wert.
- Relative Umverteilung von Besitzern nominaler Vermögen zu Besitzern realer Vermögen.
- Umverteilung von Arbeitnehmern zu Arbeitgebern; ein inflationsbedingter Lohnausgleich findet – wenn überhaupt – erst mit einem *time lag* bzw. mit zeitlicher Verzögerung statt.
- Umverteilung vom Bürger zum Staat; einerseits Progression bei Steuern, andererseits Realwertverluste bei Sozialleistungen, Renten und Pensionen.

3.1) Probleme bei hoher Staatsverschuldung:

- Begrenzung des wirtschafts- und finanzpolitischen Spielraumes durch steigende Zinslasten der öffentlichen Haushalte,
- Abhängigkeit von den Gläubigern,
- abnehmende Kreditwürdigkeit,
- Crowding out (Verdrängung privater Kreditnachfrage),
- Belastung zukünftiger Generationen,
- Gefahr eines Staatsbankrotts,
- Gefahr sozialer Unruhen.

3.2) Erfüllung der Maastricht-Kriterien in %

Land	**Gesamtverschuldung**	**Budgetdefizit**
Griechenland	195,0	5,5
Deutschland	70,8	1,8
Finnland	74,7	2,8

Die Werte ergeben sich wie folgt:

Griechenland:	357 / 183 × 100 = **195**;	10 / 182 × 100 = **5,5**
Deutschland:	2.527 / 3.571 × 100 = **70,8**;	66/ 3.571 × 100 = **1,8**
Finnland:	189 / 253 × 100 = **74,7;**	7/ 253 × 100 = **2,8**

Da die Grenzen bei 60 % Gesamtverschuldung und 3 % Nettoneuverschuldung liegen, haben nur Deutschland und Finnland die Kriterien erfüllt.

Die Relationen werden sich aufgrund der Auswirkungen der Pandemie und des Ukraine-Konfliktes ins Negative verschieben.

Zu 4.3 – Dritte Klausur

Aufgabe 1

1.1) Externe Effekte:

- Externe Effekte liegen vor, wenn unbeteiligte Wirtschaftssubjekte durch die ökonomischen Entscheidungen anderer Wirtschaftssubjekte beeinflusst werden, ohne dass dies durch den Preismechanismus abgebildet wird.
- Daraus können für die Betroffenen Nachteile entstehen (negative Externalitäten = Nebeneffekte wirtschaftlicher Aktivität) oder Vorteile (positive Externalitäten).
- Ursache hierfür ist, dass der Verursacher von Externalitäten nicht sämtliche Kosten- und Nutzen seiner Handlungen berücksichtigt, so dass der Preismechanismus als Knappheitsindikator versagt.
- Der Staat kann für eine **Internalisierung** (= *Einbeziehung sozialer Zusatzkosten*) externer Kosten und Nutzen sorgen, so dass der Verursacher diese berücksichtigt, z. B. durch Steuern und Subventionen Zertifikate oder klar zugeordnete Rechte. Weniger effizient sind i. d. R. Gebote und Verbote.
  Beispiele:
  (1) Autofahren verursacht auch Kosten bei den Nicht-Autofahrern, z. B. in Form von Lärm und Luftschadstoffen, Gefahren im Straßenverkehr.
  (2) Handelbare Umweltzertifikate zur Begrenzung u. a. des CO_2-Ausstoßes (Kyoto-Protokoll bzw. Nachfolgeregelungen).

1.2) Natürliches Monopol:

- Ein natürliches Monopol liegt vor, wenn die gesamte Marktnachfrage kostengünstiger durch einen Anbieter befriedigt werden kann als durch mehrere.

- Ursache hierfür sind hohe Fixkosten, geringe variable Kosten und somit stark fallende Durchschnittskosten im gesamten Bereich der Nachfrage (genauer: Subadditivität).
- Das Problem besteht darin, dass in diesem Fall ein Monopol zwar prinzipiell allokativ effizient ist, jedoch spezifische Monopolprobleme bestehen bleiben (Marktversagen).
- Die staatliche Antwort darauf war früher eine Verstaatlichung des Monopols; effizienter ist jedoch i. d. R. ein staatlich reguliertes privates Monopol (mit einem Ausschreibungswettbewerb **um** den Markt) sowie eine Trennung in einen monopolistischen Infrastrukturbereich und eine wettbewerbliche Leistungserbringung (Wettbewerb **im** Markt).
- Beispiele sind viele Netzinfrastrukturen, z. B. Schienennetz, teilweise Telekommunikationsnetze oder auch kommunale Versorgungsnetze.

1.3) Öffentliche Güter:

- Öffentliche Güter zeichnen sich durch zwei Eigenschaften aus:
  1. **Nichtrivalität** im Konsum, d. h. die Nutzung des Gutes durch eine Person schränkt die Nutzungsmöglichkeiten desselben Gutes für eine andere Person nicht ein.
  2. **Nichtausschließbarkeit** vom Konsum, d. h. Dritte lassen sich technisch oder zu vertretbaren Kosten nicht von der Nutzung des Gutes ausschließen.
- Es kommt zu **Trittbrettfahrern**, welche die Leistungen in Anspruch nehmen, sich jedoch nicht an den Kosten der Nutzung beteiligen, so dass das Gut i. d. R. nicht durch Private bereitgestellt wird („Marktversagen“).
- Eine Bereitstellung des Gutes ist in diesem Fall nur durch den Staat möglich, da er alle Nutznießer über Zwangsbeiträge zur Finanzierung heranziehen kann (Kollektivgüter; Meritorische Güter).

  Beispiele: *Deiche, äußere Sicherheit, Straßenbeleuchtung.*

Aufgabe 2

2.1)

1. Freie Marktwirtschaft:

- Privateigentum an den Produktionsmitteln
- Freier Wettbewerb mit freier Preisbildung
- Marktteilnehmer haben Wahlfreiheit hinsichtlich Konsum, Vertragsgestaltung, Berufstätigkeit, Niederlassungsfreiheit etc.
- Die Aufgaben des Staates sind auf ein Minimum beschränkt, z. B. innere und äußere Sicherheit, Garantie des Rechtssystems („Nachtwächterstaat“).

2. Soziale Marktwirtschaft:

- Grundlage bildet auch hier die Anerkennung des Privateigentums und die oben angesprochenen Freiheiten.
- Allerdings greift der Staat hier stärker regulierend ein, um die negativen Auswirkungen zu großer Freiheit zu verringern.

– Zu nennen sind hier u. a. die Wettbewerbspolitik (Verhinderung von Monopolen, Kartellen, Behinderungen) und eine Sozial- und Strukturpolitik (z. B. Gewährleistung einer grundlegenden sozialen Absicherung, Schaffung von Chancengleichheit).

2.2) Funktionen des Wettbewerbes und des daraus resultierenden Preises:
- **Allokationsfunktion**, d. h. die knappen Ressourcen werden dort eingesetzt, wo sie den größten Nutzen stiften.
- **Steuerungsfunktion**, d. h. das Güterangebot passt sich den Wünschen der Nachfrage an, und auch:
- **Innovationsfunktion**, d. h. es bestehen große Anreize für Qualitätsverbesserungen, Produkt- oder Prozessinnovationen.
- **Verteilungsfunktion**, d. h. die Produktionsfaktoren werden gemäß ihrer Marktleistung entlohnt.
- **Freiheitsfunktion**, d. h. die Entscheidungsfreiheit auf unterschiedlichsten Ebenen ist ein wichtiger Wert an sich.

2.3) Die individuelle Freiheit der Individuen wird eingeschränkt.
- Anreize für Leistung, Investitionen, Bildung, Innovationen, Eigeninitiative sind stark eingeschränkt.
- Nachfrage und Angebot stimmen nur in den Ex-ante-Plänen, nicht in der Realität überein, sodass es entweder zu Nachfrageüberschüssen (Wartezeiten, Versorgungsengpässe) oder zu Angebotsüberschüssen (Überproduktion, Ressourcenverschwendung) kommt.
- Die internationale Wettbewerbsfähigkeit leidet.
- Gleichheit wird – wenn überhaupt – auf einem niedrigen Niveau erreicht, in der Praxis ist auch hier eine Privilegierung und Bereicherung der Eliten auf Kosten des Kollektivs festzustellen.

Aufgabe 3

3.1) Geld ist ein knappes, im Idealfall nicht leicht zu vermehrendes Medium, welches Geldfunktionen wahrnimmt und als solches allgemein akzeptiert wird.
Beispiele: *Warengeld, Münzgeld, Banknoten, Buchgeld.*

3.2) Zu den wichtigsten Geldeigenschaften gehört natürlich die oben schon erwähnte allgemeine Akzeptanz als „Geld“, die Möglichkeit der Teilbarkeit in kleinere und kleinste Einheiten, die Möglichkeit, es leicht zu transportieren, und die Wertbeständigkeit im Zeitablauf.
Nur auf der Basis der Erfüllung der Geldeigenschaften können auch die wichtigsten fünf Funktionen des Geldes in der Praxis erfüllt werden:
1) Tauschmittelfunktion
2) Wertspeicherfunktion/Wertaufbewahrungsmittel
3) Zahlungsmittelfunktion/Schuldentilgungsmittelfunktion

4) Allgemeine Recheneinheit und Wertmaßstab (Wertmessfunktion): Geld wird gerne als Wertmaßstab und als allgemeine, Wertvergleiche ermöglichende Ressource verwendet
5) Geld als Instrument behördlicher Kontrolle
   Neben diese fünf *wichtigsten* Funktionen werden in der Literatur noch andere Funktionen genannt, z. B. die Funktion als „soziales Geltungsmittel".

3.3) Internationalen Gepflogenheiten folgend, haben die Europäische Zentralbank (EZB) wie die Deutsche Bundesbank verschiedene, engere und weitere Geldmengenbegriffe (von M1 bis M3, selten auch von M0 bis M4) voneinander abgegrenzt:

M1 = Bargeld + Sichteinlagen inländischer Nichtbanken, bei inländischen Kreditinstituten (auch „Geldvolumen" genannt),

M2 = M1 + Termineinlagen inländischer Anleger bzw. Nichtbanken unter 4 Jahren Laufzeit bei inländischen Kreditinstituten (auch **„Quasigeld"** genannt),

M3 = M2 + Spareinlagen inländischer Nichtbanken mit gesetzlicher Kündigungsfrist bei inländischen Kreditinstituten.

Für das jeweils geplante Geldmengenwachstum des kommenden Jahres, d. h. die Geldmengensteuerung zur Inflationsprävention, legt die EZB einen Zielkorridor für die Geldmengenentwicklung (der Geldmenge M3) fest, innerhalb dessen Grenzen sich die Geldmengenzunahme bewegen soll, z. B. „Zielmengenkorridor" von 5 % (etwa mit dem unteren Wert „1,75 %" und dem oberen Wert „8,25 %", mit einer Amplitude von 3,25 % nach oben und nach unten). Auch während der ersten Jahre nach Einführung des Euro diente stets die Geldmenge M3 als Referenzwert der Geldmengenentwicklung.

3.4) **Die Quantitätsgleichung des Geldes lautet:**

M • U = G • P mit **M** = Geldmenge
U = Umlaufgeschwindigkeit (kurzfristig konstant)
G = Gütermenge/Produktion/Einkommen
P = Preisniveau

Unter der Prämisse der kurzfristigen Konstanz der Umlaufgeschwindigkeit U wird deutlich: Steigt die Geldmenge M schneller als die Gütermenge G, so ist ein Anstieg des Preisniveaus unvermeidlich.

3.5) Umverteilung von Gläubigern zu Schuldnern, weil nominale Kredite real an Wert verlieren.

- Relative Umverteilung von Besitzern nominaler Vermögen zu Besitzern realer Vermögen.
- Umverteilung von Arbeitnehmern zu Arbeitgebern, da ein Inflationsausgleich von Löhnen und Gehältern – wenn überhaupt – meist erst zeitverzögert stattfindet.
- Umverteilung von Bürgern zum Staat durch Progression bei EK-Steuer, Realwertkonstanz bei Staatseinnahmen (z. B. Umsatzsteuer) und Realwertverlusten bei Staatsleistungen (z. B. nominal fixiertes Kindergeld).

- Transaktionskosten, z. B. für Preiskalkulation und Preisauszeichnung auf Anbieterseite und für Information und Vergleich auf der Nachfrageseite.

Zu 4.4 – Vierte Klausur

1.1)

Bei diesem „Hauptinstrument" handelt es sich um den Leitzins. Der EZB-Leitzins ist der Mindestbietungssatz für Hauptrefinanzierungsgeschäfte, der Zinssatz für die **Spitzenrefinanzierungs-Fazilitäten** sowie der Zinssatz für die **Einlage-Fazilitäten**. Das heißt also, diesen „Leitzins" müssen die Geschäftsbanken bezahlen, wenn sie sich von der EZB Geld leihen.

1.2)

Die Geldpolitischen Instrumente der Europäischen Zentralbank:

Offenmarktgeschäfte:

- *Hauptrefinanzierungsgeschäfte:*
  - Den Geschäftsbanken wird Zentralbankgeld (ZBG) zur Verfügung gestellt
  - Es handelt sich um die wichtigsten Offenmarktgeschäfte
  - Finden wöchentlich statt und haben eine Laufzeit von 14 Tagen
  - Hauptrefinanzierungsgeschäfte werden heute fast nur noch als Zinstender durchgeführt
- *Längerfristige Refinanzierungsgeschäfte:*
  - Den Geschäftsbanken soll längerfristig Kapital zur Verfügung gestellt werden
    - Laufzeit: drei Monate, Rhythmus: monatlich
    - *Feinsteuerungsoperationen:*
  - Nicht standardisiert, dadurch ein hohes Maß an Flexibilität
  - Werden von den nationalen Notenbanken durchgeführt, selten von der EZB selbst
  - Es sollen starke Liquiditätsschwankungen in Extremsituationen ausgeglichen werden
    - *Strukturelle Operationen:*
  - Liquidität soll langfristig angepasst werden
  - Wurden vom Eurosystem noch nie angewendet

Ständige Fazilitäten

- Spitzenrefinanzierungsfazilität:
  - Obergrenze für Tagesgeld, dient der Geldmengenversorgung
  - Banken können Zentralbankgeld sehr kurzfristig bekommen
  - Einlagefazilität: Untergrenze für Tagesgeld, dient der Anlage von Zentralbankgeld
  - Banken können Zentralbankgeld bei der EZB anlegen

Mindestreserven

- Geschäftsbanken müssen eine Pflichteinlage (Mindestreserve) bei der EZB halten.
- Die Mindestreserve wird von der EZB mit dem Zinssatz für Einlagefazilitäten verzinst (aktuell seit 8. Februar 2023 3 %). Die Mindestreserve wird aus den Positionen in den Verbindlichkeiten einer Geschäftsbank berechnet.

1.3)

Wie in 1.1) dargestellt, verteuert die Anhebung des Leitzinses die Geldbeschaffung für Private, also für den Konsum, vor allem aber auch für investitionswillige Unternehmen. Dies könnte die wirtschaftlich positive Entwicklung vor allem der wirtschaftlich starken Länder negativ beeinflussen, wäre von diesen aber noch zu verkraften.

2.1)

Vollständige Konkurrenz ist vorausgesetzt:

- Es werden billigere Produkte gekauft
- Daraufhin werden Mitkonkurrenten versuchen, die Kosten (Faktormenge × Faktorpreis) zu senken, um billiger anbieten zu können
- Geringerer Einsatz der Faktormenge + billigere Produktionsfaktoren → nur derjenige Produktionsfaktor ist billig, der reichlich vorhanden ist
- Preis als Knappheitsindikator

2.2)

- Es werden nur die Kosten berücksichtigt, die effektiv anfallen – „Umwelt hat zunächst keinen Preis"; der Gleichgewichtspreis ist zu niedrig, somit wird ein falsches Signal ausgesandt.
- → *Gesellschaftliche Kosten* (z. B. bei Kollektivgütern)
- *Externe Kosten*: Kosten, die nicht im Marktpreis enthalten sind, da sie nicht vom eigentlichen Verursacher getragen werden.
- Um einen Preis festlegen zu können, muss der Ressourcenverbrauch bzw. die Umweltbelastung festgestellt werden.
- Alternativ: Produktsteuer; diese soll den Verursacher bewegen, „Vermeidungstechnologien" einzusetzen.

3.1)

Im Normalfall würde gelten: je höher der Preis, desto geringer die Nachfragemenge (bei normal elastischer Nachfrage). Das ist hier nicht so. Die unbegrenzte Abnahmeverpflichtung begründet eine unendlich elastische Nachfrage der Netzbetreiber, die zudem bei einem Preis ansetzt, der höher ist als der Marktpreis auf der Endverbraucherstufe. Die Nachfragekurve verläuft im Preis-Mengen-Diagramm der vollkommenen Konkurrenz also parallel zur Mengenachse.

Das Angebot verhält sich demgegenüber wie im Normalfall: je höher der Preis, desto höher die Angebotsmenge. Unterschiedliche Kostenstrukturen der Betreiber von

Windkraftanlagen begründen unterschiedlich hohe, jeweils kostendeckende Preisforderungen.

Das Marktgleichgewicht stellt sich bei der zum Festpreis angebotenen Menge im Schnittpunkt von horizontaler Nachfragelinie und steigender Angebotsfunktion ein. Ein Angebotsüberschuss oder ein Nachfragüberhang ist nicht gegeben. Markträumung ist gewährleistet.

3.2)
Nachfrage und Angebot werden hier auf einen anderen Markt bezogen. Demzufolge liegen andere Preis-Mengen-Koordinaten vor als auf dem Bezugsmarkt von Windkraftenergie. Insbesondere kommt das Marktgleichgewicht auf dem Strommarkt bei einem niedrigeren Preis zustande als auf dem Markt für Windkraftenergie.

Bei unelastischer Nachfrage ist der Endabnehmer (Stromverbraucher) gewillt, mehr oder weniger jeden Preis zu zahlen. Die Nachfrage verläuft im Extremfall starr und somit parallel zur Preisachse. Die Angebotskurve der Stromnetzbetreiber verläuft dagegen wie im Normalfall preiselastisch. Nach Durchführung der Maßnahme wird sie sich in Richtung der Preisachse nach oben verschieben, da die Kosten des Stromeinkaufs gestiegen sind. Somit wird ceteris paribus der Gleichgewichtspreis steigen. Da zudem die Nachfragemenge sich nicht mit dem Preis verändert, wird auch der Umsatz aus Preis × Menge steigen.

Zu 4.5 – Fünfte Klausur

1.1) Geld ist ein knappes, im Idealfalle nicht leicht zu vermehrendes Medium, welches Geldfunktionen wahrnimmt und als solches allgemein akzeptiert wird.

1.2) Zu den wichtigsten Geldeigenschaften gehört die oben schon erwähnte allgemeine Akzeptanz als „Geld“, die Möglichkeit der Teilbarkeit in kleinere und kleinste Einheiten, die Möglichkeit, es leicht zu transportieren, und die Wertbeständigkeit im Zeitablauf.

1) Tauschmittelfunktion
2) Wertspeicherfunktion/Wertaufbewahrungsmittel
3) Zahlungsmittelfunktion/Schuldentilgungsmittelfunktion
4) Allgemeine Recheneinheit und Wertmaßstab (Wertmessfunktion)
5) Geld als Instrument behördlicher Kontrolle

1.3.1) Als **„Inflation“** bezeichnet man einen Prozess anhaltender Preisniveausteigerungen, der meistens von einer Aufblähung der Geldmenge herrührt.

(Sozial) Selektiv wirkt Inflation fast überall, denn die Kaufkraft des Geldes bei ärmeren Leuten oder ärmerer sozialer Schichten „schwindet“ in Zeiten hoher Geldentwertung schneller, d. h. sie trifft sie viel härter, weil der Lebensstandard aller eben *nicht* nur „gefühlt“, sondern tatsächlich nachweisbar und sogar gleichsam automatisch sinkt. Wenn sich – wie z. B. 2022 und 2023 – (arme) Haushalte in Deutschland oder in anderen Ländern Europas keinen

Strom- oder Gasbezug mehr leisten können, so wird dadurch die selektive Wirkung der Inflation mit ihren Konsequenzen besonders deutlich.

1.3.2) **Warenkorb:** Zusammenstellung von Waren und Dienstleistungen, die aus dem gesamten Güterangebot ausgewählt werden und stellvertretend sowohl den gesamten Verbrauch als auch die Preisentwicklung der von den Haushalten nachgefragten Güter repräsentieren.

Wägungsschema: Hiermit wird quantifiziert, welchen Anteil zum Beispiel Mietausgaben an den gesamten Verbrauchsausgaben der privaten Haushalte haben.

Inflationsrate: Das statistische Bundesamt gibt offiziell diese Inflationsrate an. Damit wird die prozentuale Veränderung des Verbraucherpreisindex zwischen zwei Bezugsjahren (bzw. -monaten) ausgedrückt.

Verbraucherpreisindex (VPI): Mit diesem Index wird die durchschnittliche Preisentwicklung im jeweiligen Jahr – mit Bezug zum Basisjahr – gemessen. Es werden alle Waren und Dienstleistungen, die von privaten Haushalten für Konsumzwecke gekauft werden, einbezogen.

Gefühlte Inflation: Wenn der Eindruck entsteht, dass die Preise stärker gestiegen sind als amtlich festgestellt wird.

1.3.3) Bei einer Deflation liegen fallende Preise auf breiter Front vor. Indikatoren sind meist fallende Aktienkurse, steigende Kosten von Staatsanleihen sowie ein Verfall der Rohstoff- und Immobilienpreise.

Eine Gefahr besteht darin, dass die Konsumenten den Eindruck haben, es gehe „immer billiger" – und damit ihr Geld horten. Da das Geld auf dem Konto immer mehr an Wert gewinnt, lohnt es sich, Käufe aufzuschieben.

Dies lähmt die Wirtschaft, da die Nachfrage stagniert oder zurückgeht. Es folgen Pleiten.

Die Deflation, die sich weitgehend in den Köpfen der Verbraucher abspielt, ist nur sehr schwer zu bekämpfen. → Zinssenkung durch die Notenbank; nachfrageorientierte Wirtschaftspolitik mit den negativen Folgen einer Inflation und hoher Staatsverschuldung.

2.1) Unter dem „Bruttoinlandsprodukt" (BIP) versteht man den Wert aller Waren und Dienstleistungen, die in einer Periode in einem Wirtschaftsraum produziert worden sind.

$\mathbf{BIP_{nom}}$ Berichtsjahr $= C_{pr} + C_{St} + I_{br} + EX - IM$

$= 1.510 + 1.012 + 398 + 672 - 692 = \underline{\underline{\mathbf{2.900}}}$

2.2) Während das BIP den Wert der Waren und Dienstleistungen misst, die innerhalb der Landesgrenzen produziert worden sind (Inlandskonzept), zeigt das Bruttonationaleinkommen (BNE), das aus der Produktion resultierende Einkommen für alle im Inland wohnenden Personen (Inländerkonzept).

- Um **vom BIP zum BNE** zu gelangen, müssen die aus dem Auslandempfangenen Primäreinkommen hinzugezogen und die ans Ausland geleisteten Primäreinkommen abgezogen werden (Saldo der Primäreinkommen aus der übrigen Welt).

- BIP + empf. Primäreinkommen – geleistete Primäreinkommen = **BNE**
  Im Beispiel: **BNE** = 2.900 + 100 – 50 = **2.950**

3.1) Die Abgabenquote gibt das Verhältnis zwischen der Summe aus Steuern und Beiträgen in die Sozialversicherungen und dem Bruttoinlandsprodukt an.
Für die Bundesrepublik liegt der Wert bei ca. 43 % (2023/2024). In den USA ist er geringer; eine Reihe kleinerer europäischer Staaten (Belgien, Dänemark, die Niederlande und Österreich) weist einen höheren Wert aus.

3.2) Die Preiselastizität der Nachfrage misst, wie sich eine Preisänderung auf die nachgefragte Menge auswirkt. Sie zeigt, ob sich eine Preissenkung oder eine Preiserhöhung in der Nachfragemenge niederschlägt bzw. ob sie die Gesamtausgaben der Haushalte und damit den Umsatz der Unternehmen ansteigen oder fallen lässt.
Ist die Nachfrage **„preiselastisch"**, so verkleinert eine Preiserhöhung die Gesamteinnahmen der Unternehmen, während eine Preissenkung den Umsatz der Unternehmen (der Anbieter) vergrößert, z. B. auf dem Markt für Lebensmittel.
Ist eine Nachfrage **„preisunelastisch"**, so vergrößert eine Preiserhöhung die Gesamteinnahmen, während eine Preissenkung den Umsatz verkleinert, z. B. auf dem Markt für Medikamente für Patienten einer Krankenkasse, die ein lebenswichtiges Medikament bezahlt bekommen, wie etwa Insulin.

3.3) Zu den Bestimmungsfaktoren (Determinanten) des Angebots gehören die erwarteten Gewinne und z. B. auch
- der erwartete (erhoffte) Verkaufspreis eines Gutes,
- die Produktionsgesamtkosten,
- die Kosten der Produktionsfaktoren,
- die Produktionskosten anderer Güter (Substitutions- oder Komplementärgüter),
- der Stand des technischen Wissens, der technische Fortschritt,
- die Gewinnsituation,
- zukünftig erwartete Gewinne,
- Konjunkturerwartungen,
- Inflationserwägungen,
- steuerliche Aspekte (Steuersystem, Verbrauchssteuererhöhungen etc.),
- die aktuelle wirtschaftspolitische und gesamtpolitische Situation sowie Zukunftseinschätzungen.

Zu 4.6 – Sechste Klausur

1.) Volkswirtschaftliche Grundbegriffe (15 Minuten)

1.1.a) Die ***Preiselastizität der Nachfrage*** gibt an, wie stark die Nachfrage nach einem Produkt auf eine Preisänderung reagiert. Sie ist also definiert als die prozentuale Veränderung der nachgefragten Menge eines Produktes im Verhältnis zur prozentualen Veränderung des Preises dieses Produktes:

$$\textbf{Preiselastizität der Nachfrage} = \frac{\text{Prozentuale Mengenänderung}}{\text{Prozentuale Preisänderung}}$$

1.1.b) Die Nachfragefunktion verläuft im Preis-Mengen-Diagramm von links oben nach rechts unten.

1.1.c) Ist die Elastizität größer als 1 (z. B. bei Gütern des täglichen Bedarfs), dann verläuft die Nachfragekurve flach; ist die Elastizität kleiner als 1 (z. B. bei Medikamenten), dann verläuft die Nachfragekurve sehr steil.

1.2) ***Steuern*** sind öffentliche Abgaben, die der Staat erhebt. Einen Anspruch auf Gewährung einer Gegenleistung durch den Staat an den Steuerzahler gibt es nicht.

Gebühren werden von den öffentlichen Verwaltungen für spezielle Leistungen an den Bürger erhoben. Aus der Zahlung der Gebühr erwächst der Anspruch, eine entsprechende Leistung zu erhalten.

Öffentlich-rechtliche Beiträge stellen den Ersatz für einen Aufwand dar. Damit verbunden ist eine konkrete Leistung einer öffentlichen Einrichtung (z. B. Straßenanliegerbeiträge, Sozialversicherungsbeiträge).

1.3) **Crowding-out-Effekt = Verdrängungseffekt**

Damit ist eine Verdrängung privatwirtschaftlicher Tätigkeit durch den Staat gemeint. Nimmt der Staat für steigende Staatsausgaben mehr Kredite am Kapitalmarkt auf, dann steigt die Nachfrage nach Geld und in der Folge auch der Zins. Private Unternehmen, die sich Geld am Kapitalmarkt leihen wollen (z. B. für Investitionen), werden durch den höheren Zinssatz aus dem Kapitalmarkt herausgedrängt, da sie es sich nicht mehr leisten können, Kapital aufzunehmen, um damit Investitionen zu tätigen.

2.) **Makroökonomische Analyse**

Inflationsrate: $\frac{115{,}1}{112{,}5} \times 100 - 100 = 2{,}3\ \%$

Nachteile hoher Inflationsraten:

Verlierer: Bezieher fester Einkommen; Rentner, Gläubiger → ständiger Kaufkraftverlust; dieser stellt sich auch bei geringer aber konstanter Inflation über einen längeren Zeitraum ein.

Gewinner: Schuldner, Staat über Steuereinnahmen

Wachstumsraten: (des realen BIP) $\frac{3521}{121{,}8} \times 100 = 2.890{,}9 \quad \frac{3.734}{125{,}4}$

Veränderungsrate: $\frac{2.977{,}6}{2.890.9} \times 100 = 3\ \%$

Ein akzeptables Wachstum liegt am unteren Ende des gewünschten Bereichs.

Wirkungsweise keynesianischer Konjunkturpolitik:
Ausgangslage: Gleichgewicht bei Unterbeschäftigung Haushalt in der *liquidity trap* gefangen; zuwenig privater Konsum
Maßnahme: allgemeine Erhöhung der Bruttoinvestitionen, möglicherweise nur der staatlichen Bruttoinvestitionen, notfalls kreditfinanziert (*Deficit Spending*)
Probleme: möglicherweise wegen einiger *Time lags* ergibt sich eine prozyklische Wirkung; könnte auch nur ein Strohfeuer sein; eventuell Mitnahmeeffekte; Verschiebungseffekte; Verunsicherung: Es besteht die Gefahr, dass notwendige Anpassungsmaßnahmen unterbleiben

Arbeitslosenquote (Vorjahr): $\frac{4{,}19}{63{,}49} \times 100 = 6{,}6\ \%$

Arbeitslosenquote (Berichtsjahr): $\frac{4{,}24}{65{,}19} \times 100 = 6{,}5\ \%$

Die Quote ist zu hoch; sie sollte nur zwischen 3 % und 5 % liegen. Die Werte deuten auf strukturelle Probleme hin.
Da das reale BIP etwas gestiegen ist (siehe oben) ist anzunehmen, dass die AL weiter sinken wird.

3.1)

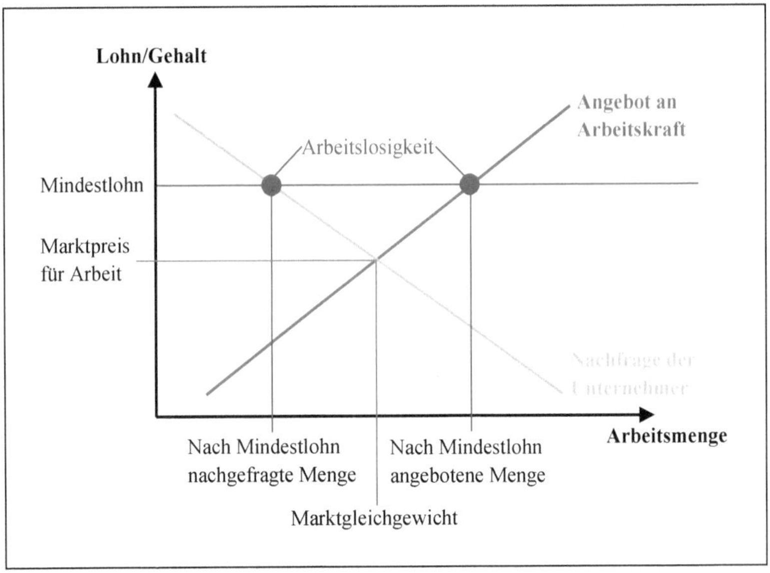

3.2) Die Basis zur Formulierung eines gesetzlich flächendeckenden Mindestlohnes ab dem 01. Januar 2015 basiert auf Rechtsverordnungen im Sinne des Arbeitnehmerentsendegesetzes.
Die derzeitige Rechtslage garantiert im Grundgesetz die Tarifautonomie, nach der Gewerkschaften und Arbeitgeberverbände die Löhne aushandeln.

Mindestlöhne – zur Umgehung von „Hungerlöhnen" – wurden schon im 19. Jahrhundert gezahlt.

In 21 der 27 EU-Staaten werden Mindestlöhne gezahlt.

3.3) Vorteile des Mindestlohns:

- Streben nach sozialer Gerechtigkeit
- Der Arbeitnehmer kann von dem gezahlten Lohn leben
- Erhöhung der (möglichst nachfragewirksamen) Konsumsumme
- Mögliche „Ungerechtigkeitslücken" (unterer Lohngruppen) in verschiedenen Branchen werden ausgeglichen
- Mindestlöhne entlasten den Staatshaushalt
- Es wird der Altersarmut vorgebeugt
- Durch Mindestlöhne wird ein fairer Wettbewerb gefördert
- Die Gleichberechtigung wird gefördert

Nachteile des Mindestlohns:

- Arbeitgeber befürchten zahlreiche Jobverluste
- Wegen der staatlichen Vorschriften entstehen Probleme bei der Umsetzung des Mindestlohns
- Zu hoher Bürokratieaufwand bei der Erfassung der Arbeitszeiten
- Es gibt noch zu viele Ausnahmen; dies führt zu Unübersichtlichkeiten
- Die Schwarzarbeit wird gefördert
- Vor allem kleine Unternehmen werden belastet

4.1) Geld ist das in einer Gesellschaft allgemein anerkannte Tausch- und Zahlungsmittel, das unterschiedliche Geldformen annehmen kann. Als „Geld" bezeichnet man üblicherweise die Verbindlichkeit einer Bank gegenüber einer Nichtbank, also z. B. Bargeld oder eine Einlage. Die Tauschmittelfunktion ist das Hauptmerkmal des Geldes.

4.2) Lt. Deutscher Bundesbank sind die wichtigsten Funktionen:

Geld als Tausch- und Zahlungsmittel

Geld ist in erster Linie ein Tauschmittel, das den Austausch von Gütern vereinfacht. Dazu muss die jeweilige Form des Geldes allgemein akzeptiert werden.

Geld als Recheneinheit

Die abstrakte Einheit „Geld" erlaubt es, Güter- und Vermögenswerte in einer allgemeinen Bezugsgröße auszudrücken und dadurch vergleichbar zu machen. Das Geld hat damit die Funktion einer Recheneinheit bzw. eines Wertmaßstabs.

Geld als Wertaufbewahrungsmittel

Geld bietet den Vorteil, dass Kauf und Verkauf zeitlich auseinanderliegen können, wenn Waren nicht direkt getauscht werden müssen. In Geld lässt sich somit ein gewisser Wert „speichern" und zu einem späteren Zeitpunkt wieder eintauschen. Das Geld hat somit eine Wertaufbewahrungsfunktion. Voraussetzung für diese Funktion ist, dass Material und Wert des Geldes beständig sind.

Weitere Funktionen können sicherlich ergänzt werden: gesetzliches Zahlungsmittel, soziales Geltungsmittel.

4.3) **Die *Kaufkraft des Geldes symbolisiert* die für eine Geldeinheit käufliche Gütermenge**

Binnenwert: Dieser entspricht dem inversen (umgekehrten) Wert des Preisniveaus; bei **Anstieg des Preisniveaus sinkt die mit einer Geldeinheit zu erwerbende Gütermenge und umgekehrt.**

Die Kaufkraft wird somit mit dem jeweiligen Geldwert gemessen.

Die Preise der Güter verändern sich ständig. So wird z. B. Heizöl im Winter teurer, während andere Güter wie Fahrräder oder Computer im gleichen Zeitraum billiger werden. Um die Inflationsrat respektive die Kaufkraft zu messen, wird ein **Warenkorb** zusammengestellt, der die typischen Güter enthält, die von einem Haushalt gekauft werden, und der bei der Berechnung des Verbraucherpreisindex (VPI) zugrunde gelegt wird. Der Warenkorb wird ca. alle fünf Jahre überarbeitet. Das Jahr der Überarbeitung ist das **Basisjahr** für die dann neuen Berechnungen.

Ist der Preisindex der Lebenshaltung gestiegen (gesunken), hat sich die Kaufkraft des Geldes in Bezug auf die Güter des Warenkorbs verringert (erhöht). Die Kaufkraft des Geldes ist also gestiegen (gesunken), wenn für eine Geldeinheit mehr (weniger) Güter als zu einem früheren Zeitpunkt gekauft werden können. Geldwert und Preisniveau verhalten sich also umgekehrt. Wenn die Kaufkraft bei gleich hohem Nominaleinkommen sinkt, wird von „Geldentwertung“ oder „Inflation“ gesprochen.

4.4.1) **Steigt die Kaufkraft des Geldes (sinkt also das Preisniveau) bei gleich hohem Einkommen, spricht man von „Deflation“.**

Der damalige EZB-Präsident Draghi formuliert:

Deflation bedeute ein *„sich selbst verstärkendes Sinken der Preise“* – und zwar für praktisch alle Konsumgüter und über den gesamten Euro-Raum hinweg.

- Einer gesamtwirtschaftlichen Gütermenge steht eine zu geringe Geldmenge gegenüber.
- Es liegen Einfuhrüberschüsse vor.

4.4.2)
- Die Löhne steigen nicht,
- die Staatsschulden steigen,
- die Banken – jetzt auch die EZB – sorgen dafür, dass die profitablen Zeiten des „leichten Geldes“ immer weitergehen,
- die Angst vor einer Deflation sorgt also für eine zu lockere Geldpolitik,
- ein Prozess stetiger Preissenkungen setzt ein,
- geringe Gewinnerwartungen der Unternehmen,
- nachlassende Investitionsbereitschaft,
- also Senkung der Güterproduktion,
- die Arbeitslosigkeit steigt,
- somit Einkommensverluste,
- somit geringere Konsumgüternachfrage,
- sinkende Steuereinnahmen des Staates.

5.1) Nationalökonomische Bestimmungsgrößen sind:
- Bruttoinlandsprodukt bzw. das Volkseinkommen
- Die Arbeitslosenquote
- Die Höhe, das Maß der Industrieproduktion
- Das Preisniveau/die Inflationsrate

5.2) Steuerprogression:
Nach dem Grundfreibetrag (10.908 € in 2023), dem sog. „Existenzminimum", steigt der Steuersatz in Abhängigkeit vom zu versteuernden Einkommen an. Wächst das Einkommen, so wachsen die zu zahlenden Steuern überproportional an.

5.3) „Kalte Progression"
Kalte Progression ist die Steuermehrbelastung, die dem Steuerpflichtigen entsteht, wenn die Werte des Einkommensteuertarifs nicht an die Preissteigerungsrate angepasst werden. Anders formuliert: Die Einkommenserhöhungen gleichen zwar die Inflation aus; dennoch kommt es zu einem Anstieg der durchschnittlichen Steuerbelastung.
Die Bundesregierung will die kalte Progression ab 2023/2024 ausgleichen und damit 48 Millionen Bürgerinnen und Bürger entlasten.

Stichwortverzeichnis

A

B

C

D

E

F

G

H

I

K

L

M

N

O

P

Q

R

S

T

U

V

W

Z